大場幸夫遺稿講義録

保育臨床論特講

大場幸夫 講義

萌文書林

まえがき

　子どもの生活の場である保育現場のありのままを保育学の基礎として大切にされた大場幸夫先生が昇天されたのは、2011年5月13日です。大妻女子大学大学院で修士論文の指導をしていただいたことをきっかけに、大学院卒業後も長期にわたり先生からご指導いただいていた私は、あまりに急な知らせに驚きと深い悲しみの中にいました。あのように長い間大場先生から学ばせていただいていたけれど、私は大場先生が伝えてくださりたかったことを十分に理解していたのだろうか、もっと学ばなければいけないことがあったのではないだろうかと考えあぐねていました。そして、本棚にある書籍を眺め、数多くの書籍が大場先生からご紹介いただいたものであったことを感じるとともに、ある大事なことに気づきました。

　それは、萌文書林の社長の服部雅生氏からいただいた大場先生の大事なテープ起こしの原稿です。大場先生が『保育臨床論』（仮題）を書き上げるために服部氏に採録を依頼したお茶の水女子大学での集中講義「保育臨床論特講」の内容がつまっている原稿でした。この『保育臨床論』は、『こどもの傍らに在ることの意味──保育臨床論考』という書名にまとめられ、2007年に出版、2008年度の日本保育学会保育学文献賞を受賞しましたが、服部氏がこのテープ起こしの原稿を私にお渡しくださったのは、その数年前のことでした。

　当時の大場先生は公務にお忙しく、まとまった原稿を書くための時間などまったくない状況でした。そのことに加え、編集者である服部氏も体調を崩され、本として形になることが危ぶまれて

いました。そのため、この貴重な講義録がこのまま埋もれてしまうのはもったいないというお考えにより、服部氏の言葉によれば大場先生の「弟子」である（大場先生は「弟子」という言葉はお使いになったことはありませんし、服部氏もそのことを十分承知の上、冗談半分に「弟子」という言葉を使っておられました）阿部和子先生と私に講義録のコピーをお渡しくださっていたのです。しかし、このような貴重なものをいただいてしまい、私は読んでよいのかどうかさえ戸惑い、本棚に大事にしまっておくことしかできませんでした。その後、無事、『こどもの傍らに在ることの意味』が出版されたことで、あの講義録が日の目を見たのだと安堵し、同時にその存在も頭の隅に追いやられていたのです。

　大場先生の訃報を聞き、葬儀までの間に、私は大場先生は講義では保育臨床をどのように語っていたのだろうかと思い、本棚から取り出して読んでみました。すると、『こどもの傍らに在ることの意味』とは、また違う、大場先生が大事にしている保育への思いや内容が込められていました。もっと言えば、大場先生のあの特徴のある「語り」に込められた子どもと保育者を主体とする保育学への思いを感じることができ、震えがくるほどでした。そして、改めて、大場先生は私たちの中で生き続けているのだとも感じたのです。大場先生の葬儀が終わり、服部氏にこの講義録を本にできないだろうかと相談をもちかけました。服部氏は、『こどもの傍らに在ることの意味』の原点が、書籍としてまとめられる10年も以前からすでに「大場保育学」の核として凝集していたこと、そしてその意味を多くの方にお伝えすることの意義を冷静に判断され、数日後にご快諾の返事をくださいました。

　編集は、この特別講義に同席していた大妻女子大学大学院の卒業生である金瑛珠先生、久富と大妻女子大学大学院で同期である梅田優子先生と私の3人で行わせていただきました。できるだ

け大場先生の語り口調を大事にするとともに、講義録を読み物にするのですから、その内容が文字だけで理解できるように努力したつもりです。最終的な文章の校正には大場先生の奥様であり、同じく大妻女子大学大学院の卒業生である大場富子先生のご協力もいただくことができました。

　この講義録は、大場先生のご経験をもとにしながら、保育をどのように考え、どのように立ち止まっていけばよいのかという臨床的な視点を伝えてくれるものです。それは、保育者養成校の教員、保育研究者、保育実践者、保育者になろうとする学生にも非常に重要な視点を与えてくれるものであると信じています。保育が変革しようとしている現在、私たちが決して失ってはならない大切な保育の原点を伝えてくれるものだと考えております。

　最後に、講義録を私のようなものにお渡しくださり、本として形にすることにご尽力いただいた服部雅生社長、私たちと同じく大場先生の保育の考え方に深い感動を抱きながら編集作業をしてくださった田中直子氏、文章の校正、あとがきの執筆だけでなく大場幸夫先生のお父様である大場千秋先生の版画と大場幸夫先生の版画を本の装丁と本文内に使うことを快諾してくださいました大場富子先生に心より感謝申し上げます。

　2012年3月

久　富　陽　子

もくじ

まえがき 1

序章

私の「保育学」の中身として考えたいこと 11
- 1つ目の柱：発想の航跡 12
- 2つ目の柱：日常性を支える実践 13
- 3つ目の柱：自分の居場所 13
- 4つ目の柱：モラトリアム空間 14
- 5つ目の柱：発達を捉える視点 16
- 6つ目の柱：発達体験 17
- 7つ目の柱：保育者の専門性としての"臨床" 19
- 8つ目の柱：保育カンファレンス 21

第1章 発想の航跡 〈特講1時間目〉 25

§1 恩師大宮緑郎先生との出会い ――『浮浪児の保護と指導』...... 25

§2 ジョン・ボウルビィ ショック
 ――『マターナルケア・アンド・メンタルヘルス』............... 29

§3 子どもとつきあったエピソードがないまま、
 子どもの心理を語る 31

§4 子どもにとって園生活とは何か
 ――「保育学」のサブタイトルに出会う 33

§5 今も続けている巡回保育相談員 35

§6 それぞれの人がもっている"発想の航跡" 36

第2章 日常性を支える実践 〔特講2時間目〕 41

§1 環境悪化のサインとしてのホスピタリズム 41
- 三無主義 ── 子どものホスピタリズム 41
- 保育者の数の増加が保育の質を変化させた 44
- 消えていく環境悪化のサイン 46

§2 すぐれた研究論文の中から消えてしまった"日常性" 51
- 家庭から外に放置された姉弟 51
- 欠落してしまった保育学の視点 ── 日常性 53

§3 日常性を支える実践 ── ケースレポートを通して 56
- ケースレポート「人とかかわる生活」 57
- 事例から学んだ5つのこと 61

§4 観察と記録 65
- 保育の実践を異化し、対象化してみる ── 言語化する 65
- 観察と記録というテーマ 68
- 目を離せない日々の子どもと自分とのかかわり 71

第3章 自分の居場所 〔特講3時間目〕 73

§1 居場所という問題 73
- 人とかかわるのが苦手な子 73
- 1つの図柄として居場所をスケッチする 75
- 移動の基地としてのおんぶ 79

§2 子どもの行動の意味 80
- 1人でいること 80

- 話し合いから見えてきたこと 81
- 話し合いの深まりがかかわりを変えていく 83

§3　居場所そのものとして教育の場を捉える 85
- 自分の居場所と学びがい 85
- 「居場所」にかかわる参考文献 88

保育臨床論特講 1日目　今日の講義を振り返って 90

第4章 モラトリアム空間 〈特講4時間目〉 93

§1　生活の場・育ちの場としての保育空間 93
- 子どもの現実の生活に何が起きているかを見届けていく 93
- 生活の場としての保育室 95

§2　多様な生活を営める場 97
- 気になる子どもの様子から 97
- その子なりの園生活が送れること 98
- 保育の現場はいろいろな状況にある子どもの居場所 100

§3　保育者の温かい姿勢と自由に動ける空間 101
- 多様な子どもたちを受け入れていく 101
- 子どもの気持ちを自由な動きの中で見届けていく 102

§4　親との連携 103
- 原因究明ではなく、行動の意味を共有し合う 103
- 子どものゆらぎを家族と共に見届けていく 105

§5　抱え環境 106
- 関係が生み出す居心地のよい環境 106
- 日常生活での"抱え"の関係によって癒される 108

- 🍃 保育における援助が、主体としての
  　　　　　子どもの意図や見通しを妨げることもある 109
- 🍃 専門家としての発達 109

§6　発達というのはゆらぐこと 110
- 🍃 そのままを受け入れられ、かかわりの中で見届けられていくこと 110
- 🍃 保育者が子どもの活動を最大限に発揮できるよう心がける 111
- 🍃 子どもはゆらぎながら育っていく 112

§7　保　　育 ── 子どものゆらぎを受け入れる場 114
- 🍃 多様さを受け入れる場 114
- 🍃 子どもがつまずきから立ち直る場 115

第5章　発達を捉える視点　特講5時間目 117

§1　保育者の発達観 117
- 🍃 表現用語の研究における取り組みから 117
- 🍃 保育現場での実感から 120
- 🍃 子どもの育ちを見る目の中にある「1人でできる」
  　　　　　「みんなとできる」「年齢相応にできる」の根強さ 121
- 🍃 実践者が納得するということ 124

§2　親の発達観 125
- 🍃 早期知的教育への関心 125
- 🍃 教育産業からの接触 126

§3　保育実践のありようを左右する保育者の発達観 130
- 🍃 子どもの育ちとは ── 映像やナレーションに表れる保育者の発達観 130
- 🍃 保育者の発達観は子どもの行動の捉え、
  　　　　　保育環境の認識に影響する 133

🍃 ナレーションはないけれどメッセージがある
　　── ビデオで綴る子どもの育ちや園生活の日常を見届けてみる *134*

§4　個体能力的な発達の捉え方 *136*

🍃 かかわりの中で子どもの育ちを実感すること *136*
🍃 身辺自立とは ── 人の生活に参加していく楽しさであるはずのもの *137*
🍃 自立は孤立ではない *138*
🍃 保育者に根強い個体能力的な発達観 *139*

§5　子どもの生活世界に目を向けた発達の捉え方 *141*

🍃 その人の生きている具体層に迫る *141*
🍃 共同的な世界から個の世界がつくられていく *142*
🍃 保育において必要なのは、
　　生活の具体層から子どもの育ちを考えていくこと *143*
🍃 現在の保育現場における発達概念は"借り物" *144*

§6　保育における発達段階とは何か *145*

🍃 保育実践の中で子どもの発達段階をどう理解していくか *145*
🍃 発達段階は"ステップ"か"ステージ"か *146*

第6章　発達体験　特講6時間目 *151*

§1　子ども自身が体験していることを見ていく *151*

§2　保育現場において大事となる「発達体験」の考え方 *154*

保育臨床論特講 2日目　🐦 今日の講義を振り返って *157*

第7章 保育者の専門性としての「臨床」

特講7時間目 159

§1 保育臨床について 159
- 実践の中からの研究の成立 159
- 保育者という存在を具体的な出会いから考える 160
- 経験から行きついた"臨床"という言葉 162
- ありふれた日常の中の"臨床""専門性" 163

§2 子どもの傍らにいる保育者 166
- 子どもの思いに寄り添うキーパーソンとしての保育者 166
- あえて、子どもの大人との関係の意味を考える 169
- 痛みに寄り添うということ 171
- 「臨床の知」からのヒント 173
- 保育者の専門的な知 175
- 保育者の専門性 ── 子どもの傍らに寄り添う大人 175
- 「保育臨床」という言葉への思い 179
- 保育の場での臨床的なかかわり 181

§3 保育臨床の視点から 184
- 今後の保育者養成における保育臨床のあり方 184
- 保育臨床を考える上で必要な今後の課題の整理 185

第8章 保育カンファレンス **特講8・9時間目** 191

§1 保育カンファレンス① 191
- 園内研とカンファレンスの実際 191
- 園内研とカンファレンスのむずかしさと提案 196

- 🍃 カンファレンス場面から考える ── 当事者性の大切さ 200
- §2　保育カンファレンス ② 217
  - 🍃 カンファレンス場面から考える ── 情緒的な世界の共有とその先 217
  - 🍃 カンファレンスとは 230
- 保育臨床論特講 3日目　🐦 今日の講義を振り返って 235

- あとがき 237
- 本書紹介書籍一覧 239
- 大場幸夫プロフィール 243

私の「保育学」の中身として考えたいこと

　集中講義を担当する大場です。3日間かなりつめた形で聞いていただくということになるので、よろしくお願いします。
　おそらくみなさんのこれまでの専門とされる講座の中で、保育学という領域に関して、どういう方がその接点をもっていろいろなことを考える場、そういう講座をもてているのか、僕にはよくわからないので、自分が集中講義という落下傘で飛び下りたみたいな感じで、そのへんの戸惑いは多少あります。
　今、無藤隆先生とちょっと話をしていても、自分の講座がこちらの学校の講座の関連性の中でどのあたりをお引き受けしたものなのかなという話は、実はあまりくわしくわかっていない。それなので、開き直りみたいな形で、僕自身が今、保育学という領域の中に、どういうふうなスタンスでテーマというものを見つけたり、それからそういう保育学的な分野というものにどうかかわっているのかということをお話ししながらやっていかざるを得ないかなと思っています。
　こういった話はもう十分ほかの人たちから聞いているというふうなことになれば、即座に軌道修正しなければいけないということはあると思うのですが、まず、恐る恐る僕自身の授業の組み立てを最初に紹介し、それからみんなに話を振ってみたいと思います。
　とりあえず、ちょっと力みを抜いてください。僕自身がそんなに力んでもしようがないようなところに興味もっているということもあるし、これから3日間でみんなと一緒に、ある事柄について考えてみたいということでいきたいと思っています。とりあえず、僕自身がこれから3日間でどん

なことを話すつもりの柱を立ててきたか、それをお聞きいただいて、ここは眠ったほうがいいとか、ここは静かに退場したほうがいいとか、それはみなさんで適宜やっていただくとして、一応メニューらしきものをお話ししておいたほうがいいと思っています。

　保育学という話題を大きく8つの柱、9つとしたかったのですが、9つ目は討論をしてみたいと思ったものですから、8つになろうかと。1コマ、1つぐらいの括りでとにかく話題を提供しておきたいと思っています。

　いわゆる保育学というような著書を開いたときの本の目次から考えてみたら、こんなことはあり得ないだろうなと思うような柱立てになってしまうのですが、私はここで本の目次に従って話をするつもりはなくて、私という1人の人間が保育学というものとどう出会って、どのようなことをみんなに聞いていただく形をとるかということです。著書ではない、本の目次ではない形の柱立てになってしまうと思います。

🍀 1つ目の柱：発想の航跡

　まず1つは、妙なタイトルですけれども、こんなことを考えています。説明が入ってしまいますと、もう各論的というか個々の時間の中の話になりますので、一つひとつあとで進めていきたいと思います。簡単に言うと、保育というのは「学」がくっついていますけれども、しかしその「学」ということに成立させていくベースは何かというと、非常にどろどろとした子どもと大人との生活の場ですよね。条件をコントロールしたシチュエーションの中で、人の動きや子どもと大人のかかわりということを考えていく研究のスタイルとは、まったく質を異にしています。

　つまり、保育というのはのっけから日常的なことを取り上げていかざるを得ない。それを抜きにしたら保育学というのは成立しないだろうと僕は考えています。まずいちばん最初に考えてみたいのは、一体、保育者なり実践にかかわる人が、何を考えて、どう生きて、どういうふうに状況を捉えているかということです。つまり親が何を考えているか、教師が何を考

えているか、保育者がどんなことを感じたり考えたりしてきているかです。大人がそのるつぼの中にいながら、何を感じて、どう生きているかという問題に関係してくるのだろうと思っています。このことを僕はもう少し具体的に説明してみたい。ですから、まず最初に「発想の航跡」ということでいきたいと思います。

🍀 2つ目の柱：日常性を支える実践

2つ目の柱は保育学の中に僕がもち込んできた"日常性"ということをどれぐらい意味あるものとして実感できるかということです。どれぐらい意味のある事柄として、それを理論的に説明していけるかということだと僕は思っています。その意味で今日も資料をもってきましたけれども、保育あるいは保育者の記録なり、それからその歩みなりというものをかいま見ることのできる資料を通して、「日常性を支える実践、あるいは保育実践」ということを考えてみたいと思うんですね。

🍀 3つ目の柱：自分の居場所

3つ目は"自分の居場所"です。今日の3時間分の資料を整理してもってくる際、部屋の中で動物園のクマみたいに「これでいいのか、これでいいのか」と思いつつ、まあ、この柱でやってみようということでもってきました。実は最近、この"居場所"ということをしきりにいろいろな研究者が言うようになったので、とても嫌なんです。使いたくない。僕はへそ曲がりなんですよ、そういうところは。人の使い慣れた言葉というのは嫌なんです。たとえば"自主性"という言葉も何かうさんくさくなってきた。最近は"居場所"という言葉がいろいろな人が使うようになってきた。ただし、僕が嫌と言ったからといってみなさんは無視しないでください。とてもそのことは大事なことなのです。あとでもう少し具体的に話をしていきたい。

要するに子どもの問題にターゲットを絞って考えたとき、どんなにキャリアがあり、どんなに保育学に長けたプロの人がそこにいても、そこにい

る子ども自身が居心地が悪かったらむなしい理論だ、と僕は思うんですね。あるいは保育者としてのキャリアがあるということも、子どもにとってはむなしいものでしかない。

　保育の現場というのは、子どもがそこで生まれ育って生きていく場です。そういう打ち消しがたい事実がそこにあるわけでしょう。そうだとすると、どんなに格調高い保育学の理念をもったり、それから教育課程の非常に見事なものをつくっても、要するに「俺は居心地悪いんだよ」という子どもが1人、2人出てきたとき、その子にとってここの園生活って何だろうということを考えなければならない。

　最近は教育学者、あるいは授業研究する領域の研究者の中では、"自分の居場所"という言葉がすごく重要な意味をもってきています。最近「幼児の教育」という雑誌に無藤先生が"トポス"という言葉を使って、このあたりを論じられていました。無藤先生からそれ以上のことはお聞きしていないので、聞きかじりのことを紹介するのは失礼かもしれませんが、無藤先生がその雑誌の中に、しきりに取り上げていたのもまさに居場所の問題だったように思います。無藤先生は"トポス"という言葉を使っていますが。

　要するに研究者あるいは志のある実践者が"保育学"としていろいろなことを練り上げていこうといろいろなことを言っても、いちばん肝心なことは、つまり保育が「学」として整理され体系化されていくそのベースは、"子どもにとって居心地のいい場所"であるということがスタートでなければならない。居心地の悪いところから立派な研究や実践研究が出てくるというのは妙な話ですよね。しかし、現実にはそういうことが起きるのです。このことにもう少し触れてみたい。

　ここまでが第1日目の今日お話ししてみたいと思っているところです。

4つ目の柱：モラトリアム空間

　4、5、6という3つ、これは明日のメニューにしたいと思いますけれども、次に「モラトリアム空間」という視点から保育というものを考えて

序章　私の「保育学」の中身として考えたいこと

みたい。それは3番目のテーマと関係するんですが、"子どもにとって園生活とは何か"ということです。

僕が保育に興味をもち始めるようになったときに、佐治守夫先生と保育の現場をまわって歩く機会がたまたま企画としてありました。佐治先生は東京大学の教育学部、その前は国立精神衛生研究所にいて、カウンセリングに関しては日本のリーダー的な仕事をされてきた方です。今、日精研（日精研心理臨床センター）という研究所の仕事をまだされていて、現場で活躍されておられる。もうかなりのお年になられていると思います。当時、佐治先生は保育という領域を特別にご存じないまま、一方、僕は保育のほうにだんだん興味をもち始めて、今までの心理学で専攻してきたものをだんだん後ろへ後ろへ置きながら、現場のほうがおもしろくなってきていたという時期でした。佐治先生と出会って、とても僕は影響を受けました。佐治先生と保育の現場に出かけたときに、子どもが生活の場の中で課題に従ってタッタッタッと育っていくような、言ってみれば非常に直線的な育ちではなくて、子ども自身が行きつ戻りつするようなことや、ときには脱線行動というのか、たとえばあんなにしっかりしていた子がどうしてここのところメソメソ泣くのかなというような、ゆらぐ、そういう事実というのを見る機会があったんです。

もう今は絶版になってしまいましたけれども、フレーベル館という出版社から佐治先生と私とで編集した『子どもにとって園生活とはなにか』という題名の本をつくったことがあります。雑誌に連載していた特集の中から好評だったものだけを集めて1冊にした本です。そのときには保育の現場において気になる子どもたちの行動を通して保育を考えるという形をとりました。

「モラトリアム空間」、モラトリアムというのは、保育学の中で私が使おうとする限られたものというよりは、むしろアイデンティティ論であるとか、あるいはある領域における発達のステージと関係した形でこれをよく使いますよね。臨床心理系の人たちの中には、このモラトリアムという言葉をある種の人間理解のための重要な手だてとして考える方もおられるよ

うです。私が言うモラトリアムというのは、やはり、臨床の領域にいてクライアントが非常にそこでゆらぐことを受け入れていこうという発想です。あとでまた紹介したいと思いますが、そこにヒントを得たもので"ゆらぎ"ということが大事になってきます。そこからもう1回保育の現場というものを見てみたいというのが4つ目です。

🍀 5つ目の柱：発達を捉える視点

5つ目ですが、"発達"、これは発達心理学などでいろいろな知見を得て発達という概念についてはずっと深められてきています。かつて、『発達』という雑誌の中で何人かの発達研究者たちが反省的発達論というのを書いたことがあります。みなさんの中でも目に触れられた方もいると思います。ある時期に心理学全体が人間の理解ということについて、今までもっている尺度なり、今までもってきた研究の枠組み、パラダイムというのですか、それについてこれでいいのだろうかという見直しを学会レベルで議論した時期があります。それに呼応するかのように発達についての理解ということの見直しというのが、かなり明確な形で問い始められました。

たとえば、そのとき非常に強烈な印象だったのは、『反発達論』という本が出たことがあります。茨城大学に今おられる……とっさに名前が出てきません。だれか知りません？『反発達論』……そうやって僕、今時間を稼いでいるんですけれども（笑）。すみません、思い出せない。パッと出てきたらまた言います。老化だと思わないでください。

その『反発達論』というのが出てきたときに、"発達"という言葉を使うのをやめてみようというようなこともありました。それから障がいをもつ人たちの発達ということを切り捨てる発想ではないのか、あるいは人間には発達不可能という尺度と発達可能というような、一種の二分法のようなもので人間を見ていくということが本当にいいかどうかという、そういう問い直しがそこからずっと続いたわけですね。

そのようなことを契機にして、今までの"発達"という言葉は心理学や発達学の領域の人たちの中で動いていきました。保育の中で、もっと別な

言い方をすれば実践の中で、"発達"という近接領域の概念を援用する形で子どもを理解することでいいのだろうか。当然そう考えますよね。あるいは実践者、子どもと毎日の生活を共にする人たちの発達の視点というのが、そういう科学的な発達認識というものをそのまま降ろしてきて、子どもを見る"目"にしていていいのだろうか。もっと違う視点というのはないのか、というようなことです。あるいは違う接近の仕方というものはないのか。保育学における「発達を捉える視点」ということを、整理して見られないかということですね。実践というフィールドの中で子どもの発達を捉える。だれが捉えるのか、どう捉えるのかという、そういう問いかけでみていく必要があるだろうということです。

6つ目の柱：発達体験

　なぜ、そういうことを考えるかというと、私は保育学の中で津守真先生という方のお名前を抜きには考えられないですが、"発達体験"という言葉があるんですね。これは津守先生が『子ども学のはじまり』という本の中に、それまでもっていた考え方だろうと思うのですが、"発達体験"という言葉を出された。

　これが今僕が言っている、ある意味では6番目の話題の中の1つに収斂、絞り込んできたときのキーワードだと思うのです。これは何かというと、今までの発達心理学者、発達学の研究者は、子どもがどう育ったかということを、外側から図る尺度から見て発達を考えてきました。津守先生は子どもがその日、「ああ、おもしろかった」あるいはもう無言で何か砂場の中で遊び込んでいるときの体験が、一種ビデオメンタルなものだという意味で語っています。

　子どもの体験として発達を捉えていくという発想をそこに出してきたことは、大変重要な意味をもっており、とくに保育学における発達認識においては無視できないだろうと思います。ところが、これは欧米の研究の略語ではないわけで、"発達体験"という言葉を何と訳したらいいのでしょう。デベロップメンタル・エクスペリエンス（developmental experience）

と訳すと、いかにも造語っぽくなるというか造語そのものです。この"発達体験"ということは、日本における保育学に興味をもった、興味をもったというか、保育学の開拓者といってもいい津守先生自身が、子どもとのかかわりの中で"発達"を捉えていく視点として見つけた言葉ですよね。そのことについて、それ以上の言葉が出てこない。たとえば、最近の保育に関する辞書、用語集、そういうものを見ても"発達体験"という言葉が明確に紹介されているものはないのではないでしょうか。

　非常に大事なものだけれども、発達認識という中で多くの人がこの部分について関心をもち、もしかすると子どもと生活をする大人が"発達体験"ということに目をつけているということを、いち早く研究者がアンテナを張っていて気づけて、自らの発達概念あるいは発達という用語に大きな修正を加えていっているかもしれない。ぜひ、探してほしいのですが、なかなかそういうものはないですね。ですから、研究者と実践者と分けるのはかなり辛いけれども、実践者の側の導き出してくる"発達体験"という概念と、研究者が研究者自身の専門領域のキーワードとして捉えている発達という概念との間に、一種のずれがある。認識のずれがある。そして圧倒的にそういう述語のようなものをまとめ上げていく学的な体系の中では、実践の中における"発達体験"という発見が、まだこなし切れていないのではないか。

　ちなみに発達心理学という新しいジャンルが日本でできたけれども、過去の発達心理学の発表論文、あるいは発達心理学研究の中に発達体験という言葉が発見できるかどうか。調べていませんけれども、みなさんの中にもしそういう時間や興味がある方がいらしたら調べていただきたい。おそらくないんだろうと思うんですが、見つけたらむきになって教えてください。「お前は不勉強だぞ」と、すでにあるぞということをですね。

　それぐらい発達という言葉の使われ方はワンサイドですね。ワンサイドというのは、専門家が実践の場に降ろしてくる発達概念はあるけれども、実践の中から拾い出された発達概念が、研究の体系の中に反映していくようなルールは見落とされていることが多いですね。ですから、私がたまた

まある企画の中で、発達の研究者に"発達体験"という言葉を書いてくれと頼んだときに、聞いたことがないと言われた。聞いたことはあるけれども書けないというなら話はわかる。しかし、こういう言葉があるのか、聞いたことがないと言われたときに、ワンサイドであるという事実にぶつかったということです。

しかしそれはもう10年以上も前の話ですから、最近の発達研究者の中に発達体験ということを、実践にかかわりをもつものであれば意識されるということはある。これはあとでまたもう少し紹介してみたいと思います。

7つ目の柱：保育者の専門性としての"臨床"

格好をつけて"臨床"という言葉をあげました。"臨床性"と僕は言いたいけれども、このことはかなり強調しておきたいわけです。実は臨床ということを僕自身が今非常に関心をもっています。あとの柱にも関係しますけれども、ある種、担当者としての僕の癖がもっとも出てくる部分というのは、これ以降だと思います。つまり、この7つ目の柱で言いたいことは、臨床という視点から保育というものを見ていくということ。臨床という視点から実践というものを見続けていきたいという、僕自身の思いがあります。それは、戻って"発想の航跡"、僕自身の"発想の航跡"ということを今日語ってみたいわけです。

保育所であれ幼稚園であれ生活する場の中にかかわらせてもらったときに、しみじみと感じたことは何かというと、心理学あるいは臨床の専門家に来てもらって、この子どもと私の関係を見てもらう、そういうニードというのは結構ある。そういう形で問題を解消していくということは結構あるのですが、ここで取り上げたいのは毎日毎日子どものそばでかかわっている保育者の専門性の中に臨床もある。つまり、もっと言えば保育者が極めて臨床的な関係の中で重要な意味をもっているのだということを、何回も何回も思い知らされる。

たとえばどういうことかというと、本当は痛くないのだけれども、ここ

を怪我したといって訴えてくるということがある。そのとき、それは本当は痛くないんだと思った保育者がいて、忙しくて、そしてどっちかというと、あまりそういう子どもが好きじゃないという思いがあると「我慢、我慢」みたいなことを言って素通りしちゃう。これも子どもへの対応の1つのやり方です。いいか悪いかは別としてそういう大人の対応の仕方をこの子は一緒に生活をする限り避けて通れないところにいるということですね。

ところが「わかるよな」という気持ちで「本当は甘えたいんだろう」、「痛さというのはこの子にとって本当かもしれない」、それで「よしよし」ということで「どこが痛い？」と真剣に抱きとめてその痛みを聞いてあげる。「ずっと痛いのか」みたいなことを聞く。「よーし」ということでおまじないをかけてやるぞということで、手を包むようにしてたとえば「痛いの痛いの飛んでけ！」と言って祈るようにして「エイヤー、ほーら、痛くなくなった」と。何でもない遊びの風景かもしれないし、かかわりの風景かもしれない。

しかしこの1つの例を取り上げてみると、実は先生のその子の気持ちを癒すという状況の中で、ある出来事にあるかかわりをもったということが言えると思う。最近"心の癒し"という言葉が非常にポピュラーになってきて、ブームになってきたものですから、先ほど取り上げた居場所というテーマがポピュラーになってきたのと同じように。やや抵抗感はあるけれども、しかし保育の現場の中で保育者が子どもと一緒に生きていく、あるいは子どもとともにあるというその中に、子どもにとってすぐれた癒し例として存在するのではないでしょうか。あるいは保育者がいるということ自体が子どもの気持ちを穏やかにする、落ちつかせるという極めて臨床的な意味があったり、臨床的な行為がそこに内在しているというように言えるだろうということですね。推測ではなく実感としてそれが言えるようなエピソードがほしいわけです。

このあたりのところを少し考えてみたいと思うんですね。

今の話ですが、もう少し言いたいことがあります。この項目の説明とし

て言いたかったのですが、僕のゼミの学生が実習に行ったときに、子どもを抱っこするのは簡単だったけれども、抱っこした子どもを降ろすのがとっても辛かったというのです。そのことに気がついて、抱っこというのは一体子どもにとってどういう意味があるのかを考えたいというのです。「おい、それは卒論にならないよ」って、最初は僕も思ったんですね。いわゆる抱っこ法だとか、いろいろな形の抱っこということがある意味で注目されているということは、もちろんわかるのですが、保育の現場の中で子どもを抱っこして降ろすのが辛かった、それを考えてみたい、大丈夫かなと思ったのです。しかし、これはおもしろかった。彼女自身がそういうことについてのこだわりがあったから、自分で保育の現場に入り込んで数か月の間いろいろな子どもとのつきあいの中に身を置きながら、抱っこという自分と子どもの関係の中で、こだわりをずっと見つめ続けたんです。

　その中から出てきたことで、僕にもう一度目を凝らさせてくれたことがあります。実は抱っこというのは、抱っこするときも大事だけれども、どのようにして子どもが抱っこから降りるかというその気持ち、そしてそれはどういう意味をもつことなのかとか、それから子どもの気持ちでなく保育者が抱っこから子どもを降ろしてしまう、その降ろすということが子どもにとってとても辛いということは、僕も経験で何回もあります。もう指先が粘っているんじゃないかと思うぐらい、指の一本一本まで引っかけて降りたくない。何か降ろそうとする雰囲気を子どもはよくわかっているんですよ。前かがみになるとギューッとしがみついて降りない。もう粘れるだけ粘るぞみたいな、そういう子どもの姿というのを経験することがあります。そういうときの問題ですね。やっぱり自分があるということが、臨床性そのものを考えざるを得ないということだったと思うのです。

8つ目の柱：保育カンファレンス

　8番目ですが、「保育カンファレンス」ということをお話ししてみたい。これがある意味では僕の保育学の中で、今いちばん興味をもっている領域だといってもいいと思います。それは何かというとカンファレンスという

のは事例協議。ケースカンファレンスという言葉をつけて事例協議ということになるのですが、もともとはそのカンファレンス自体が一般的な保育を語るということではなくて、ある出来事、そのことを話題にしていく。だれがどう話題にするのか。それは1つのチームを組んだ保育者の中で考える、あるいは教師集団の中で、事例協議を進めていくということですね。

　実は僕自身が子どもの施設の指導員をしたところから自分の職業というか生活が始まったので、のっけからカンファレンスということは自分の頭の中では、子どものことについて考えることでした。職種の違うスタッフで話し合う場合は、医者が園長だったものですから、病院のあるいは医療的ないわゆるチームの中での協議という意味で、カンファレンスという言葉がもう通常的に使われていた。

　ところが保育の中に入ってきたカンファレンスという言葉は、当時はほとんど使われていなかった。ちょうどもう20年たつのですが、保育所の子どもの巡回保育相談ということを始めて、そして午睡の時間中にしか保育者が集まりにくいもので、そういう時間帯で1人2人と子どもたちのことを語り合っていく時間、これがまさにカンファレンスそのものだということです。昨年でしたか、日本女子大学の森上史朗さんと僕と、それから幼稚園の先生と保育カンファレンスということについて座談会をするようなことがありましたが、まだ特集記事で極めて少ないです。そういうことを語り合う場、あるいは公にしてみる場というものが少ない状況だったのですが、教育カンファレンスという言葉は長い過去をもっています。歴史をもっているといってもいい。

　その意味で1つ身近な例として、稲垣忠彦さんの『授業を変えるために』という本のサブタイトルに「カンファレンスのすすめ」という言葉が使われています。国土社から出ているのでおそらくもう読まれたかもしれません。保育カンファレンスということに重ねていうと、フィールドが違うところだけ、つまり極めて近いフィールドでカンファレンスというものがもたれているということです。どういうことかというと教育学の研究者

と、それから教師が授業の中で起きた出来事を語り合っていくわけです。言ってみれば授業研究ですけれども、その中にしきりに出てくるのが授業の臨床研究という言い方でした。

　この授業の臨床研究という言葉の中に、僕自身が保育の臨床研究とずっと考え続けてきたものと重なってくる部分があります。こういうカンファレンスというのは、これからまだまだそのこと自体の質的な吟味が必要だということと、そういうことに興味をもつ研究者が保育者の周辺に多く出てきて、そして実践者と研究者がもっともっとお互いの、ワンサイドなやりとりではなくて、相互的なやりとりができるような、そういうことがもてるようになることを強く期待したいし希望しているわけです。

　大体、以上が僕がこの3日間の中で、これから保育学という講座の中で話をしてみたい大きな柱ということになります。途中で、もしわからないこと、あるいはみんなのほうから聞いてみたいという意図が強いときは、話をさえぎって質問してほしいと思います。

　以上、こういう形で1、2、3の最初の3つを今日大体お話の中に組み込んでいきます。それから4、5、6を明日の柱にしてみたい。7、8そしてもしかすると何か補足的な話あるいはみんなから出てきた質問に答えるというようなことを加えて、9つ目の柱にしたいと考えています。

特講１時間目

第1章 発想の航跡

§1　恩師大宮緑郎先生との出会い
　　　　――『浮浪児の保護と指導』

　さてそれでは、まず最初に"発想の航跡"という柱でこれからお話をしていきたいと思います。

　先ほど自分の話をしましたが、僕が大学で興味のあったことは、実はマスコミ関係にかかわるようなことだったんですね。社会心理学という領域のことだったのです。しかし、学生時代の恩師が非常に興味をもっていたフィールドワークの領域で、実際に農村地帯、山村に入り込んで、そしていろいろな人と接しながら聞き書きをしていくというような手法で、学生時代に卒業論文を書いたわけです。

　そのときの恩師が、実は戦後の混乱している中で、唯一心理学の領域で実際に子どもに接して、子どもの状況をまとめた『浮浪児の保護と指導』という本を書いた大宮緑郎先生という茨城大学の先生でした。実はその『浮浪児の保護と指導』という本は、これは今もってその当時の子どもの

実態を研究者がまとめたものはほかにないと言われていまして、なかなか手に入らない本だと思います。

　上野の地下道であるとかそういうところで会った子どもたちにいろいろ聞いていくわけです。どういう生活をしているのか。そのとき僕が読んだ本の中ですごいなと思ったのは、12歳くらいの男の子が年下の子、6、7人をまとめて生きている。親がいない、そういう状況の中でその12歳の子がブローカーを始めた。要するに東北本線で青森のほうへ行っては何か仕入れてきて、東京に来て売る。そして売りさばいたもので面倒を見ている子どもたち仲間の暮らしを立てていく。ある意味ではその時代的な言い方をすると、日本におけるストリートチルドレンの実態だということです。

　先生が僕にしきりに教えてくれたことは、子どもの心理にせよ、人間の心理にせよ、その子どもの生きざま、あるいはその対象者の生きざまというものに接してみて、そこで感じとるものがなければ、などということを繰り返し、繰り返し言われた。そのころはまだ実験心理学というようなもの、社会心理学にして実験社会心理学、とくに九州大学を中心にそういったことが社会心理学の中では強かった時代ですけれども、その中にありながら僕はそういう先生と出会って、フィールドワークという言葉をそこで知って、そして聞き書きというようなことの意味もわかった。しかし、それは、当時非常にマイノリティーというか、言ってみればマイナーな仕事の分野だといってもいいと思うんですね。

　おもしろくて自分に向いているような気がしました。実際にそういう人の生きざまに触れるということは、僕自身とても好きですし、それがどう理論的に体系化されていくことなのかという意味では、あまり野心的な焦りも自分になかった。ただおもしろいということが非常に自分にとって重要な意味をもっていたと思います。ところが、実際に自分がそういうことをしていく上でも、生活をどうしてもしていかなければならないということから、思いがけず児童相談所のアルバイトのようなことを始めたわけです。学生でお金に困ってというのが実は本音なのですが。そこで出会った

子どもたちの問題に愕然としたわけです。

当時、1960〜1962年のことですが、よくいう安保世代ということになるのだろうと思います。炭鉱離職者の子どもたちの悲劇というのがいっぱいありました。つまり、そのころまだ日本では炭鉱そのものが採掘されており、そしてそれによってエネルギーというものを支えてきたわけです。つまり、まだ電気とかあるいは原子的なエネルギーよりも石炭によるものが多かったわけです。それがちょうど大きくぐらついてきて閉山になる状況です。何が起きるかというと、多くの炭鉱夫とその家族の失業です。それがどこで、どういう形で起きてくるかというと、東京に出てきている。水商売に売られるような形で生活をし始めた中学生世代の女の子たちがいろいろな悲劇を生み出していました。児童相談所に来る中学生の女子や16、17の子のほうが、はるかに人間として圧倒されるような、人の裏を見てるというか、そういうまなざしや行動をしていました。臨床の場面にいて仕事をし始めた最初のころにものすごいパンチを食らったというのは、そういうことでした。生きざまのすごさというか……。

そのバックに浮浪児の研究をした恩師がいて、何か僕自身が社会心理学というものをそこでずっとやってきたけれども、"社会に生きる人間"という先生が書かれた『入門社会心理学──社会に生きる人間』のサブタイトルにすごくひかれました。先生自身が、社会に生きている人間、つまり生きている人間のコンテキストというものを大事にしながらしていく仕事というのにすごく興味がありました。結局、僕自身が福祉施設に職場を得て、そこの心理判定員（現：児童心理司）、実際には指導員になりました。七夕になると裏山へ行って、竹を切ってきて子どもたちと一緒に笹の葉サラサラとうたいながら降りてきたりしました。そのころ僕はまだ大学院を出て間もないころなもので悩みましたね。俺はこんなことをするために大学院を出たんだろうかみたいなことで結構悩んだ。何せ山の中、手を引きながら竹竿をクマさんじゃあるまいし、笹の葉サラサラとうたっている自分が、とてもまだ馴染めなかった。どこかにまだ心理判定みたいな仕事で身を立てていく自分を思考している面を、現場に立ちながら感じていまし

た。一方で現場の中へ自分を埋没させていくのはいやだという、そういう自分というのが当時あったと思います。

　まがりなりにも、そこで子どもと生活すると、子どもの中にホスピタリズムという徴候、現実に何人もの子どもにそういう状態を見ざるを得ない。捨て子、虐待児、障がいのある子ども、家庭の不和、とにかく福祉施設は大げさではないんですね。振り返ってみると家族が生きるという生き方の縮図のようなものをそこで見たんですね。

　そういうことを見た中で感じたことは何か。夜尿の研究のために医者と一緒にいろいろなことをやりました。副交感神経を興奮させるような、子どもの夜尿の原因を探るということをその医者がやっていて、それの手伝いのために僕は何をしたかというと、ガルヴァニックスキンレスポンス（galvanic skin response：電気性皮膚反射）、GSRの測定みたいなものをやっていた。言ってみればそのころの僕自身がやってきた研究発表の多くはそういう形のデータをとって、分析して出してということでした。もう一方では定期的に一人ひとり検査室へ連れてきた子どもとテストバッテリーを通して向かい合って、そこで子どもを見るという関係でした。24時間の入所施設ですから保育者がかなりいます。看護婦（現：看護師）もいました。とくに体の弱い子が中心の施設でしたから。

　そこで僕自身がした仕事というものを、自分で客観的に見れるようになったのはいつかというと、職場を離れてからですね。職場を離れて保育者の養成の学校の教師になりました。要するに転職したわけです。福祉施設を経験していて心理学を教えられる人というのを探していて頼まれて行ったわけです。

　つまり、僕は少なくとも自分で自負していたわけですね。福祉施設の中で少なくとも子どもの心理について見聞きした自分というのを肯定していました。そして保育者養成の学校の教員になったのですが、語っていて気がつき出した。そのきっかけとなったのがジョン・ボウルビィという人の本が日本で訳出されたことです。僕はもとの本を先に読んだのでそちらが頭にあるのですけれども、『マターナルケア・アンド・メンタルヘル

ス（Maternal care and mental health）』という本です。岩崎学術出版社から『乳幼児の精神衛生』という本になって出たものです。今でも出ていると思います。このボウルビィという人を知ったのは施設の指導員をしていてその本を買って読んだときです。

§2　ジョン・ボウルビィ　ショック
　　──『マターナルケア・アンド・メンタルヘルス』

　当時、僕は施設の側の職員としてそれを読んでショックを受けたわけです。何が書いてあったかというと、ある1行の中に、いかなるこまごまとしたことに配慮のある施設といえど、つまりもっとわかりやすく言うと、どんなにいろいろなことで温かい手当てをした施設でも、最悪の状態の家庭には劣るんだと。つまり、最悪の家庭のほうがまだいいと書いてあるのです。つまり、これは施設の職員にとってはかなり辛い状況でしたね。それに対する反論は日本だけではなく、世界のいろいろな、いわゆる福祉施設かどうかはわかりませんけれども、子どもの入所施設に働いている研究者あるいは実践者の中から、かなりの反論、批判が起きたんです。

　ボウルビィもそのことを後に文献の中で、それを否定していくというか、少し言い過ぎたというようなニュアンスのことを書くことにつながっていくわけです。かなり抵抗があったわけですね。しかし、強烈なパンチでして、ボウルビィが言った施設というものがどんなにいろいろなことを一生懸命やっても、状態の悪い家庭のほうがまだ子どもにとってはましなんだよという言い方は、僕にもなじまなかったのです。

　もちろん劣悪な、いわゆる福祉施設というのは公的な援助でなければ運営できないわけだから、子どもの生活費、もっと言えば食費、おもちゃ代、それから衣類とあらゆるものが、公的な負担で成り立っています。公的な負担というのは、最低基準、ミニマムエッセンシャル。最適基準ではなかったのです。

　当時の福祉施設の状況というのはミニマム、最低基準なんですね。どう

いうことかというと生活保護所帯の基準が当てはめられていました。生活保護所帯というのは簡単に言えば、一般の労働者の家族の生活費の半分、あるいはそれ以下の生活費で、家族が暮らさなければならない状況が目安です。その後、随分変わってきたと思うけれども、当時の生活保護はそうでした。そのような基準によって、福祉施設の生活費というものが担われていくわけだから、やりたいことはいっぱいあってもできないんですね。

　要するに経費がない。たとえて言えば僕自身は棚がほしかったわけです。心理検査室の、プレールームの棚におもちゃを置きたかった。でも、これがまともに買えなかったですね。どうするかというと、僕自身はそれほどあまり豊かに育たなかったことが幸いして、あまりそれが苦ではなかったのですが、たとえば医者が……あれは何というのでしょうか。煮沸器というのでしょうか。いろいろなものを高熱で消毒して処理する器械。これが古くなったらいらないというので捨てるわけです。それをくれということで、全部ドアを外して要するに冷蔵庫のおばけみたいなものですが、ドアを外してペンキを塗って戸棚にしました。若い同じ仕事仲間の事務職員がそばへ来て「泣けるーっ」ということでそばで泣いてくれたりしました。「おまえの努力はすごい」とか、言ってくれるのですが、予算がつかなかったのです。

　そういう状況が1960年代半ばの公立の福祉施設でした。ですから民間の施設はもっと辛かったと思うのです。事実、僕の友達は養護施設長をやっていたのですが、みんなで鶏を飼って、その鶏の卵を売って子どもたちの修学旅行代を出そうと言っていましたね。最初は僕、「最近、鶏の値が上がったとか下がった」とか言うそいつを軽蔑したんです。「おまえ、施設にいるんだろう。子どもの話しろよ。鶏の話はないだろう」って言っていたんだけれども、その意味がわかったんですね。要するに、学費あるいはそういう修学旅行代がないのです。施設の子は行かせられないというのではなくて行かせたい。しかも行かせる費用だけではなくて、何とかおみやげを買ってきたいなあというその気持ちが思春期の子にはあるだろう。そういうのをカバーしていく。どうするかというと、そうやって自分

たちで資金を得る形を苦労してやっている、そういうことだったんですね。

　ある種、福祉施設の中における状況というのが、良心的な形で取り組もうといっても限界があったわけです。ところが、世の中のいわゆる施設というものに対する先入観というのか、あるいは観念というのは、施設の子どもは力がないとか、あるいはホスピタリズムという言葉が妙に一人歩きしてしまって、施設の子どもというのはそういう病気があるんだってねという話になる。福祉施設に対するあるいは障がい者に対する認識もそうだったんです。

　そういうことで自分が現場経験があるというので、保育者の養成校の教員になって語っているうちに、ここは言えないなという部分が見えてきました。それは何だと思いますか？

§3　子どもとつきあったエピソードがないまま、子どもの心理を語る

　子どもとつきあったエピソードがないということです。心理テストはいっぱいやったけれども、それからGSRで医者と一緒に副交感神経、興奮剤を見ながら、その子の発汗作用みたいなものを通して夜尿との関係みたいなものの相関をとるとかはやってきました。だけどエピソードがない。まったくないわけではない。夜尿の子を治す方法の文献を調べたら、環境を変えればいいというので、宿直の晩に抱いて寝たことがあるのです。そしたらたっぷりおしっこをされた。20代の後半です。事務長にうんと怒られました。

　だから、そういうことでつきあったといっても結局、いわゆる自分の臨床的な仕事の分担の中で子どもとつきあっているだけで、朝から部屋に遊びにくる子どもと一緒に散歩をするとか、あるいは夕方、ご飯が終わったあとにこれしようと子どもと自然体でつきあったことがあったか。ある年月いましたから、そういう出会いがないとは言いません。だけれどもウエイトからすると圧倒的に抜けていたんです。

じゃあ、僕は一体何をやっていたのだろう。24時間体制で子どもが生活する施設の中で、20代の自分がやっていたことというのは、子どもとつきあうエピソードというのがまったく欠落したままでした。しかし子どもの心理を語るという、その矛盾がだんだん自分の中で大きくなってきて、施設職員として勤めていたときよりも、それが棘になってきたんです。保育者養成にかかわる学校の中で自分がやろうとしていく心理の仕事って何なのだろう。僕が心理学の体系を語っていくことが、現場の子どもたちと接するときに、どういうふうに学生の血となり肉となって、子どもとのかかわりにつながっていくものなのかが、ほとんどみえない。リスト通りに心理学の口述、自分の学んできたものを教えることはできる。施設での経験を語れと言えば心理判定の結果の、あるいは医者と共同研究した結果の、長期滞在する子どもの社会性がどうなっていったの、あるいはどういう能力が欠落していくのかとか、言語性のものがどうなっていったかとか、やれリスクがどうだったとか、あるいはＣＡＴの結果の判定でもってあげた気になる子どもの事例はこうだとか、それは言える。学問的な心理学を口述するものとして、その内容を見れば立派かもしれない。でも、当時、対象になった学生というのは100％入所施設の保育者になる人、保育所の保母（現：保育士）になる人です。本当に全員就職しますから。彼女たちが入所施設に行ったときには、乳児の場合もあるし、教護院（現：児童自立支援施設）に行けば非行の恐れのある子どもたちと出会う場合もあるし、それから重度障がい児の施設に行けば心理判定などできない対象者と日々生活をしなければならない。そういう人たちのために自分が口述する心理学というのは、過去で学んできたものを切り取って話すことで一体いいのだろうかと思い、とても辛くなってきたわけです。もう30年もたちますから、今まだ働いている人が圧倒的に多いのですが、その卒業生たちはもう園長さんになったり主任になったり、あるいは大きな施設の中で重要なリーダーシップをとる立場になって働き続けているわけですが、昔を懐かしがってくれればくれるほど、胸が痛みます。その後、僕自身はどういうふうに自分の仕事を考えていくべきか悩んで、何回か元の恩師で

ある先生にも相談に行ったりしたこともあります。やっぱり子どものことをやっていく上で、僕のように実践の現場に入っていく人たちとかかわりをもつのなら、やっぱり自分自身が実践ということに具体的にかかわる視点、あるいは立場に身を置いて、手さぐりを始めるべきだと思いました。

　いろいろなやり方があると思います。思い切って心理学などにこだわらずに、自分自身が実践の側に身を置いていくことも1つあるだろう。私の仲間には大学をやめて、福祉施設の施設長になった人もいます。それも1つの選択だと思います。結果的に僕は児童に関する領域の教員として自分を置いているわけですけれども、ただ、僕自身の仕事の中で最初に社会に踏み出した、僕にとっての初めの一歩というのが、子どもの生きざまに触れる場面だったということから、そのことを自分の仕事のオリジナリティーとして大事にしていきたい。自己中心的な発想かもしれません。じゃあ、どうするか。やっぱり子どもの問題は現場の中で考えていく。迷わず考えていく。そういうスタンスでいわゆる現場というところと触れ続けてみたいと思いました。

　ちょうど30代の半ばごろ、いろいろな事情があってある大学で僕は学校の改革運動みたいなものに巻き込まれたというか、喜んで自分で飛び込んでいった面もあるのですが、10年間、子どもの問題に触れる機会がないまま大学の改組、改革問題の中に身を置きました。今だから時効だから話せるのですが、こういう授業の中でそんな話をするのも初めてですけれども、要するに大学のあり方というものにすごい疑問をもって、そういう関係で結局ごたごたして、学校そのものの中でそういったことが解決したことをみて、今の大妻女子大学へきたわけです。

§4　子どもにとって園生活とは何か
　　　——「保育学」のサブタイトルに出会う

　このような中でほとんど仕事をしていなかったときに、フレーベル館という子どもの保育に関する仕事をしている出版社があるんですが、現場を

見てまわってくれないかという思いがけない話がありました。僕にとっては前からそういうことのきっかけをつかみたかった。当時『保育の手帳』という雑誌でした。今は何ていうか知りませんが、その後かかわり合いは切れましたが、その『保育の手帳』という雑誌の中で、子どもにとって園生活とは何かという連載を続けたのです。先ほど佐治先生というお名前を出しましたが、そのとき一緒に仕事をしたのです。

　これで現場にもう1回入って、現場の子どもたちの問題を考えていくというようなことが軸になり始め、自分の仕事がだんだんかたまっていきました。これから3日間のお話の中で、保育所に関する、ある切り口というか角度で見始めるきっかけになったのは、過去に施設の中にいたことです。そして、それを仕事としておもしろみをもたせてくれたものが、雑誌の企画の中で動き始めました。思いがけないことでした。

　「子どもにとって園生活とは何だろう」というそのタイトル自体に僕自身大きなテーマ性を感じて、今もって「子どもにとって園生活とは何だろう」ということを考え続けています。言ってみれば保育学というタイトルのサブタイトルですね。「子どもにとって園生活とは何か」ということを考えていく研究分野というように思うのです。

　自分が1つの仕事の中で子どもたちと出会いながら、その出会い方の中で出会っていないということに気がついて愕然としていました。それにもかかわらず、子どもの心理ということを語っていく役割を、自分の仕事としていくことに興味があるものですから、絶えずある壁にぶつかるわけです。その壁は何かというと、本当に子どもと接するということの意味、というのを読みとれていなかったということです。そこで「園生活とは何か」というような視点で、いろいろな地域のいろいろな保育所や幼稚園を訪ねることの中からヒントがいっぱい出てきたわけです。

　それは何かというと、具体的に保育者が子どもとのかかわりで困っている、そういうところで一緒に考える人を求めている。その考えてくれる人を求めているところに自分がふさわしい人物かどうかということを確かめることもできるし、それから、もし受け入れられるならば、時間をかけて

考えてみたいということで、その雑誌の企画が踏み台になりまして、僕はちょうど昭和40年代に入ってから、それを続けてきたのです。

§5　今も続けている巡回保育相談員

　保育所に限定されるのですが、その保育所の子どもたちの問題を保育所の中で先生方が、こういうことを少し一緒になって相談してくれる人、巡回保育相談員（以下、「巡回相談」および「巡回相談員」）という人を探している。そこへ僕自身が役所のケースワーカーと面識を得て「ぜひ、やってくれ」と言われて、僕自身がちょうどそういうことを考え続けていたので、ぜひやってみようということで始まったのがきっかけです。

　それでいろいろな仕事やいろいろなことがあって、僕自身の個人的な生活の中でもいろいろな出来事があって、何回もやめようと思ったのですが、結局やめず、やめられずということもあるけれども、もうちょうどかれこれ20年近く、ある市の巡回相談を今も続けてます。

　僕にとっては、専門領域の中から知識を乞われ、求められて、ぜひアドバイスをしてくれという、そういう関係ではないのです。僕の思いは、現場に触れることが唯一僕の専門的な仕事をしていくための、ある意味で大事な窓口になっているということですね。一方的にこちら側で研究計画を立てて、現場へ行って観察をさせてもらうということは、もちろんできると思うけれども、僕の今の現場への入り方は、現場の中でこういうことを一緒に考えてほしいと思うそういうニーズが高まっていて、それにこたえる形で僕でよければという形で一緒に入っていく。そのときにはこちらが権威者であることをやめたい。極端に言えば、たとえば大学の教員である肩書きも抜いている。一緒にゼロ点から子どものことを手さぐりで話し合っていく雰囲気をつくりたいわけです。でも、そうはいかないです。世の中ではやっぱりどんなふうにこっちが「僕たち友達だよね」なんて言ってみたって、気持ち悪いおじさんとしか思われないし、やはりそこは大学の教員がよそから来たというふうに思われていることは避けられません。

でも、何回も事例について語り合っているうちに、そういうことを忘れる時間というのが起きてくる。ある担任がむきになって「そういうことはないよ」と、僕が思っていることは思い違いだよということをバッと言ってくれるような関係が何回も経験できるようになってきたわけです。

§6 それぞれの人がもっている"発想の航跡"

　保育の中で非常に大事な1つの第1の柱としてあげておきたいのは、保育に関心をもつ人、研究者であれ実践者であれ、その人自身が気づこうと気づくまいと自分自身に、つまりそれぞれに"発想の航跡"というものがあるということですね。自分がどういうことを経験して、どんな思いで、どういうふうに状況を捉えるようになっているか。たまたま今僕の話をしてきたのはなぜかというと、人の話をするよりも自分にとって明確であるからです。みなさんには聞きづらかったかもしれませんが。

　僕自身にも発想のそういう航跡はある。つまり、最初の職場の中で体験した子どもとかかわりきれていない自分に気がついて、そしてフィールドの中で子どもの生きざまというものを認めていくことへと、もう一度戻った仕事の意味というものがあります。それを考えていきたいということは、これは今も変わりません。そこで感じる思い、それから子どもに対する理解というものは、やっぱり自分自身の生きてきた経験の中からつくられてきているものですね。

　もしかすると、もっともっと職業人に、社会人になる以前の自分の生い立ちの中に端を発しているかもしれない。そう考えると、実は実践のただ中にいる保育者も子どもと接しながら、それぞれの保育者がもっている"発想の航跡"というものがあるはずです。よく子どもと相性が悪いと言います。その相性なんてものは、もう説明できない。理屈でもない。とにかくこの子と私はうまくいかない。うまが合わない。素朴にそういうことを言ってくれて話をし合ったことも結構あるわけです。

　つまり、人というのは自分で説明できないような何かある種の思いと

か、先入観とか、あるいは"暗黙知"の前提というのがあるのではないかと思います。ある領域では"暗黙知"という言葉がありますね。マイケル・ポランニーという人の訳が日本でも出て、"暗黙知"という言葉が非常に興味をもたれるようになりました。あるいは心理学の領域でも暗黙の人格論というのが結構興味をもたれて、いろいろなところでそういうことを紹介されています。つまり、われわれが専門的な教養で育てられた上で得られる知識というよりも、1人の人間として日常生活の中で培ってきたある種の見解、人を見る見方、あるいは発達を捉える目、あるいは学校ということを理解するまなざし、そういうものが意外に大きいということですね。

日本有数の大学を出て、そして華々しく評判を得たある人が日本で結婚をして、そしてアメリカへ渡り、アメリカの有名な大学でまたドクターをとり、そして科学者として非常に成功している人がいる。そういう人がたまたま3人の障がいをもった子どもさんを自分の子どもとして受け入れざるを得なくなった。奥さんは代々名門の家系といわれているところへ嫁いで、そしてそういう状況で生まれた子どもたちが、どうもそれぞれがいろいろな形での障がいをもっている。この奥さんの心労たるやすごいもので、何しろそのおじいさん、おばあさんが息子はハーバードを出なければならないみたいな、そういう「ねばならぬ」でもって固まっていて、身内がみんながそうだと。世の中にはそういう見事なというか、絵に描いたような家族があるものですけれども、事実、そういう家族に接してびっくりしたわけです。

ただ、非常に困っているのは、その母親を中心にして素朴に、心理臨床の専門家のところに相談に来るというルートが、この家族には成立しないのです。なぜか。やたらなところへは子どものことを紹介したくない。孫のことを語りたくない。要するに有名な施設、有名な学校、有名なと全部くっつく。その有名なというところは、もちろん名を成しているわけですから評判もあるだろうけれども、かならずしもそこが子どものケアにとっていいところだとは思わないんだけれども、困ったものです。

ニューヨークにいる私の学校の卒業生で、向こうでカウンセリングをやっている人から、助けてくれと頼まれたことがあります。どうにかしてその家族の面倒を見たいけれども、何とも臨床的に切れちゃうのだそうです。自分たちの家族の中の、そういう栄えある状況の中から抜け出せない。子どもが日本にいて、ごく素朴な一般の家庭であれば、どうしたらこの子のためになるかというところからスタートするわけだから、なりふり構わずというところがあるのですが、なりふり構わずじゃないんですね。なりふりばっかり気にしている。そのために3人の子どもが今、宙に浮いちゃっているのです。

　ついこの間、その家族は日本へ帰っていらした。僕にコンタクトをとるようにというように言ってくれたのですが、一介の私立大学の教員にはおそらく来ないだろう。気の毒ですよね。僕のほうは受け入れ態勢で、あらゆる手を尽くして相談事があれば行く。ところが僕のほうから「お困りでしょう」なんて、のこのこ顔出せないわけですね。とても困るケースというのはしばしばそういうことが起きます。

　それも今、僕のこの話の中で言えば、まさに"発想の航跡"です。この家族の。素朴に子どものためになるのは何かということを考えさせるような踏み込みができない。ですからこういう問題はしばしばこじれます。とくに高学歴、いわゆる有名病になってしまうと、なかなかリアルに子どもの問題、あるいは人間問題に向かえない。僕のイメージにある心理学というのは、そのもっとも人間のリアリティーに近づけるはずなのですが、それができない状況というのは結構あるんですね。

　最後になりますけれども、モラトリアム空間と先ほど紹介した人は神田橋篠治さんという人です。また、くわしく紹介しますけれども、この時間のタイトルは神田橋さんの本のタイトルです。『発想の航跡』という本を書かれたのですが、神田橋さんは鹿児島の町の精神科のお医者さんですが、自分がインターンのときからいろいろな精神障がい者の事例をずっと追いかけて、そして自分がインターンのときからやってきたケースとの出会い、そして町でケースをもって、治療ということに専念するようになる

までのさまざまな事例を突き抜けて、自分にあるクライアントに対する"発想の航跡"というものがあるということをそこで認めていこうとしたタイトルですね。こういうタイトルの本が出ているんだけれども、僕はこの本のタイトルからヒントを得たわけです。

　つまり、われわれはこうやってみんな"発想の航跡"をもっている。それぞれの年代で、もしかすると、もう４、５歳でもその子なりの４、５年の生活、キャリアで、その子なりの"発想の航跡"というのはもっているんですよ。こだわりに近い形でね。つまり年齢の多寡にかかわらず、専門であるかないかにかかわらず、われわれはお互いに自分という人間形成の中で発想というものの歩みをたどってきている。それを大事にする。それをどこかで対象化してみてみるという作業は、保育の中ではとても大事です。

　神田橋さんの名前を今ここにあげたので、みんなに読んでもらう本としては、もう聞いているかもしれませんね。もしまだ見たことがなければ……あとで授業の中ではこれに示唆を得た僕自身の話を聞いてもらいたいと思いますけれども、『精神療法面接のコツ』、そっくりな本で『精神療法診断のコツ』という本がありますから、慌てて買わないでください。そっちはちょっと僕が今イメージしているものとは、ちょっと……。もちろん、同じ著者だけれども『精神療法面接のコツ』というのは、面接のコツを語っているのではなくて、むしろもっと深みがある。もっと奥行きがある。つまり、僕らが精神科の領域の仕事に手を染めるという発想ではなくて、１人の精神科医が見続けている人間理解というものが臨床や実践にかかわる世界において、ものすごい衝撃を与えてくれますね。人間に関して。それはあとの柱の中でお話をしていきたい。

　戻りますけれども、僕の保育学の中で実践あるいは臨床にかかわる子どもであれ、保育者であれ、研究者であれ、それぞれがもっている"発想の航跡"というものがあって、普段はほとんど表には出ないことだけれども、しかしよくそうやって見ていくと、その人がなぜそのことにこだわるのかとか、あるいはその人がどういう思いでこういうものの考え方をする

のかというときに、実は単に専門的な知ということに限定されるのではなくて、実は案外素朴に専門的な知というものさえも自分の育ってきたそういう環境の中で、自分の経験してきたことで理解したり説明したりするということがあるかもしれない。それが間違いだというふうに僕は思わないです。それから逃れられないんだということですね。素朴に受けとめるところから出発したいですね。

　そうすると、正しいか間違っているかという議論ではなくて、いろいろな人生があって、いろいろな生きざまがあって、その中からこういう発想をするんだなという、異質なもの同士の触れ合いということを大事にするスタートができるんじゃないかというふうに思うんですね。

　そんなことで保育学の第1項はもう時間もきましたので、そういう形のところで押さえておいて、午後、「日常性」ということを論議して、実際に保育者の資料などを踏まえながら、もう少しお話ししてみたいと思います。

　何か今のところ質問ありませんか。

　では、午後、少し僕自身が福祉施設の中で出会った子どもの話をちょっと紹介してみたい。それは何かというと、ホスピタリズムのような状況を……これは何というか1960年代には避けられない状況でしたね。送られてくる子どもの、施設へ来る理由の中に、ホスピタリズムという診断名を得て来る子どもたちが随分いました。それは今の子どもたち理解に、僕にとってどういう意味をもつものなのかをちょっと説明するところから、午後の授業に入っていきたいと思います。

第2章 日常性を支える実践

特講2時間目

§1 環境悪化のサインとしてのホスピタリズム

三無主義 ── 子どものホスピタリズム

2つ目の話題に入っていきたいと思います。

さっき1つ目のところで、僕が施設にいるときの話をし始めていて、十分にそこのところを触れてなかったんですけれども、"日常性"ということを考えるようになってくる発端のところで、施設で最初に出会った子どもたちのホスピタリズムという問題がとても気になりました。

それをどういうふうに表現していいのか、いろいろ考えてきました。ホスピタリズムという言葉だけを抽出すると妙な話になりかねない。つまり一人歩きする形になる。「これは僕がある時期、現場の中で見たことだよ」という形で語ると、それもこわいなという気持ちが強いので、あえて1つの言葉にしておきたいのですが、「環境悪化のサインとしてのホスピタリズム」と、「環境悪化のサインとしての」をつけておきたいわけで、この言い方のところをもう少し説明をしておかなければならないと思います。

子どものホスピタリズムという状態を調べて、みなさんが文献を引いていかれればかならず出てくるのが行動です。どういう状況のものなのかは、いろいろ書かれています。僕が見た子どもは、どういう状態だったかというと、当時の子どもの生活の中でいえば、生まれてまもなくの家庭の中で養育困難な子どもたちにいろいろな状況で起き得ることで、発達初期の人間関係の上でいちばん身近な大人とのかかわり合いが何らかの形で切れる。それで社会的ケアを必要とする対象になるわけで、子どもが預けられる場所が、日本の場合ですと乳児施設、福祉施設の中でいう乳児院です。私がいた虚弱児幼児の施設へ入ってくる子どもたちは、ほとんど家庭から直接来るというより乳児院から送られてくる。つまり福祉論法上の言い方をすると措置されてくるわけです。

　その子どもたちが育ってきている状態を見ると、よくいう"三無主義"という言葉で表すことができます。すでに古くなってしまった言葉かもしれないけれど、三無主義という言い方より前に子どもたちは気力がないです。波多野誼余夫さんという方が書いた『無気力の心理学』という本がありますが、その中に「動物でさえも」という言い方があります。「動物でさえも」と一般化することではなくて、ある虚弱児の幼児ばかりが90人入所している施設に、乳児院から措置されてきた多くの子どもたちの中に共通に見られるものは何かというと、経験から私が見たものは、表情がない、子どもが素朴にいろいろな物事に感動する反応がない、もっと別な言い方でいえば表情さえも失っている。これはばらばらな事柄ではないわけで、子どものある状態をあらわしているわけです。このへんは『アタッチメント・アンド・ロス（Attachment and Loss）』というボウルビィの本、その3部作が日本では訳がすべて出ているわけですが、ボウルビィの本の中にはそういった病理と実際の姿が明確に表現されていると思います。なぜそういう状態をもたらされたかといったら、そこへ入ってくるような状態の子どもたちに共通だといってしまえばそうかもしれませんが、これは生育環境の劣悪な状況が子どものそういう状態を生み出してきた、と言わざるを得ないわけです。

この子たちのために明確に言っておかなければいけないことは、この子たちがもしもお母さんと密度の濃い関係がもてたら、もしもこの子たちが家庭の不和の中に巻き込まれなかったら、もしも、もしもという形でいくと、この子たちの人生は変わっただろう、ということが歴然としているんですね。逆にいうと、もしもが逆の場合、もしも円満に育つ家庭環境でなかった場合、もしも親によってしっかり守られて育てられなかった場合、あるいはもしも保育者が一生懸命やっても、手薄な福祉施策の中でこれ以上の人的な手当てもできない、これ以上物的な手当てもできないとしたら……。そういう"もしも"の中にこの子たちは拘束されているわけです。もしも……だとすると子どもの状態はこうなる、そんなことが言えるような状況でした。

　確かにホスピタリズムという状態は、場合によったら時代に遅れて、あるいは国を越えてある状況の子どもの中に、われわれが目を凝らして見届けなければならない状態として起き得ると思う。だから、1960年代の施設の中でそういう診断を受けてきた子どもたちの様子を見るにつけても、その子たちは環境の悪化した状況によって大きく育ちというものをゆがめられてきている。しかも、施設から送られてきて、受け入れる受け皿の施設の中で、今度は人の手当てが十分行き届かない。当時は3交代の保育者の勤務状態で、ある数はいるけれども、24時間体制の施設です。早く来て2時ぐらいまでの勤務、お昼から出てきて夕方までの勤務、真夜中の勤務、絶えず接点をもちながら3交代制で保育者は勤務しますので、保育者の数が相当いても、実際にはそうはいってなかったんですね。

　そんなことを考えると、子どもの状態を占う1つの手だてとして、無気力になる、あるいは無感動になる、結果的に子ども自身が表情を失ってしまう、そういう事柄をこの中で考えざるを得ない。それは施設にいる職員として不名誉なことでもあるわけだから、何とかしなくてはならない。研究もするわけです。僕がいたころ熱心な保育者が大勢おられて、3歳、4歳、5歳の子たちの7割近くが夜中におねしょをする、おしっこを失敗しちゃうんですね。

ある限られた世界の話になって恐縮ですが、僕の父、母が熱心なクリスチャンだったものですから、聖書の物語をよく聞く機会がありました。その聖書の物語の中に"塩の柱"という言葉が出てきます。それをイメージして、施設にいて、夜中に起こすと子どもが一斉に湯気の柱になるんです。"湯気の柱"とは何かというと、着ているパジャマの上へおしっこがしみ出す。それでかなり寒い。冷暖房はなく石炭ストーブしかなかった時代、寝ぼけて泣いたりしている、そういう子たちを夜中に起こして、廊下のいちばん隅のトイレまで連れていく。子どもの施設であるより、子どもの強制収容所のような状態の建物だったから。今思うと、コテージのようなシステムにして、保育者と少人数の子どもたちの生活単位にできないものだったかなと思います。

　大勢が寝起きする。ですから、受け入れた施設そのものが子どもの日常的なところで単調な生活になりかねない。夜中にそうやって起こして、こんなにおしっこをするのは明らかに環境の問題だから、何とか手を加えていこうということで研究会を開いたり、オフで休んでいる保育者も出てきてみんなで時間外に勉強会をやったものです。皮肉なことに、その結果はほとんど何もあらわれない。医者と一緒になってやった夜尿の研究、僕がそこにいるとき、人ごとじゃないということで身につまされて手伝って一生懸命やったんですが、何の結果も出ない。

保育者の数の増加が保育の質を変化させた

　ところが、驚くべき結果が出たんです。それは何かというと、福祉法が改定されて保育者の数がふえたんです。保育者の数がふえて、子どもとの対応に少し手がいくようになったら、こんなに正直なものかと思うぐらい、夜尿が減ってきた。当時、克明に回数をつけていたのでよくわかった。1人夜中に何回起こしたかとか、昼間のおしっこ漏らしまで含めて、ずうっと統計をとっていた。乳児院のいろいろな問題、ボウルビィのような提案もあったので、行政側も無視できない。それから、日本の状態が少し経済的に上向きになってきたので、東京都あたりは国の基準より保育者

§1 環境悪化のサインとしてのホスピタリズム

の手当てをふやしたわけです。そのことで子どもに直接接する保育者の数がふえた。ふえたら夜尿が減っていった。

この単純な関係のからくりの中に何が起きたか。減ったという有意差がある、問題はそっちにあるのではなく、日常生活の中で何が起きたのか。まさに驚くべきことでした。あんなに研究して、もう打つ手なしと思っていたし、医者も「夜尿なんていうのは手をつけようがない」といっていた。精神医学ではどういったとか、小児科学ではどういったとか、心理と医学の近接領域の文献をたぐり寄せたり、町医者のプロの人にも聞いてみたり、あらゆる手を尽くしても答えは出なかったのに、あることを契機として僕らがいた施設という生活現実の中ではっきりと夜尿が減ってきた。

何が起きたのかというと、保育者が特別待遇を始められるようになってきた。それまでは不文律として、特定の子をかわいがるのはやめようとなっていた。なぜかというと、おんぶ、抱っこをせがまれても90人近い乳幼児がいる施設で手薄な体制ではできないから、特定の子をつくるのはやめようというのが、僕が就職したてのころの保育者の申し合わせだった。その後、若干にせよ保育者の数がふえることによって、昼間2人体制だったのが3人、4人体制になり、疲れが違うわけだから、保育者も寮へ帰ってバタンキューと寝込むような状況じゃなくて、ちょっと余裕ができてきた。余裕ができると何が起きるかというと、オフのとき、町に出るけれど、この子を連れていこうかとか、特別待遇のようなことが可能になってきたわけです。別な言い方が見当たらないし、わかりやすい言い方だからそうあえて言ってしまうんですが、一人ひとりの子ども、俗っぽい言い方をすれば、特定の子をかわいがっていいということになった。逆にいえば、この子がこの保育者を慕うなら受けとめようじゃないかと。起きてきたことは、保育者の数がふえることによって夜尿が減ったという統計のからくりの中にあるものは、日常的な接触の仕方、頻度だけではない、質の変化だった。つまり、保育者が特別待遇ということを認めるようになってきた。具体的に特別待遇とは何かといったら、抱いてほしいときに抱いてもらえる、それから、かわいがってくれるという意味で、よくいうアタッ

チメント、愛着関係が形成できるようになる。

　その後、僕が施設にいて研究していた何人かの仲間と、東京都の委託を受けて、施設で育った子どもたちが職業生活をどのように全うしていけているかという追跡調査をしたとき、小さいけれど、おもしろい結果が1つあった。それは何かというと、「あなたは施設にいるときかわいがってくれた保育者を覚えていますか」という問いに対して、「覚えている」「かわいがってくれた人がいる」と反応してくれた青年と、「覚えがない」と回答してくれた青年との間で、転職する頻度が違うんです。

　どういうことが起きたかというと、職親というのだけれど、仕事をしながら、生活の面倒を見てくれて、親がわりにもなってくれる中小企業、理容師さんとか、町の板金工場とか、具体的にはそういう職業の中へ施設で育った子どもたちは入っていくわけです。なぜかというと、高卒、当時は中卒で仕事をもつといっても、高度な専門技術の資格を取れませんから、入っていくところは圧倒的に中小企業が多かった。そういうところで働いていくとき、その場所に根差して働き続けるのは、施設にいるときアタッチメントの対象をもてていた人たちだった。

消えていく環境悪化のサイン

　もし一般化できるとすれば、ボウルビィなどが言ってきたことや、環境悪化のサインと言われていたようなものがだんだん消えていく。とくに夜尿が目に見えて消えていくという現象とある程度裏表の関係で、日常生活の中に起きた変化として捉えられると思うんです。これを僕は論文にした記憶もないし、医者であった園長も、それを鬼の首でもとったようにレポートにしたものを知りませんし、当時の施設職員の中でそれを明らかに研究レポートにしたものは記憶にないです。ですが、紛れもない事実として環境悪化ということが促してきた子どものサインの中で、先ほど言った3つの状態、さらに身体症状、派生していく形で起きてきた兆候として、いろいろな状態が起きてきていました。その中にチックとか、発生的な意味では年齢の低い子どもに見られるヘッドバンキングという転倒行動があ

る。仮眠中にうつぶせになったままゴンゴンゴンゴンとやるとか、起きていても、壁に寄りかかったままでドンドンドンドンと頭を打つ、それから繭をつくる蚕が首をまわすようなローリング、これらは洋の東西を問わず、施設で生活していた子どもたちが劣悪な環境状況の中で示す身体症状として共通しています。たとえば、H．バックウィンとR．M．バックウィンという人の『問題児治療大系』という本、黎明書房から訳が出ていまして、『クリニカル・マネジメント・オブ・ヴィヘイヴィア・ディスオーダーズ・イン・チルドレン（Clinical Management of Behavior Disorders in Children)』というのが原本ですが、その中に紹介されている子どもの状態像から、日本の施設のことだけじゃないということを教えられます。

　保育者がふえて、特別待遇や日常の生活にゆとりができて、それが具体的にどういう形であらわれてきたかというと、子どもの個々の要求にこたえるようになってきた。これは僕の1960年代の経験だけれど、今でも保育現場で幼児虐待のようなことが起きています。数の問題ではなく、現に親から訴えられる寸前みたいなことが悲しいかな、まだ起きてしまう。なぜかというと、保育者が自分の生活の中でいろいろなことが起きてきて、絶好調で保育に臨めない人にそういうことが起き得ますよね。相当の数の保育者がいれば、保育者だけはみんな生活が豊かだということはあり得ない。むしろ非常に厳しい状況の中にいる人もいる。気の毒だと思うような生活状況の中で保育という仕事を選んだ。ところが自分が絶好調で子どもに接することができない。そういうケースはあり得るのだけれど、そのケースは突出した形で子どもの虐待にぶつかってしまう。つまり、自分のいらいらをクラスの子どもたちの動けなさに結びつけてしまうということが起きる。そういう話だと尽きないというのは辛いことだけれど、たとえば2歳児に前へ倣えをさせて、倣わない子を外へ出して1列に並べたり、あるいはおしりをたたいてみたりする。「そんなこと、起きるのか」というけれど、保育者自身のコンディションによってそういうことが起きかねない。「これは昔の話だよ、今の保育現場ではそういうことはないよ」など、そんなきれいごとではないわけです。みんなが生活しているわけで、

生活の中で起きることを何とかしてくぐり抜けなくてはならない。要するに自分の中にある劣悪な状況を自分でクリアしなくてはいけない。

　僕自身もそういうことがありました。僕は再婚していますが、前の家内をがんで亡くす前、在宅ケアをやっていて、辛くて仕事をやめたくなりました。そのとき、子どもたちが僕の体が悪くならないように支えてくれた。家庭の生活をこまごまやる男じゃないけれど、支えられたのは子どもによってなんです。自分の中にそういうことがある。だからどんな仕事の領域にせよ、絶好調で子どもに接することを絵に描く、それは危険だということが推測できる。

　逆にいうと、人間に起こり得る危険性を絶えず予知しながら実践を考えていく。きれいごとで考えたり、絵に描いたようなプログラムやカリキュラムでもって子どもを押し切っていくというのは、どだい保育の実践ではない。つまり、実践そのものが人生そのもの、あるいはるつぼに巻き込まれた人間同士が生きていく場、というふうに捉えていく。それはひどい状態だというふうに思わないでください。それでいいとは思いませんから、それを前提にしたところから高めようじゃないかという意識がつくられていくわけです。だからこそ高めていこうじゃないかと。

　数の問題ではなく、数の変化が子どもの保育や実践の中では質の問題として切りかわって出てくるわけです。保育者がふえるということで子どもの生活の質が変わっていく。保育者のあたりのやわらかさにも出てくる、声高な命令や指示がなくなる、指示で一斉に寝かせるということをしなくても済む。おふろはゆっくり、何人かと一緒に保育者も入ってくれるとか、どんどん変わっていく。要するに触れ合うということが変わっていく。

　入所形態の施設の中の出来事だというように限定して話しているけれども、その経験がベースになって、今でも幼稚園や保育所の子どもたちのことを見ながら考えることは、子どもというのは、ちょっと環境の状態が悪くなると、環境の劣悪な状態をいろいろなサインとしてあらわしてくるということです。子ども自身の気力とか、感動できなさとか、表情のなさに

よってあらわれてくる。それは子どもを責めることではなくて、子ども本来の子どもらしさ、倉橋惣三さんの言葉を借りれば、生き生きしさは本来子どものものなのにそれが出てこない状態、そういうふうに思うわけです。

　1つの示唆として、ホスピタリズムという問題を読み解くとき、それは精神医学的なジャンルの問題だというのはそうかもしれない。でも、僕らが接したのは、保育者がいて、保育実践の中でこういう状態に巻き込まれている子どもです。それは精神医学の独占物ではなくて、保育という分野の中でそういう子どもとどうかかわっていくか、という問題になってきます。

　驚いたことに、地域の巡回相談、先ほどの特定の場所ではなくて、教育相談で何か所かまわって親の相談を聞いているとき、「うちの子は妙なことをする、盛んに頭をコンコンとやる」という親がいる。もちろん、転倒てんかんというのがあって、投薬しながら発作を抑えなくてはならないということもありますから、てんかん性のものはそれなりの対応をしなければいけませんけれど、施設で起きる子どもの状態ではなくて、家庭でさえも、そういうことが起きる。施設か家庭かでこの発作が起きるのではなくて、人とのかかわりでです。だから保育者との関係でこれが起きて、親との関係の中では起きないかというと、そんなことはなかったわけです。家庭でさえも親がかかわりを十分にしてやれないとき、施設で起きた子どもの気力のなさ、感動のなさ、表情のなさが起きる。

　予告として考えられることは、もしも育児の状態が非常に悪くなっていったとき、ホスピタリズムの兆候というものが起き得るだろう。それは十分考えられます。相談してまわっているとき、その発端に触れて、びっくりしました。そこで自分の発想を変えたのですが、よく辞書に「施設ならではの特徴」と書いてあった。でも僕は自分の辞書をつくるとすれば訂正できます。「施設ならでは」ではなく、「人とのかかわりのぎこちなさや不足」と。ディプリベーション（deprivation）とか、剥奪されたもの。ディプリベーションという領域、これは私が知ったかぶりして説明するよ

り、みなさんが調べてくださるし、そういうことへの情報量もここの学校であれば十分にあると思うし、あるいはすでにそういう知識をもっておられると思うのですが、ディプリベーションというのは、ある1つの状態として認識していたのだけれど、同時にそれはもっとも日常的な出来事の中へ入り込んできている。逆にいえば、日常的な問題としてそのことを捉えていく必要があると思います。

　みんなの保育学に対する関心は、幼稚園であったり、あるいは保育所であったりということで、僕のように入所施設での経験は、今日的な保育の理解に有効かどうか疑問をもたれる節があるかもしれない。でも、保育所や幼稚園に興味がある人間としていえば、幼稚園や保育所でごろごろとこういう問題が拾えるという意味で言っているんじゃなくて、そこに来ている子どもたちの24時間の生活そのものが絵にかいたような家庭生活だと考えること自体に無理があるということです。

　つまり、生活というのは無風地帯じゃない。経済、あるいは社会、歴史、子どもを囲む環境の中に個々の家庭生活や子どもの生活があるとすると、それが思いがけない形でゆさぶられますよね。不動なものではなくて、不安定なことの中で人間関係がカバーし合える限界があると思う。そこからこぼれ出てくる、その意味でホスピタリズムという認識を施設の中で見届けたことが、僕にとって"日常性"ということを考える陰画紙と陽画紙の関係のように重要な意味をもっている、というふうにお話ししてみたかった。ですから、"日常性"という問題を「発想の航跡」（第1章）でお話ししたかったのですが、十分じゃなかったので補足させてもらいました。

§2 すぐれた研究論文の中から消えてしまった"日常性"

家庭から外に放置された姉弟

 もう1つ紹介しておきたいのは、僕は何人かの仲間と『保育心理学』という本を書いています。去年の出来事ですが、『保育心理学Ⅰ』『保育心理学Ⅱ』として、東京書籍から出しました。興味があったら読んでいただきたいです。何で読んでいただきたいかというと、保育に関する研究者でもあるけれど、実際の現場に接点をもっている人たちによって書いてもらった本だからです。ですから、学者の手による保育の心理学書というより、僕の発想で、今後もそのつもりですが、実践の理論化ということを絶えず頭の中に入れた保育学を考えていきたいという意味で、第一線にいる人たちの手による著述がほしかった。保育実践の第一線にいる人たちで書いてくれたものだから、僕が読んでも、自分のものはともかくとして、その人の思いが伝わってくるような個々の論文だといっていいと思います。そういう意味で、1章を読まなきゃ2章が読めないというものじゃなくて、1章1章独立させて執筆しています。チャンスがあったら見てください。

 その中で僕が紹介したんですが、みなさんもご存じのように、お茶の水女子大学に藤永保先生という方がおられた。藤永保先生は日本教育心理学会でリーダーシップをとってこられた研究者、発達に関してもいろいろと発言されている。藤永先生がリーダーになって、教育心理学会でかつて2人の姉弟を追跡した研究論文があって、『人間発達と初期環境』という本になっています。『人間発達と初期環境』は一度ごらんになられるといいと思います。

 それを今日2つ目の話題としてお伝えしたいんですが、じっくりと子どものことについて取り上げたものとして興味がもたれるのだけれど、この本は1987年に有斐閣という出版社から出ています。その前にマスコミでも取り上げられ、読売新聞でしたか毎日新聞でしたかで連載され、話題にもなりました。

家庭から外に放置されていた姉さんと弟、9人兄弟の下2人です。上2人の父親が違うようなちょっと複雑な環境の中で、ある意味では虐待だけれど、ほとんど親らしい手当てをしてあげていない。困窮していて無料で住めるようにしてもらった住職さんのいないお寺に住んでいたのですが、ある時期から2人だけが小屋に閉じ込められているという状況で、人の目にほとんど触れず生活していた。世話しているのは、少し年上の姉さんが1日1食ご飯を運んできたり、板の間を水でばーっと掃いて、おしっこや排泄したものをどけるぐらいで、人らしい面倒を見てもらえてなかった姉弟だから、言葉はもちろん遅れるし、人間的な感性も遅れる、よくいわれている野生児研究の状態に似ています。

　柏木惠子さんが『野生児研究』の中であげた共通点は3つあるのですが、その3つは何かというと、1つは言葉が出ないこと。人間らしい感覚、においにせよ、音にせよ、何か刺激によってぱっと子どもらしく反応するものがないことが、人から隔絶された環境の中で育つ子どもたちに共通する2つ目の特徴。3つ目は直立二足歩行が困難。つまり立って歩くというのは、後天的に励まされて、あるいは祈りにも近い形で、立って歩くようになってほしいという思いの中でそれが実現されていく、というようなことが指摘されていました。

　まったく同じでして、この子たちも、人間らしい感性をまだ獲得し切れてない。推測で何歳ぐらいかということも後でわかったわけですが、その姉弟は、言葉の習得ももちろん、人らしい感覚についてももちろんない。最初のころはまともに立って歩いていないから、通告されたときは「もしかしたら動物かもしれないけれど、人の子らしい」という形で発見された。このあたりの記述はマスコミのほうでそういうふうに誇張して表現したものなのか、そこのところは定かではないんですが、いずれにしてもとても気になる状態で取り上げてきた。

欠落してしまった保育学の視点 ── 日常性

　結果的に、相談所を通して乳児院、それから養護施設に預けられ、やがて保育所に入園という形をとって、どんどん回復していった。従来、福祉施設にゆだねられたら、そこから先は研究者はタッチしないのだけれど、たまたま縁があって、このケースに関しては日本教育心理学会の研究グループが、教育的な面でのサポートをしようというチームを組んで、福祉の処遇に対してネットワークをつくって研究を進めていったのです。教育心理学会のスタッフサイドがこの2人の発達促進のための研究プロジェクトをどのようにつくったか、実に克明に書いてあります。

　読みようによってはそれをフォローするだけでいいと思う。たとえば発達臨床に関していえば、それで十分な情報が得られます。僕が興味をもったのはその後ろ側の問題です。この子たちが施設に預けられて追跡していくとき、上の子はなつく対象ができて、そこで言葉の習得が早くできた。ところが、弟のほうは最初の保育者とうまくいかず、担当の保育者を替えている。替えたところから急激に言葉がふえている。それはボキャブラリーの問題だけじゃない。そうでしょう。知識ではなくて、コミュニケーションが成立していくことの証ですね。そこらへんもちゃんと読んで、教育心理学会の論文の中には明記されています。

　僕がすごく興味をもったのは、こういう研究プロジェクトの中で研究者のサポートシステムとしての手だて、つまりどういう検査をするとか、どういうものを子どもの周辺に置くのがいいという指示とか、それは大事なことですね。僕がそれを読むなら、保育者が受けとめてからその子どもたちとの関係形成の間、大事なコミュニケーションが成立するプロセスを情報にしたい。僕だったらそういう思いが強い。残念ながら、教育心理学会の場合にはそこのところは保育者に任せた形で、入ってないです。

　それは2つ考えられて、1つは、研究者がそこのところについて考えていなかった。もう1つは、研究者のこのチームの中で保育者が堂々と観察、記録を出していくというように考えてくれてなかった。考えられるこ

とはその両方で、そのどっちにしても、保育心理学とか保育学の視点からこの研究プロジェクトに参加していたら、保育者の記録の中に、何が起きたかが書いてあるはずです。もっといえば、記録を通して保育者と子どもの関係に何が起きているかをフォローアップしなければならない。ないものねだりだけれど、もし保育学研究という形が成立するとすれば、保育者に託されたところから保育者と子どものコミュニケーションプロセスをきちんと捉えていかなければならないはずです。

　子どもが保育者に接して愛着の関係ができた、だから言葉がふえたというのは、一見すると、保育サイドでも重要な資料で、それで事足り(ことた)りのように思えるかもしれない。でも違うと思うんです。"日常性"に目を凝らすということがなぜできなかったのか。これを藤永先生に対する批判として受けとめてほしくない。そうではなくて、こういうがっちりとした体系で『人間発達と初期環境』という本になるものの中で、いちばん身近に接していた大人と子どもの関係がいちばん情報不足なんです。それが僕にとっては非常に辛い。この本を読んでいると、僕のイメージではドーナツみたいな感じです。肝心の真ん中、この子たちの人間的な形成の部分がない。藤永先生の言葉を借りれば、養護学校あるいは特殊学級に何とか入れればと願っていた。それぐらいまでは伸ばしたいと。しかし、この子たち、まったく予想を裏切って高等学校普通科へ入っていきます。

　その間の研究プロジェクトのサポートと福祉施設におけるサポートがあることを意識した対応が当然考えられるから、相当に手厚い手当てだったと想像できるんだけれど、あえて保育学という切り口がそこにどう成立するかということをいうならば、"日常性"ということを開いていかなければいけない。保育者の手記でもいい、観察記録でもいい、それを開くことをしなければ保育学は成立してないと思う。2人を預かった保育者たちがいたわけだから、2人の施設、あるいは保育所における保育者たちの存在理由が、教育心理学会のすぐれた研究レポートの中に1つのセクションとして主張する場をもつべきですね。保育学というのは、教育心理学と同じ視点であってはならないと思うんです。何回も言うけれども、いちばん身

近な大人と当人の間に起きてきた変化を追わなければ、保育学は成り立たないわけですから、藤永先生たちの書かれた本の中のドーナツのようにぽっかり抜けた"日常性"にこそ僕は興味がある。

そんなことで、環境悪化のサインという話題が1つ、もう1つは、1つのすぐれた研究論文で、日常性ということの中に消えていってしまった大事な問題、保育学という領域はそこがねらい目だということを言っておきます。研究者の興味がないというならそれでいいと思う。しかし、保育の場合、実践者の占める位置、意味ははるかに大きいわけで、研究者が関心あろうとなかろうと、保育学という限り、実践者の中に起きてくる、もっといえば当事者の中に起きてくる出来事を真っ正面にテーマ性のあるものとして成立させてこない限り、保育学というのはいつまでたっても心理学の応用部門に終わるか、あるいは社会学の応用部門に終わるか、福祉学の応用部門に終わるか、そういう形でしかない。あえて独立科学だと力んで言う必要はないけども、身近な大人と子どもの関係、このことによって子どもは育つのだし、このことによって子どもの成長がゆがむこともある。ホスピタリズムというのはこれのゆがみでもあったわけだから、両面的な形でこのことは起きてくる。いいことづくめじゃない。

だから、今日1日のデイリープログラムによって子どもの主活動と、子どもがそれに乗ったかどうかというような圧倒的に多い保育学へのアプローチの仕方は大事にしておかなければいけないけれど、そのことが意味のあるものになるためには、そこにどういうかかわりが成立するのかに目を凝らす分野がないと困る。学校の授業研究が教育カンファレンスというところに収斂してくるような出来事を追いかけているように、保育の中における身近な大人と子どもの"日常性"ということに収斂する臨床的なアプローチ、いわゆる保育カンファレンスというものが待たれるわけです。

§3 日常性を支える実践
——ケースレポートを通して

　そこで、実際に保育者はどんな思いをもって、どんなふうに考えているのか。いつまでも僕の過去における生活や仕事の中から見出したことに拘泥しているわけにもいかないので、今日の3番目の柱として、幼稚園の実践例の中で日常性ということを考えている例を紹介していきたいと思います。よくある幼稚園的な風景あるいは保育所の園生活の風景へシフトして、その話をしてみたいと思います。

　1つこだわり続けてほしいのは、保育者は自分と子どものあり方をどういうときに自覚化できるのかです。無藤先生の言葉を借りれば、どのように「異化」するか。無藤先生はブレヒトという人の話題をしばしば引用され、「異化」という言葉を使っていらっしゃいますが、僕はそれを紹介しながらしか使えない。「異化」という言葉をキーワードにしてという形にできない。いろいろな表現でいいのだけれど、共通点は何かというと、自分の日常性というのをどういうふうに問題にするか、あるいはどういうふうに意識するのか。人から言われてというのも意識する手だての1つだし、あるいはある研究論文を読むことによって自分の日常を振り返る、これもあり得る。もう1つあるとすれば、自らの実践そのものを振り返るとか、自分のもっている枠組みそのものを突き詰めて考えてみるとか、そういうことをするきっかけなり手だてを考えていく必要がある。

　たまたま先週、ある私立の幼稚園の実践研修大会がありました。縁があって、その私立幼稚園の先生たちの研修会で僕も一緒にテーマを追いかけて考えることが最近多いのですが、その中の1つの例をあげておきたいと思います。

ケースレポート「人とかかわる生活」

　これはあるキリスト教系の幼稚園の若い先生がケースレポートされたもので、「人とかかわる生活」というセクションで取り上げたときの資料です。僕はその分科会で話をさせられるということで、講演というのは辛いんですが、事例を一緒に読むというのは血が騒ぐみたいなところがあります。現場のレポートをもとにしながらだとこっちも触発されるんですね。

　この幼稚園では「人とかかわる生活」というテーマでみんなで考え合っていくんですが、中で1人の女の子が紹介されています。先生たちに言わせると、この子は自分をうまくあらわせない、自分を正直に表現するのがとっても苦手だということです。3歳児からの保育です。3歳児のときから人の前でうまく自分をあらわせないDちゃんという名前で紹介されていました。4人兄弟の3番目、上の2人も幼稚園の経験がある。年中、つまり4歳になって年子の妹が入ってきたときも、同じクラスの子どもとかかわらない。妹が来れば妹のクラスへ入りっきりで、しきりに世話をする。前から下のクラスに行くような傾向が続いている。

　先生の思いとしては、何とかしてクラスの中のほかの子どもたちとつきあえるようにしたいという願いがある、それは担任として当然でしょうね。「その子がそうしたいのならそうしましょう」という配慮より、何とかしてあの子もクラスの中の子どもたちと一緒に楽しめないものかと思う。

　5月になって1つの出来事、このクラスの女の子たちで遠足ごっこというのがはやったそうです。どんなことをやるのかと思ったら、リュックをしょって「あっちへ行くよ」といって遊ぶんだそうですが、中にはお弁当を広げるような場面があったり、いろいろな情景を子どもたちは考える。この子は遠足ごっこに入れてもらうんだけれど、遠

足ごっこはぴょこぴょこと移動するので、遊びそのものが身支度して出かけるとか、流れが早いのでDちゃんはついていけない。テンポが合わないので、しまいに歩くのがいちばん遅い子みたいな感じで、遊びの中では取り残されていって、結果的に1人になってしまう。この先生に言わせると、この子の場合、遠足ごっこに象徴的にあらわれているように、何かというと自分のペースだけれど、みんなと遊べるようなごっこ型のケースになかなか合わない、ということを紹介していました。

そういうことでいうと、たとえばゲームなどが始まっても、なかなかついていけない。なぜかというと、何かまわしていくとその子のところで止まってしまう。みんなが待っている。待っているとみんなの注目がいくので、この子は動けなくなってしまう。そうやってこの時期の子どもたちが仲間と一緒にあるリズムで動くようになってくればくるほど、Dちゃんは参加するきっかけはつかめても、他の子どもたちのリズムに合わせることができないのをいろいろな場面で目撃するわけです。だから担任は、何とかしてこの子が同じ女の子たちのグループの中で遊べるようにと考える。

先生はこういうことを言っています。「Dちゃんは何か満たされない様子で、わざと1人外れた行動をとり保育者の気を引こうとしたり、べたべたと甘えてきたりすることが多かった。上靴を履いていなかったり、持ち物が片づけられていなかったり、忘れて帰ってしまったり、生活の面での乱れも気になり、保育者はDちゃんに対する注意がどうしても多くなりがちだった。保育者としてはDちゃんに年長児らしく自立した行動をとれるようになってほしいという思いがあり、つい厳しくしてしまうのだが、今思うと、ほかの子どもにDちゃんに対するマイナスイメージをさらに印象づけてしまったのではないかと反省している」という先生自身の記述がここにあります。先生もいろいろな子どもへの思いがありながら、同時にどこかで叱咤激励してしまう自分がいて、そこのところがとても気になっていたそうです。

お母さんと子どもの関係の記述があるんですが、そこはここの話としては省きます。1人新しい子どもが入ってきたら、そのUちゃんという子どもと仲がよくなって、その子をきっかけにしてクラスの女の子と遊ぶようなことが起きてきた。先生の今までのDちゃんのイメージは、先生からしょっちゅうしかられているとか、あるいは遊びでついてこられないとかでした。そういうもの一切なしにDちゃんとの接点をもてたUちゃんとうまくつきあいが展開してほしいと期待しているわけです。

　そういう形で先生は思いをずうっと引きずって、反省もしているけれど、どこかでこの子に対する期待もゆらぐわけです。一方的にただただしかり飛ばすだけの先生とか、そういうもの一切なしに子どもへの思いでじっと温かく見つめるとか、割合クリアに出てくる保育者像はそう多くないわけで、圧倒的に多いのは、この保育者のように反省もするけれど、ついしかったりもする。ゆらぐことが正直に出てくる保育者が割合多いのではないかと思います。保育の質的なレベルが低いという読み取りをそこからすべきではないと思います。毎日毎日の繰り返しの中では、さっき話したように保育者自身がベストコンディションで臨むことがどれぐらい可能かというと、むしろ不可能に近い、そういう出会いが日々起きる。

　ところが、保育の現場は、先生の思いのゆらぎのままに子どもが生きているわけじゃなくて、ハプニングがいっぱいあるわけです。たとえば、ここでもエピソードがあるんだけれど、ここはキリスト教系の幼稚園で、アドヴェントという時期が来ます。キリスト降誕節、つまりクリスマスまでの4週間に1本ずつろうそくをつけていく。待降節というんですが、待降節の間にろうそくをつけて、ツリーの上にお星さまをつける。この先生の園のツリーはどういうのか興味深いけれど、引き出しが24個ついているそうです。引き出しの中に1日ずつ飾っていくものが1つずつ入っていて、ここの子どもたちにとってそれをだれがつけるかが大変楽しみなんだそうです。ましていちばん最後

のお星さまをだれがつけるかは、すごい願いだそうです。想像できますね。
　ところが、ある引き出しの中に入っているはずのつけるものがなかったので大騒ぎになり、さあー、どうしよう、どうしようとなった。そうしたら、たまたまDちゃんがなくなったものを見つけてくれたんですね。たったそれだけのことだけれど、「Dちゃんはすごい」という評価を得てしまう。さらに、待ち望んでいたものを見つけてくれたということで、今までの評価を一切なしにして、子どもはそこは淡泊なんだろうけれど、「見つけてくれたDちゃんに最後のお星さまを飾る役を与えよう」と子どもたちが言い出して、みんながやりたがっていたものがこの子に決まったのだそうです。
　これがDちゃん本人すごく気に入り、最後の日のお星さまを飾れることがうれしくてしようがない。「家に帰ってきてそういうことを言ってます」という報告がお母さんからあった。何げない日々の記録ですが、そこに子ども本人の動き、子どもたちの動き、保育者の思いが連綿と綴られている。これはよくある科学的な観察記録とまったく違うかもしれない。最近いうところの物語、ある意味で物語るものとして実践の記録の特質があると思う。
　こうなって一度乗っちゃうと子どもって変わっていくもので、ヒツジさんの役かなんかがDちゃんはますます楽しみになってきて、本番でも別人のようにヒツジ役をこなして非常に好評だった。1つよくなると、一つひとつがいいこと、いいことのほうへ向いていく。僕みたいな言い方だと、運が向いてきたみたいな言い方になって、あまりいい言い方じゃないかもしれませんが、そういうことでこの子自身の生活がずうっと変わってくるわけです。
　そして3学期を迎えたとき、Dちゃんがあるルールを決めた遊びをつくることによって、そのルールがクラスの女の子たちにとっても人気で、3学期になったらDちゃんがリーダーシップをとるような遊びが展開し始めた。Dちゃんが始めたのは水ぬり絵というものですが、

> 女の子たちがすごく興味をもつぬり絵ですけれど、「この遊びは延々と卒園式まで続いた」と記録に書いてあります。発端はDちゃんから始まった遊び。子どもの世界ではだれが最初に始めたかというのはすごい権威で、Dちゃんが始めたものはいちいちDちゃんに「これをやっていいか」と許可を求める、そういう日々になる。本人はそのつもりじゃなかったけれど、遊びの始めをしたということは子ども同士の暗黙の了解になるわけです。そういうことは、幼稚園なり保育所なりの観察記録をみんながとるような機会があると実感できることではないかと思います。

事例から学んだ5つのこと

　先生たちの発表があって、幼稚園の先生たちのさまざまな議論があり、そこではいろいろな例が出ました。いろいろな例も紹介するのがいいかもしれませんが、今日の3つ目の話の中の例として、具体的にどんなことをどんな形で保育者たちが討論しているのかを情報として出してみて、一緒に考えたいという趣旨でこれをもってきたわけです。

　地方の私立幼稚園のキリスト教の園でこういったことが起きる。これは東京のどこか、それこそ鉛筆でも倒して園の名前を決めて、そこへひょこっと行っても、その園の独自性、あるいは幼稚園にある種の共通のムードがあって事が展開するかもしれない。実はこの先生がそのほかにもいくつかの例を紹介したわけですが、紹介した例を踏まえながら、僕のメモが十分書かれていないんだけれど、「私たちは園の中でこういったことを議論することによって5つのことを事例から学びました」といって、その5つを淡々と話された。メモするのが大変だったけれど、およそこういうことを言われました。

　まとめの紹介をしたいのではなくて、まとめを聞いていて感じたことをこれからお話ししたいと思います。それにしても、今言ったようなDちゃんの事例を通して、園の自分のクラスにいるいろいろな子どもたちの事例を、それぞれの先生が出し合って話し合った結果、まず1つ目は、**教師は**

子どもから甘えられる存在であっていいことを実感をもって確認できた、と言っています。それはなぜかというと、「子どもたちが園の中で生活するためには安心感がとても大事である、子どもが心を開いてくれる大前提がここにあるんじゃないかなと思うからです。ほっとできるあたたかみのある雰囲気がいかに大事かを事例から学んだ」ということをまず第1にあげていました。

2つ目は、**子どもの言ってきたことを真剣にていねいに受けとめていくこと**、それがほんとに必要だということを確認できた。自分からしようとすること、したがっていることを認めてもらえるということがとても大事だったということを話されました。

聞いていて、2つ目までで気づかれた人もいると思うけども、少しクールに考えれば、当たり前のことを言っていると思えるわけですね。日常的なことというのは、当たり前のことをどう実感するかということじゃないでしょうか。研究者の目でそれをクールに見分けるんじゃなくて、身近にいる大人がやることは、何を実感するかということだと思うんですよ。保育学の学を抜いた保育の中の本質的なところで、ほんとにそうだなと思う。何をほんとにそうだなと思うか、一人ひとり保育者はいろいろなところで思いがあるけれど、そこの先生たちはしょっちゅう討論しながら、絞って言葉にしていっている。子どもの仲間になって、内側から理解していくこと、そして子どもの思っていることを信じてかかわっていくこと、こういうこともそこにつけ加えておられました。もっと長く説明されたのですが、メモをとるのに飛ばし飛ばしだったので多少飛躍的なところがあるかもしれませんが、2つ目はそういうことを言われた。

3つ目にこの先生は、**成長というのはジグザグしていて、捉えにくいものだということがわかった**ということを言った。つまり、教師の思うようにはならないこともわかった。そういう進み方をしていくものだと実感した。これも当たり前で、まさにそうだと思う。

保育の研究者は、こういう記録を読むと、「こんな当たり前のことのために討論したのか」みたいなことをアドバイスと称して言う人がいる。

§3 日常性を支える実践——ケースレポートを通して　63

　ショック療法という言葉みたいなものでいえば、そういう衝撃的な指摘も意味がないとは思わないけれど、そういう議論はこっちへ置いておいて、僕なりの解釈でいきたいんですが、実践というのは、当たり前のことをどう実感するかということです。研究者はそれにつきあい切れないかもしれない。教育心理学会で2人の子どもをフォローしたときも、当たり前のことをどう実感するかというのは、教育心理学的な方法の中においては意味づけられ得ないものだったのかもしれない。だけれど、保育学では日々当たり前だと思うような事柄をどう実感するかが猛烈大事になってくる。
　なぜ大事か。それはレポートにして外へもっていくことじゃなくて、私とこの子の関係をもう一度照らし返して、直していくことでしょう。あるいは、その子どもとの関係は卒園で切れたとしても、年長さんといた数か月は、今度は新たに出会う子どもたちの中で意味をもつ。実践というのはそういうことだと思う。そこを省いて、科学的体系をどうつくっても、それは符号ですね。実践に根差した科学的体系をつくるとするならば、僕が思うのには、今のような当然といえるようなことを何でどう実感するのかを大事にしていくことです。
　僕が1つ感じたのは、そこの先生たちは子どもとのかかわりで見通しをもったということです。こういう文言にして、この数か月のDちゃんとのつきあいを通して、先生たちが5つなら5つ言葉にして、子どもとのかかわりに1つの見通しを立てた。そして、自分たちが見通しを立てたということは、子どもは何のために園生活をしているのかということを問いかけるきっかけになるだろうと思う。僕はそう思った。先生たちが見通しをもてるというだけでは困るわけで、Dちゃんが生活の中で見通しがもてるようになったんじゃないか。お星さまをつけられるというのは明日につながる、あるいは私がつけることをみんなが認めてくれたことがわかる。研究者にすれば何でもないことですが、Dちゃんにとっては非常に重い出来事です。
　子どもの生き方の中に、研究者の重い軽いではかるものではないその子にとって重いものを見つけることができたという意味で、実践者の見通し

ができたということ。Dちゃん自身、しょっちゅうしかられていて、どうしていいかわからない。結局マイペースで動くしかない。だけど、ちょっとしたことで、まわりの子どもの冷たいまなざし、そういう状況が変わるわけです。状況が変わると何ができるかというと、自分の思いで動けるようになる。自分の思いで動けるようになってくれば、いろいろなことへ手が出せちゃう。だから、なくし物だっていちばん先に発見できたり、いつでも後からついていったDちゃんが一気にみんなのリーダーになって、トップに踊り出る、水ぬり絵でもっていちいち許可を得られるような取り仕切る側にまわっちゃった。

　そういうことの中でこの子自身が園生活の中に張りができてくるとか、居場所が見つけられてくるとか、いろいろな言い方ができると思うけれど、この子自身が「何々しよう」といって動ける。つまり、自分で自分の行動をコントロールする統制者になりながら生活することが可能になっていくというのは、むずかしい言葉ではなくて、5歳児なりに見通しをもって生活することができ始めていくわけでしょう。そういうふうに見えることはすごいことだなと思います。

　4番目にこういうことを言っているんです。成長はジグザグだということに気がついた。直線的ではない、あせることなく、ジグザグをマイナスの方向に捉えるのではなく、育つということはそういうものなんだと。それが子どもの通常、そういうことに目を向けていくことによってこだわりが取れると何が起きるかというと、先生は心から、**ジグザグしているDちゃんの姿の中にかわいらしさを発見し始めた**。自分でそういうふうに言っていますが、「心からかわいいと思えるようになった」と。

　最後ですが、「Dちゃんがトラブルを自分から解決していく力を育てることが私の役割として大事だった。**その場に対応していくことが必要だと思いました**」ということを言っておられる。

　今、僕は、保育臨床という仕事の中で、前原君という鹿児島の保育所の園長さんですが、年は離れていて、僕のほうがかなり上だけれど、対等に議論ができる園長で、彼とよく話をしているんですが、「僕は現場にいる

人間じゃないから、あんた、どう思うんだ。民間の保育所をやりながら、学童保育もやりながら夫婦で頑張っていて、子どもの問題、いろいろなことがある。おまえさんにはこの問題がどう見える？」といったとき、彼は考えた末、「保育の中で子どもを臨床的に捉えるとき、いちばん先に頭にくるのは、プッツンしたときじゃなくて、**その場性ということである**」と言われた。そのときはよくわからなかった。

たとえば、一回性ということで教育学会で議論し、最近、子どもの一回性ということは大事だと、無藤先生も幼児の教育の中で育ちということを考え続けながら、そういうことを言っておられる。つまり、研究者は、一回性という言葉の中にある意味合いを発見し始めた。現場の人が一回性という言葉ではなく、その場性という言葉を使うのは、誤解を招きやすい言葉だと思うんです。その場、場当たり、そうじゃなく、そこで出会ったその状況、その場その場、それがとても意味がある。

事例の先生たちは、トラブルを自ら解決していくというとき、その場その場で対応していくことが私たちに求められていると気づいた。その場ということに関して目を凝らし、耳を澄まし、心を澄まし、そこで子どもと静かに向かい合って、子どものあるがままを受け入れることになると思う。ですから、その場性というのは場当たり的という意味はまったくなくて、状況性という言い方と同義だと考えていいと思う。

ここまでが幼稚園の先生たちが僕に、自分たちの実践から「人とかかわる生活」というグループの中で話題提供してくれた内容です。

§4　観察と記録

保育の実践を異化し、対象化してみる── 言語化する

今の5つのコメントを聞いていて、僕はしみじみ感じたんです。保育の実践ということの中で、日常のいろいろなことにかかわりながらゆらいでいたでしょう。Dちゃんへの思い、Dちゃんへの願い、祈りにも近い。そして、Dちゃん自身が示す行動のいろいろなところで心穏やかならぬ日々

があったわけですが、同時にそれをどこかで異化して、対象化してみることができた。それは何かというと、ほかのクラスの先生と話す場がもてて、そこでDちゃんを語るということは、ちょうど僕が話すことのメカニズムを説明するのと同じだと思いますが、編集しなければならない。どういう言葉で言うか、つまり限定しなければならない。口頭発表するとか記述するということは、研究者であれ実践者であれ同じです。何が同じかというと、編集し、表現を限定しなければならないことです。

　言葉化するということは、ある意味では狭めることでしょう。だけれど、時には意味づけすることによって開いていくことだから、広げることでもある。矛盾しているようだけれど、言葉を選ぶことは狭めることですが、ある方向性をもたせて、そこから何かを開いていくことでもある。何が開くきっかけになるのかというと、狭めた言葉によって表現したものを他者と共有することによって突っ込まれ、賛同され、反論される、あるいは疑問をもたれる。つまり広がっていくわけです。研究者の場合もそうだけれど、言葉にするということは限定することであり、それを共有することは広げることですね。つまり、実践を語るというのはそういう操作をしていくことになる。

　もう1つ言えると思うのは、言葉にするということは責任をもつことだということです。要するに、「この子の状態はこうだ」あるいは「私はこうだ」と宣言した。発言というのは責任そのもので、無責任な発言はほんとの意味での発言、つまり自己表現ではないだろうと思う。そうやって記録とか観察という問題が、ここではとても大きな比重を占めるようになってくる。物の本によると、観察と記録は切れないから、あえてセットにして言うのだけれど、最近ではここに視聴覚の記録も入ってきていますね。たとえば、見たものを記録するというのも記録だし、いったん吹き込まれたものをテープ起こしすることによって書く記録もある。吹き込まれたというならば、ビデオに撮っておいたものを起こすことも記録になりますし、ビデオ自体が記録だという言い方もある。トランスクリプト（transcript）、転写するという意味ですが、ビデオで撮ったものをもとに文字化していく

記録、それをトランスクリプトといいますが、そういうことも記録ですね。

　記録ということは、たとえば大分以前に出た『心理学研究法の観察』を見ていくと、観察をいろいろなふうに規定していくわけですが、そういう系列の中で実践における観察はどういう意味をもつのか、その系列の中で意味づけることもできます。よくある科学的な研究における方法論としての観察法と、保育の実践を見極めていく脈絡の中における観察法はかならずしも同じである必要はないと思う。つまり、保育現場でとる観察には、見ている見方、つまりどういう土俵に引き込んで観察なるものの結果をもち込むかによって、科学論文のための現場観察にもなり得るし、己の実践を証左するための観察にもなる。両方が同一人物の中で起きることもあるから、ますます複雑になります。観察ということでは、自然観察法という言葉をよく聞くし、実際に経験されていると思うのですが、ほかに言いようがないから自然観察法と言っているけれど、自然科学の自然観察法で見ていた人たちに言わせると、心理学あるいは保育学のような教育科学というのか、心理科学というのか、ここで言う自然観察法とはちょっと意味合いが違うようです。

　ここで言う自然観察法というのはどういうことを意味しているのかと考えてみます。それは、こちらにある条件をコントロールせず、対象とする人たち、あるいは対象となる物のありよう、その対象の日常的な脈絡の中で対象と出会う、大抵の場合そういう形をとりますね。こういう観察法を実践者がしていくとき、実践の観察は、よく主観的であるとか客観的であるという形で、なるべく客観的な形をとるべきだという話題になりますが、そうじゃない。反主観的だということで反主観という言葉も出てくる。このへんのところになると僕はお手上げです。そういう規定の中で右往左往することを避けずにということが前提になるけれど、まず何をしたいのかということへ戻りたい。見たいって、何を見たいのか、なぜ見たいのか、そしてそれをどう表現したいのか。そこのところは自分をごまかさず、批判を前提にして、私はこういうことをこういう理由で見たい、こういうふうに書きたいということを逃げないで明確にしておくべきだと思います。

観察と記録というテーマ

　これから、観察と記録ということを保育者として考えてきている人、僕がずーっと注目し続けている人を1人紹介します。この人の観察と記録に関する実践する側のまとめ方は、もしかするとみんなに保育学の中における観察と記録に関して、非常にすぐれた情報を提供してくれるだろうと思います。今、都立教育研究所に移ってしまっていますが、つい数年前まで公立幼稚園の先生をされていた河邉貴子さんの仕事を僕はとても気にしています。研究の上で気になる人はだんだん絞られてくるという言い方で言うと、河邉さんはしばしば幼稚園の先生方が陥るあるマンネリ的な観察記録を克服しているというか、しようとしているというか、ご本人がいないところで断定するのは失礼かもしれないけれど、克服している人だと思います。

　保育者の記録の中で自分の思い入れを極力抑えることで観察と記録というテーマに出会おうとしているかもしれないけれど、実践者はゼロ点に立っていないということです。専門性が養成されている中で、ある1つの方向になり、みんなにとっての1つの科学論文の中における観察、記録の手法ということを気にしているかもしれない。だから実践者からすれば、思い入れが抑えられていない観察記録や方法はバイアスがあるのではと考えてしまう。相対的な意味でそのような傾向がある。どっちがいいかではなくて、知っていることをしようよ、というのが僕の提案です。研究論文は研究論文のスタイルがあるし、観察や記録の要求があるだろう。実践の中における論文も、スタイルがあって、求められて意図があるわけだから、軸を移動して、「こういうジャンルで書いていくときはこういうことが大事だよな」と言い合いたいんですね。

　しかし、それは僕の願いに近いことでして、現実にはこれの混同が起きている。その最たるものが保育学会です。学会というところは、どういう論文を学会の論文としていくかというとき、右か左かに決めようとしてしまう。そうじゃないんじゃないか。研究者であろうとする人は、研究者で

あろうとする自分の枠組みをきちんと意識しなくてはならない。実践者は実践者としてのパラダイムをきちんと意識しなくてはいけない。そこで歩み寄って1つの学会という体系をつくっていこうよという共同作業が始まるどころか、なかなか始まらない。論文とすれば科学論文が優位だとか、実践の論文は論文ではないとか、そういうランクづけが始まる。非常に悲しいことだと思います。

そこに気がつき始めた研究者もいるし、そこに気がつき始めた実践者もいるから悲観的ではないと思うけれど、現状はかなり悲観的ですね。だから、みんなにもここでは軸移動してほしい。実践者としての研究はどういうところで観察や記録、それを必要とする方法論があってそのことが繰り広げられているのか、そこはスマートに見極めていかなくてはならない。

河邉さんというのは、『保育研究』という雑誌があって、『保育研究』の3号で、「子どもの遊びと環境」というタイトルで特集が組まれている中に「保育に生きる記録のあり方」という論文を書いておられます。河邉さんは幼稚園の先生を長くやってこられて、今、都立教育研究所の研究室で、東京都の公立幼稚園全体の研究的な活動のプランナーとして生活されていますが、現場から離れてしまうのはもったいないです。河邉さんはそのほかにも貴重な研究的な資料を出されていて、幼児教育あるいは保育に関心があって、とくに実践に興味のある人がこの中におられるならば、都研の河邉さんのところを訪ねて、いろいろとアドバイスをもらうことをお薦めしたい。幼稚園の先生としても即座に子どもの中に入れるというだけではなく、研究者とまったく対等に論を張って、実践の意味を言える数少ない保育者だと考えているので、こわいお姉さんでもあるんだけれど、なかなかおもしろい人です。

彼女がやっていることは何かというと、自分が幼稚園の先生になった最初のころの記録がちゃんととってある。そして、運動会なら運動会の場面の記録をずうっととっておいて、4年後の自分の記録と突き合わせる。つまり、この4年間、実践の中でどう勝負してきて、どういうことを見る目が変わらなかったり、見る目が変わってきたりしているか。人との比較で

はなくて、自分自身の中における過去と現在の比較、そういうことを試みながら実践記録を取り上げていく。

　そして日常の読み取り、自分は最初のころはこういうことが強過ぎたと。1つのエピソードを紹介すると、今日の子どもたちの遊び、私が投げかけたら乗ってきた子どもたちはよく展開して遊んでいるけれど、何人かの子どもは乗ってこれない。何とかして乗ってほしいという気持ちが強い一方、そういうあり方について自分のほうで検討しなくてはならない。そういうことを書いているのですが、4年後にそれを読んだ彼女は、何て私は子どもをマスで取り上げているか。つまり、「6人の子どもがいる」と書いている自分の書き方の中に、私の提案したものにAちゃん、Bちゃんはどうして活動に入ってこれなかったのか、その子たちの内面に目を向けてはいなかった。ところが、4年後の自分の記録の中ではその芽ができ始めていて、どうしてあの子は参加できなかったのか。あのときの状況で考える限り、遊びへの誘いの中で、あの子は遊びたいものがほかにあった、そういう書き方に変わってきている。

　それは歴然と記録の中にあるのだけれど、ここが大事で、気がつくかどうか、どう自覚化するか。「キャリアを積んでいくといろいろなことがわかるようになってくるものだよ」と、そういうくくり方で終わっちゃう人もいるかもしれない。だけれど、観察とか記録を対象化してみていく。それはなぜかというと、自分が自覚化することによって実践のどこが問題なのか。要するに、問題を発見していくためには、漫然とした中で自分の専門的なキャリアを自負していても、そこからものを言う力はできたかもしれないけれど、共有財産になるような保育そのものをみんなで高め合っていくための1人になり得ることができない。

　そういう点で、いろいろなことを推察するんだけれども、自分の推察というものが自分の目の中にある物の見方によって影響されるので、自分自身がどういう願いをもって子どもを見ているか、そこでどんな推察をしたか、そのことに気がつかない限り見えてこない、ということを指摘したんです。言葉で読むと、「幼児の何らかの行動に注目し、行動の意味を推察

しなければならない」とある。推察というのが主観的だとか客観的だという論議の中へ巻き込まれる前に、河邉さんは保育者の記録は推察だということを前提にしているんです。

　なぜかというと、子ども自身の行為はいろいろな推察ができる可能性をもっている。その中の何かを自分がくくり出すことは私の目から見た推察、保育者の目にかかっている。つまり、推察がいいか悪いかじゃなくて、推察している自分の目を見つけたいということを言っているわけですが、これは実践者の意図ですね。保育者が保育を展開する当事者である以上、子どもの育ちを願う目をもたざるを得ない。だから、その場その場で行われる推察というのは私の願いはどういうものか、ということを見事に反映しているはずです。そのことに気がつきたい。だから、4年前の私は、何で1つになってやってくれないのという目だった。ところが、4年後の自分を見ると、どうしてその子がしなかったのかなと行動の裏側をなぞろうとしている。つまり、保育者の目として自分自身の中に変化が起きている。

目を離せない日々の子どもと自分とのかかわり

　3つ目の今日の主題の中で、河邉さんの言葉を借りて言うならば、日常性ということがなぜ大事かというのは、身近な大人と子どもの関係そのものがそこに繰り広げられるという意味で、研究者は目を離してもいいかもしれないけれど、毎日毎日の子どもと自分のかかわりについて実践者は目を離せない。しかも、それは推察しなければならない。津守さんはそれを省察と呼んでいます。どう呼ぶかはそれぞれの思いがあると思うけれど、津守さんのおっしゃる省察というのは、河邉さんがここで言う推察。推察の中におのが子どもへの思いがしっかりあるんだということに気がついて、そのことを発見することによって指導の予測、指導の修正をしていかない限り保育は高まっていかない、そういう書き方をする。これはすごいことだなと思います。その延長で、ありのままの姿とはどういうことかとか、次々にいろいろな問題を発見しながら、何となく使ってきた言葉その

ものの意味合いをもう一回見直していこうという作業がここから始まる。このことは実践者の研究的なアプローチである。

　この内容はとてもおもしろいから、紹介レポートとして、もし読んでいただく機会があれば、あるいは興味があれば、河邉さんはマークしていい人物だと思う。今度「お茶の水でそういうことを言ったよ」と本人にも言っておきますが、そういう意味でぜひ注目してほしいと思います。

特講3時間目

第3章 自分の居場所

§1 居場所という問題

人とかかわるのが苦手な子

　幼稚園や保育所へ行くと、苦手というのは何だろうとときどき思うのですが、極めて早い時期から子どもは自分で苦手だと思ってしまうものがある。それは、絵をかくことであるとか、走ることであるとか、表現としてという問題であるけれども、いちばん私が悲しい思いをするのは、子どもが「人が苦手だ」ということです。

　人が苦手だと言われちゃうと、僕も人だけれど、どうやってつきあっていいか困ってしまう。「おまえは人じゃない」と言って「人でなし」と言われるのも辛いし、そういう意味でいうと、いろいろな子どもの状態の中に人といることが苦手である、人とかかわることが苦手だというのがあって、これは臨床心理学的な対象であるというふうに絞られてきます。子どもの専門家としてやっていく場があり得るだろうと思うのですが、もっと早い時期、要するに多くの潜在しているそういう子どもの問題がある中

で、保育において「人が苦手」という子どもに関しては、全力投球、全身全霊を傾けてその子どもといい関係をつくることを最優先する必要があると僕はしばしば思う。

　自分の思いで言えば、保育の現場へ行っていちばん辛い思いをするのは、「人が苦手だ」という子どもと出会ったときです。苦手だというとき、副次的に人とかかわれないものも含めて起き得ると思う。障がいの重さという言い方で、下肢麻痺で、朝からテラスの上にごろんと横たわって、上半身を起こしてみんなが遊んでいるのを見ているような子どもがいるけど、それは辛い。だけど、そばに座って、一緒につきあって話ができて、甘えることがあって、しゃれた冗談めいたことも言えちゃうというユーモラスなその子の表現や反応を見ていたりすると、下肢麻痺ということをふっと忘れてしまうような子どもと出会ったりもする。

　それから、自閉症の子ども。自閉症と言われていながら、いちばん先になついたのは調理のおばさん。調理のおばさんは自閉症という言葉を知らず、毎朝来れば私を待っている子ということで気に入っちゃって、内緒のコーヒー牛乳をやる。内緒のコーヒー牛乳がその子の登園の意味を変えて、そのおばさんが来るのを調理棚のそばに来て、じっと待っている。最初知らないから、隅にうずくまっているということで、自閉の度合いが悪くなったんじゃないかとか、担任たちは非常に心配するわけです。ところが、そうじゃなかった。そのおばさんは、とんでもない悪いことをしているかなと、後でみんなから注目されて困ったんだけれど、そうではなくて、内緒のコーヒー牛乳でこの子の1日が始まる。

　そのおばさんがふたをあける間待てる、こぼさないようにという指示が入ってしまう。そうすると、おばさん自身は自閉症という言葉をまったく必要とせず、言葉が遅いかなぐらいの状態でその子と出会っている。そうやって1人の子どもがいろいろな場面でいろいろな出会い方をして、その出会い方が一本の直線上をたどっていくような形ではなくて、あちらに布石され、こちらに布石され、そういうものがある日突然、脈絡をもってつながってきたとき、この子は人の壁を乗り越えていけるということに気が

ついた場合、そこをていねいにもう一度おさらいしてみたい。

　実践の中でそういうことはしばしばあるし、それから場面緘黙（かんもく）、家では妹たちを前にして先生ごっこのようなことができる子どもでも、幼稚園に来ると全然動けない。ただただ部屋の隅にいて、下手すれば、人の動きの軌跡が読めないものだから、ぶつかるようなところにいて「邪魔だ、どけ」とか、「ばか」とたたかれて、動けなさということをますます増幅させてしまう。そういうとき保育者のまなざしは、どうしてあの子は動けないのかとか、場面緘黙症、その症状でもって見ちゃう。その子がもっている固有な名前を忘れて、場面緘黙症ということでもって入っていこうとすると、その子を理解する上で有効なはずな知識が思いがけないブレーキになってしまっていることに気がつくことも必要です。

　つまり、知ることはとても大事だけれど、かかわることとかならずしもぴたっとこないことがある。もう少し年齢の高い子どもの中では、「お母さんが自分のことについていろいろと勉強してくれることが辛くて辛くてたまらなかった」という女の子の手記があります。一切忘れて私の気持ちをわかってくれ、そういう表現をした臨床例がありますが、そういうことを重ねていくと、実践あるいは臨床の場合もそうでしょうが、保育現場の中で子どものもっている苦手ということの中から、とくに人に関しては、早くからかかわることに対して目を向けていかざるを得ない。

1つの図柄として居場所をスケッチする

　最後のところの柱として出した「自分の居場所」というのは、人が苦手という子どもの話題とかなり重なるところがあります。登園してきても人といることが楽しくない、人がプレッシャー、人を避けて歩く、あるいは人とうまくやりたいんだけれど、うまくかみ合わない。その背後に居場所という問題を1つの図柄としてスケッチする上で、保育の実践の場の中に人ということを意識した形が考えられると思う。

　体系的に整理したわけではないけれど、居場所ということを考える上でメモしてみると、いろいろなことが思い出されます。どんなことかという

と、かかわりということを軸にしていろいろと考えられる。たとえば人とのかかわりを求めてくる場がある。いろいろな形で言えると思う。担任がかわったら前の担任のところへどうしても戻ってしまう子どもがときどきある。これはあり得ることですね。大好きだった先生が進級でかわる。進級ということですごくうれしい。だけど、子どもたちにとって部屋がかわるということは大変なことですね。たとえば、ホールを取り仕切れるクラスになるのか、それともお兄さんたちが遊んだものを見届けているのか、進級するというのは子どもにとって大きな意味をもっている。障がい児の中では"移行"という言葉が大事にされて使われるけれども、普通の子どもたちの保育場面でも、クラスがかわるとか、人がかわるとか、単なる物理的な場ではなくて、心理的な場というものが変わっていくのがとても意味をもつ。想像する以上に大きな意味をもつ。

　そこで１つの場ということを考えたとき、かかわりを続けていきたい、あるいはつながりを断ちたくないと求めてくる場がある。たとえば、クラスの中の課題に取り組めない。座らせられて、折り紙をどうのこうのということで、「こっちを見て。山に折り、谷に折り」と言われる。実際に見ていると、折り紙はなかなか指導がむずかしいなと思うんです。先生の手元を見ながら、子どもと一緒に折ってみるとわかりますよ。担任が目配りしながら「はい、山にして、谷にして」とやりますが、見ながらこうやって折っていける子どもがどれぐらいいるだろうか。４歳ぐらいの子どもだと、折っているうちにうまくいかないから、こだわる女の子は、線がきちんといくまで何回も折り直している。できたと思ってふっと見たら、全然違うところまでいっちゃっている。折り紙は一斉を要求される活動なんだな、ということをそのときしみじみ感じた。

　ましてやそれがうまくいかなかったり、中には先生の話は全然聞こえず、鼻歌をうたいながら自分の世界へ入って違うものをつくり始めたりする子がいると、先生はかっかする。かっかした勢いでほかの子たちへのまなざしが変わってきちゃうとか、そういうのに耐えられなくなって多くの子はふらふらと飛び出していくわけです。こういうとき、逃れていく場が

どこかに求められてくる。

　これは現場で見たことを思い出しながら書き出しているにすぎないので、この系列はあまり意識しないでほしい。横並びだと思ってください。逃げ込んでいく場をこの場合には見つけてほしくない。

　壁グモって知ってる？　こんな細い壁の間にぺちゃんこになっているクモ。「先生、うちに1人、壁グモみたいな子がいる」と言うから、僕はぺっちゃんこな顔をしているのかと思ったんだけれど、そうではなくて、驚くようなすき間に入ってしまって、絶対出てこない。何回注意しても、そういうところを探してしまう。それを先生は壁グモと言われたのだけれど、そういう子どもたちは、さっきの「人が苦手」という子と重なってくるんです。逃げ込んでいく場を子どもが保育の中で求めていることもあるし、そういうものが場として求められるような園生活のあり方をここから逆に見ていかなければならないと思う。保育そのもののあり方より、本人との日常的な関係の中でいろいろなことを記録の中で書いているのを思い出したりすると、こういうことなんですね。

　それから、探しに来てもらう場というのがある。明らかに見え見えのところでわざと担任に迎えに来てもらう。そういう例を僕も見てきたケースに1人いるんだけれど、W君というその子はクラスの中で先生に注意されたり、友達ともめごとが起きるとかならずぷいと出ていく。この子が行くところは3か所、1つはホールの隅のピアノとカーテンが巻いてあるその間、もう1つは職員の出入りする玄関、ここでは大の字になる、もう1か所はテラスの隅、ここはうずくまる。これを1日に何回も繰り返すんです。何をするかというと、そのどれもが担任に来てもらって、体の大きな男の子ですが、おんぶして帰ってくる、そういう状況として人と場という形が起きてくる。

　「遊びってどこを切っても遊んでくれてなきゃ困る」ということを言われると辛いものがあります。僕もわかるなと思うのですが、子どもがごろんごろんしたくなる場所があるんですね。その場所は、先生が活動しているところからいちばん遠いところであったり、物置であったり、あるいは

それこそあいている部屋の隅であったり、そこで名もなき遊びをする。何となくそこで子どもはごろごろしているのが見てとれる。そうかと思うと、逆に先生が意識的にごろんごろんできる場所をつくろうということで、大きな広間だったものに仕切りをつけただけで、何かのとき子どもがふっと休むということがある。

　僕が見たある山の中の幼稚園。おもしろいというので行ったのですが、そこの幼稚園の園児たちが描くカマキリは牛みたいで、ものすごくでかいカマキリを描く。ほんとに牛みたいなカマキリがいるんだろうかと想像さえしたのだけれど、ここの子どもたちが山の中で見つけるカマキリは、えさが豊富で、おなかが大きい、だからそう描くのがよくわかった。

　その幼稚園は、3歳児の部屋に茶色の模造紙で一抱えぐらいのこんなものがいっぱい置いてあるんですよ。最初、何だろうと思って通りすがりにばっと見ただけだったんだけれど、たまたま外から帰ってきて、何人か小さい子がいたらしく、足がみえていた。そっと近づいていったら、3歳の子たちがこの中へ入って指を吸っていた。そこはお寺の幼稚園ですが、模造紙は釣鐘なんだそうです。何かに使うために入れたんだけれど、この中に入って静かにしている子どもがごろごろ出てきたので、おもしろがって、担任の先生が茶色の模造紙の大きいのを1人ずつにつくってあげたら、絶対ほかの子を入れないで、自分の釣鐘としてもっているんですよ。「入れてくれ」と言ったら、「絶対だめ」とものすごい勢いで怒鳴られたけれど、おもしろかった。ハァーとためいきをついて出てくる、それがまた傑作。そういうときに限ってビデオをもっていませんから悔しくてしようがない。あれを画像で見たら、みんな絶対笑うと思う。幼稚園も楽じゃないわ、嘆きながらハァーという感じなんだよ。

　それは、お寺の住職さんでもある園長先生が、3歳児、よくわからないけれど、外で遊び切って疲れてくるとここへ何人かで入ってきて、ちゃんと正座するんです。これは仏教保育のいい面でしょうか、園で習ったんでしょう。きちんと正座する。こういうのは僕には小休止の場としか思えない。釣鐘をいっぱいつくったからといって、ほかの子が入ってくれるかど

うかわからないけども、そこの幼稚園はそういう状況であったと思う。

移動の基地としてのおんぶ

　それから探索する場。これはちょっと説明がいるんですが、好きな担任と座っている場所。つまり、コーナーとか釣鐘に関係なく、この人と一緒にいる場所、たとえば、僕が保育所で見ているL君という男の子は、人とのかかわりができない子で、猛烈乱暴なんだけれど、最近みんなの中に入って行けるようになった。それまでは事務室の隅につくった机があって、それが彼の机で、食事するときもみんなに背中を向けて弁当を食べる。その子にぴったりとくっついて、子どもの気持ちに沿おうとしているMさんという保育者。最初おんぶばかりしていて、体が大きいから、そんなべたべたさせてはよくないんじゃないかという議論があったのだけれど、僕も参加して議論しているうちにわかったのが、「ホールへ行こう」と誘うたびにおんぶというのは甘えているんじゃなくて、おんぶならば先生と一緒に基地が移動できるわけです。先生を基地だと見るようになってきて、現におんぶされたままみんなの遊びや劇活動の練習を見ているんです。

　そのとき僕、気がついて、おんぶというのは移動の基地という意味があるのだなと、そういうふうに思えたんです。そうすると、おんぶ・抱っこがいいか悪いかという議論より、どういう意味のおんぶ・抱っこなのかということを考えなきゃならなくなる。そこから探索する場として先生の背中、これを場と呼んだら失礼かもしれないけれど、移動基地。

　これにまだまだ書き足せるんじゃないでしょうか。さっき逃げ込んでいく場所というふうに言ったけども、先生にわざと来てもらうという意味では、探しに来てもらうというのと、見つからないように隠れる場というのが微妙に違う。記録の中では見つからないように隠れる場がある。そのへんはわざと来てもらうという場とは違うんだということが言えるのか、そうなのか、よくわかりません。

　それから、「俺たち（私たち）の場所だ」と主張する。もっとポジティブなもので、俺たち（私たち）が遊んでいるところだぞと。

§2 子どもの行動の意味

1人でいること

こうやって考えてみると、子どもの居場所というのはいろいろですね。別な形でいえばみんなといるということ、1人でいるということなどで考えることができないのか。みんなといるか、1人かということで問題が起きてくる。最近、幼稚園教育のところで指導的な発言をされている高杉自子（よりこ）さんという方、宿泊ゼミをやっているとき「今まで私は幼稚園教育にずうっと携わってきたけれども、子どもが園で1人でいるという、そのことに目を向けてじっくりとかかわって考えてみることがかならずしも十分じゃなかった」というようなことをおっしゃって、宿泊ゼミの中でシンポジウムをやったり、小さな分科会の中でも、「子どもが1人でいるということをもっとポジティブに受けとめていく保育でありたい」とおっしゃられたのです。

どういう意味なのかということがみなさんにうまく伝わらないのかもしれないけれど、幼稚園という場はことさらそうなんですが、どうしても集団を中心とした子どもの生活の場という認識が強いですね。あるいは、スタートではそうでなくても、目的とするところは子どもの協同的な活動ということを前面に置くよね。保育所の実践より、もっと色濃く出てくるかもしれない。そういう中にあって子どもが1人でいるということが観念的にはわかっていても、でも今、あの子は、という形で認めがたいということが起き得る。現にそういうことがしばしば起きる。

多分そういうことに気がつかれて、ほんとにそうなんだろうかと。つまり、子どもが園の中で1人でいることを充足することがまずいときはどういうときなのか、子どもが園の中で1人でいることがとても大事だと言える状況をわれわれはどういうふうに表現できるか、そういうことをきちんと捉えていこうと気づかれた。ですから、それに呼応するように、1人という事柄を保育における問題として注目し始めたということは割合最近のことです。そういったことをバネにして、僕のゼミでも、1人というのは

ほんとに孤独なんだろうかということを取り上げて、卒業論文でずーっと幼稚園の中へ入り込んで、それを追跡してみるという研究を始めたりしています。その結果、おもしろいことがわかってきて、子どもの1人状況というのは実にさまざまです。実にさまざまということをそれでくらないで、もっとていねいに広げていってみようと。実践研究的な意味ということが前提になりますが、そういうことをやっています。

　そういうように考えると、子どもの居場所という議論は、僕が実際に目の当たりにした事例とかエピソードを想定しながら言葉にしてみただけでも、場ということのそのどれもがかかわりの場、あるいは居心地の善し悪しに関連してくる。よさだけではない、居心地が悪いということも起きてくるだろうと思います。

　さっきあげた保育所にいたW君、ホールの隅に行ったり、玄関の床に寝たり、テラスの隅に行ったりするこの子をずーっと追いかけて、出てきた問題は何かというと、子ども自身が自分の気持ちでくつろげる場とか、居心地のよさということを感じさせる部屋になりきれてない。あるいは、たとえ部屋はそういうことを提供しても、登園してきた後の場が子どもにはそういう色合いで見えないということではないでしょうか。

🌿 話し合いから見えてきたこと

　W君の場合には母子関係にもいろいろな問題があることがだんだんわかってくるわけです。つまり、家でのお母さんと子どもの関係がW君の中で引きずっていて、登園してきた子どもの生活の場であるとか、友達であるとか、保育者であるとか、そこで展開される課題活動とか、自由に遊べるスペースであるとか、「やった」といって自分なりに遊べるぞという気持ちに切りかえられないんだね。記録によれば、ふらふらして、何をやりたいのかわからない。穏やかなんだけれど、人に焦点を当てず遠くを見る。逆にいうと、そこでバリアを張って保育者に気持ちを広げてくれないし、仲間にも気持ちを示してくれない、そういう状態の男の子の姿であるわけです。

この子を中心に保育を見直そうじゃないかということで、保育所で園内研究会をやるときは、子どもが午睡しているときか、大半の子どもが帰って、特例で残っている子どもたちを少数で見るときしかチャンスがない。昼間は僕が授業があって出られない、僕も参加したい。そこで先生たちに来てもらえるなら、みんなで一緒に考えたいから夜やろうということになった。お母さん先生がいっぱいいるんだけれど、頑張って何回かこの子のことについて考え合うことを続けまして、結果的に1年以上続いたのですが、わかってきたことがいろいろあります。

　それは何かというと、この子は小さいときから、何をやってもお母さんがほんとに喜んでくれてない。この子自身がときどき1人で妙なことを言っているので、「何、言ってるの？」と聞いたら、「やればできるじゃない、やればできるじゃない」とぶつぶつ言ってる。「やればできるじゃないって何なの？」と聞いたら、お母さんがこの子によく言うせりふだった。今の担任は気がつかなかったけれど、前の担任が聞いているんだね。3歳のとき絵皿をみんなでつくって、彼は自慢げにお母さんに見せた。そうしたらお母さんは帰りの靴をそろえながら「やればできるじゃない」と言った。そこには喜びさえもなく、何をやってもむなしいなと子どもに思わせるようなメッセージしか伝わらない。

　これを演出家の作法によってドラマ仕立てにしていって、「やればできるじゃない」という文言を、いろいろな表現に切りかえて役者がやったらおもしろいと思うんですね。感動を込めて言った場合、おまえはまだそんなことで喜ぶのか、それは3歳児のレベルじゃないか。おまえは5歳で、この程度かという思いで言ってみようとかです。W君の場合、自分からやって取り組んだことを喜んでくれる人が少ないんだね。家族の中でお母さんが喜んでくれてない。まとめ過ぎた言い方をすると、この子は効力感を味わったことが少ない。働きかけて味わう、あるいは別な言い方をすると、有能感という言葉は、早期教育論がはやったりすると、有能性みたいなものだけを高めようという作業が始まるから、それは辛いけれど、あえていえば効力感、働きかけて、それを一緒に喜んでくれる他者がいない。

子どもは、自分で働きかけて、自分で喜べるだけの気持ちが一巡するものが育ってないために、何をやってもむなしいわけです。それどころか、やれば「そんなのは当たり前」と突き放されてしまう。だから、自ら取り組んで、みんなに自信をもって見せていけるような活動が保育所の中で展開できない。そこがだんだんわかってきたんですね。この子が5歳なら5歳レベルのことに合わせるんじゃなくて、この子自身が興味をもって自分で働きかけたものを一緒に楽しめる大人、仲間でもいいんだけれど、仲間とのかかわりがなかなかもちにくい、この子自身が人に対する抵抗があって仲間が苦手です。

　そこで、クラス担任はどうしたらいいかと悩んでしまった。子どもをもって、保育所に何年もいる先生だけれど、自分の力量の問題も問われるぐらい気になる。最初は腕を引っ張るのでも、あるいは何かやっていても「歯を磨きましょう」とか、遊びながら磨こうみたいにかなり無理なことを言っている。ビデオを撮ることを認めてもらっていたんですが、ビデオを意識してさえもそういう行為が見えてしまうことがありました。

話し合いの深まりがかかわりを変えていく

　夜の研究会でみんなで話し合っていくうちに、この先生が子どものことを考える時間、それを言葉にすること、保育者仲間がいろいろ言ってくれることの中で、子どもへのかかわりが変わっていくんです。半年、1年とたつうちに、先生自身が積極的にこの子がやろうとしていることに合わせることから始めるしかないと。さっきの幼稚園の先生が「子どもの育ちはジグザグで、見通しがもてない。それでだめだというんじゃなくて、そういう実態だというところからつきあっていこう」と気がついたのと同じように、保育所の担任も、その子のうろつきがいかにだめなことかと今まで思い過ぎていた。この子自身の居心地の悪さということに気がついて、どうしたらこの子がふっと気持ちを許して、先生のそばにいることが楽しくてという関係が形成されるか、そこへ議論へ向けていったし、先生も気づき始めた。

劇的なことですが、この子が卒園する間際を学生がビデオで撮ったんです。学生が撮るということを僕はときどき意識的に提案するんですが、保育者が意識しないんだよね。すごくおもしろいことで、僕みたいなおじさんが午睡の場面へ行くと、寝ていた先生まで立ち上がったりする。「寝ていてください」と言ってもいやなものかもしれない。ふだんなじみのないおじさんがそっとビデオで子どもの寝ている状況と言いながら、私を撮っているかもしれないと思ったら目がさえちゃう。それはあり得るかもしれないことで、学生が入るということで先生方が力みを抜いて接していることがしばしばあります。

　カンファレンスという形をとっていくうちに、この先生の中で起きてきた変化がはっきり出てくる。2月の場面のビデオで、朝、登園してきたら、そういうことにめったに挑戦しないんだけれど、男の子がホールでトランプ遊びをしていると、この子が入ってきて、先生も誘ったら座った。これはカメラを意識しているんだけれど、「W君、初めてトランプに挑戦だよね」と言っているのは、彼に言っているというより画面に向かって「W君、初めて挑戦」みたいなことは言えないから、ビデオで撮ってくれていることを意識した発言をしています。

　そこから先が、先生は一緒にすごい思い入れで「順番を待ちましょうね。W君がやってからだよ」とか言って、ほかの子にとっては気の毒だけれど、W君の肩をもつ。先生、どうしちゃったのというぐらい。前の腕を引っ張ってきたりして懸命になってぶつかり合っていた先生とは違って、ぴったり寄り添ってトランプを見せ合いながら「W君の番だから」とか教えている。

　これも一般論でいえば、そういう一方的な思い入れは危険だみたいな議論ができるけれど、この先生の過去、現在、未来で、この子とのつきあいの中の1つのステップとして、先生もジグザグしていたんだとそのとき僕には思えた。先生のジグザグが見えてきていいんじゃないか。W君に密着しながら添うてくれて、「そうなんだ、そうなんだ」と言って、あなたはここまでできるんだと知らず知らずのうちに先生が提案している。つま

り、入れ込んで、見通しをもってクールに手順を説明している先生ではなくて、これができるならこのぐらいのことはと、まさに母親的なちょっとむずかしい事柄を提案しているわけです。

　これも少し考えていくと、W君がトランプゲームに挑戦して、おもしろくなってきて、1回じゃなくて2回目もやりたいと言っている。カードを配ってもらうのがうれしそうでした。彼の目はカードを配っている手元を見ていて、ぐるぐるまわっている。前のW君にはないまなざし。そういう場面を見ていると、この先生が逆の極へ触れたことによって、一時的にこの子が育っていくことに働きかけていくことに、ちょっとおもしろくなってくる。そばにいてくれる人によってそれが増幅される。育つことに対して協働作業ということを教えてくれているわけです。そういう場面を見ていると、この子がそうやって居心地がよくなってきたことをこの先生を通して教えられているのではないか、というふうに思えてきたわけです。

§3　居場所そのものとして教育の場を捉える

自分の居場所と学びがい

　僕はそういうことをたまたま事例で見ていたものだから、居場所ということを教育や保育の中で取り上げていっていいんじゃないかと考えました。その問題を考えていくために、教育カンファレンスの中でも最近しばしば居場所論というのが言われるようになってきた。

　たとえていえば、さっきの『授業を変えるために』という教育カンファレンスの中にしばしば登場してくる佐伯胖さんという方がいます。臨床の領域ではみなさんにあまり接点がないのかもしれない。教育学の領域、とくに認知科学の領域の本の中では重要な参考文献の著者としてしばしば出てこられる佐伯先生ですが、佐伯先生がこのごろの学校教育について、授業研究の中で、教室の中における教師、生徒間のあり方を、従来のような教科中心にした教え手と受け手という関係を違った角度から見てみたいと言っています。つまり、佐伯さんはキーワードとして"学び"、あるいは

"学びがい" ということをしばしば言います。

　子どもは "学習する" という言葉を使いたくない。そうではなくて、"学び"、あるいは "学びがい"。おもしろい、おもしろくなる、学びたくなる、学びがいがある。そういう発想で、岩波の教育を考えるシリーズの中に佐伯先生の本で『「学ぶ」ということの意味』という本があります。よく目にすることができる本ですし、読みやすい。『「学ぶ」ということの意味』という本の中に "学びがい" の問題が出てきています。

　しかも、その延長線に、学ぶということの中でいちばん大事になってくるのは居場所であって、学校なり教室なりが自分の居場所にならないと学ぶということのおもしろさが出てこない。だから、さっきの苦手もそうなのだけれど、算数の時間になると教室が急に違って見えたり、先生が変わるとその部屋の雰囲気の中で自分の居心地の悪さが起きてきたり、これは興味があるぞとなると時間のたつのを忘れたりする。そういう子どもの動きがあり、自分自身の経験の中になぞれるものがある。佐伯先生が今、非常に力を入れてやっていることは、学びがいということから、なりたい自分とか、あるいはこういうことができるような自分とか、こういうことに興味のある自分とかを取り上げることで、さらに自分づくりというテーマへと焦点を絞ってきています。

　そのために教室はどういう部屋なのかというとき、居場所そのものとして学校教育の場を捉えていく。敷居が高いとか、何となく居心地が悪いというのは、その子自身にとって居場所になってない。不登校という出来事も、そこから１つのまなざしを得ることができますね。不登校というのは、学校へ来ない子どもなのであって、学校が居場所になれない。僕の学校に来てくれて、佐伯さんが講演してくれたのですが、佐伯さんの講演の中でとっても印象深かったのは、横浜かどこかの学校の先生たちと研究会をやっているとき、質問紙調査のようなものをつくって、試みをしているんです。１人の子どもがいて、その子どもが学校の先生にとっては気になる子どもだった。どういう子どもなのか、その子どもの特徴をあげてみてくれといったら、５つあげた。１つ目、教室にいても教科に興味がなく

て、授業についてこれない。2つ目、やりとりがちゃんとできず、教師とのかかわりがもちにくい。それだけじゃなくて、友達の中でも評判が悪い。乱暴で、落ちつきがなくて、性格の面でも気になる。そうやって3つ4つと出てきて、いちばん最後に、この子は学校で仲間をつくるより、学校の外へ出て、変な仲間とつきあっている。

　そこで佐伯さんが会場のわれわれに問うわけですが、「この子と接点をもちたい、この子が学校生活の中へ来てくれるように、あなただったらどの項目を重視しますか」と。東大の授業を聞いている学生にも聞いたし、教育現場の人にも聞いたのですが、大体傾向がわかる。どっちかというと、実践のさなかにいる先生たちは、授業についてこれない、指導上困る、そこから迫りたいという。とくにクラス担任は、学級経営上、子どもと自分の関係を気にしていて、そこから迫りたいという。臨床の人たちは、子どもの性格とか、乱暴で落ちつきがないとか、そういうあたりのところからアプローチしたい。最後の変なやつとつきあっているというのはだれからも目をつけられていない。

　そこまで言っておいて、論法として佐伯さんは「私はいちばん最後を注目したい」と言うわけです。この佐伯さんの話はかなり無理があるというふうに僕も感じないわけではないけれど、論法としておもしろかったのは、佐伯さんはこれをヴィゴツキーの発達の最近接領域とつないでいくんです。どういうことかというと、発達の最近接領域というのは、子どもがいて、子どもの能力が育っていくためには外側にいて協働作業してくれる人が必要、協働作業によって子どもの能力はどんどん広がっていく。これを発達の最近接領域というセオリーでヴィゴツキーという人が言っているのですが、彼にとっては学校の中にそういう仲間がいたのではなくて、学校の外に自分のありようを認めてくれる対象を見つけた、そのことに迫っていかなくてはならない。なぜ学校の場が自分の興味、関心を広げてくれる場になり切れてないのか、そこから問い直そうと。

　「無理がある」と僕が言ったのは妙な言い方かもしれないけれど、佐伯先生自身が最初のいくつかに無関心だったとは思えない。「変なやつとつ

きあっている」という言い方をされてしまうと、それは大事なことだろうけれど、まずは性格的な面とか学級経営、オーダーからすると5番目にあげられた項目は手薄になっていたんだけれど、佐伯さんの理論の子どもの学びがいということからすると、彼が外に居心地のいいところを求めたことを教育現場の中でもっと注目していい。そして、居心地のよさを求めたその集団なり、その場がもっている問題性は無視できないけれど、彼自身がそこに一時の安住の場を得て、学内に安住の場をもち得ないという、この事実を教育者、あるいは臨床家が目こぼししてはならないんじゃないか、という提案です。

だから、最近しきりに教育や教育臨床に携わる人の中で、居場所ということが注目されるようになってきた。もう少しこれは成熟していく必要があるし、みんなの中でもテーマ性のあることとして、発達臨床の領域の中からこういったテーマにかかわっていってもらったらいいと思うのだけれど、居場所という言葉を使っているものを集めても、決して得策ではないと思うんですね。その意味で2日目、3日目にわたって僕が提案していきたい神田橋さんの本の内容とか、そういうことを取り上げてみていきます。

「居場所」にかかわる参考文献

店頭で見つけられる居場所論がないわけではないと思うので、そういうもの集めてみる意味はある。たとえば、北山修著作集の中に『自分と居場所』という本があります。しかし、北山さんはウィニコットという人の理論を踏まえた精神分析学に近い領域の立場に立っているから、立場を超えてタイトルだけで引き寄せることは、ある程度了解をちゃんとした上で捉えていかなくてはならないと思う。精神科のお医者さんである北山さんが、3部作の1つの出来事の中に自分の居場所というセクションをつくって、取り上げています。

精神科の中でも自分の居場所という問題が起きてくるんですね。ですから、期せずして実践とか臨床のさなかにいると、自分の居場所という問題

は目が離せないものかもしれない。ましてや教育臨床の中に最近、学校教育を居心地という問題や子どもの居場所ということで考えたいということを大きくさせてきた最大の理由は、不登校の子どもの問題です。なぜあの子たちは学校に来れないのかというとき、「学校は居場所じゃない」ということを叫びとしてあげています。

　たとえば、石川憲彦さんという人たちが集めた『子どもたちが語る登校拒否——402人のメッセージ』、そういう手記を読んでいて思ったのは、「私は学校に何回も行きたいと思った、友達も盛んに"来いよ、来いよ"という。しかし学校というのは自分の居場所にはなれない。じゃ学校の外に居場所があるかというと、それもない。どうしたらいいか」そういう声が出てくる。そういうたぐいの発言は多く聞けます。たとえば、電話相談の中で、不登校の子どもたちに「何でも言っていいよ」という留守番電話にしている番組があるんですが、それはそういう意味で大事なことを取り上げていますね。

　そういう点で考えると、居場所という言葉を子どもが使うことに端的にあらわれているように、まして幼児期の子どもたちの保育の領域においても、子どもの居場所というテーマはすぐれて臨床的なテーマだけれど、もっともっと発見することを積み重ねて、厚みのある記述が必要になってくるんじゃないかというように思えるわけです。

保育臨床論特講 1日目 今日の講義を振り返って

　今日は全体を3つの組み立てで話をしてきましたが、保育の領域をこれまであげてきたようなことで取り上げることがオールマイティーだと思わないでください。もちろんそういうことを思っていらっしゃらないと思うけれど、僕の保育に対する関心というのは、今日を総括していえば、そこは子どもの生きる現場だということを痛感するからです。

　そういう意味で今日取り上げた柱で、1つ目はそこにいる保育者自身の「発想の航跡」を注目していいだろう。2つ目は、「日常性」ということをもっともっと実践の中で言葉にして、何が大事かということを実感しなくてはならない。第3点目は、子ども自身の生活の場として、子どもが生きる現場というなら、子どもが生きる場が「子どもにとっての居場所」になり得るかという問いを立ててみて、それにこたえてみる作業が必要じゃないか、ということを今日は申し上げたかった。

　話してみたいことは、これから続けて、居場所論から、明日は子ども自身がゆらぎ、先ほど紹介した幼稚園の先生の言い方でいえばジグザグ、そういうふうに実感しているというそのあたりと重なってきますが、神田橋さんが提案されていること、津守さんと津守さんから紹介された養護学校の先生の記述を紹介しながら、柱を発達ということへ少し目を向けてみたいと思っています。

　15分ぐらい残っているんですが、今日1日の流れの中で僕自身の言葉の説明の足りないところとか、みんなが思っていることとか、何でもいいですが、もしあれば質疑の時間に切りかえてみたいと思います。こういうことはというふうにむずかしく考えないで、素朴な質問、大歓迎ですので、発言してほしいと思います。

［質問］
　逃れていく場と溶け込んでいく場の違いがわからないんですが。

[大場]

　ここのところ、類型的にきちんと整理してないというのは、さっきお話しした通りで、ほかにもあげたんだけれど、似たようなものが出てきたという意味であり得ます。

　その場から逃れていくということをここで言いたかった。逃れていく場が浮遊している。つまり、逃れていった先が決まっているんじゃなくて、ふらふらしているというとき、ふらふらも1つの場を占めるよね、そういうことを言いたかった。こっちは「あいつ、いつもあそこ」という逃げ場、そういう違いがある。それがどうなんだというのは聞かないで、僕もよくわかってない。そこに子どもの動き、ちょっと理屈っぽくいえば、行動のベクトルが違うというか、そんな気がしていた。

　上は浮遊する場、円の中を外へ飛び出すでもなし、囲われた中で何となくおさまりが悪く、この子が漂っている状態。下のほうはそうじゃなく、子どもがしばしばそこへ行くというところがある。その違いは子どもの事例によって意味が違ってくると思う。

　話しながら思い出したんですが、『反発達論』、山下恒男さんです。1970年代の後半ぐらいに書かれたと思うんですが、これが出たころ無藤先生が『発達』という雑誌の中に反省的発達論というのを書いています。

　みんながすでに読んだ本の中で、こういう本がおもしろかったというのを教えてもらいたいんだけれど。

　ほかにないですか。

[質問]

　　1時間目に出た暗黙知というのがよくわからなかったんですが。

[大場]

　言葉の説明がまずかったかなと思ったんだけれど、暗黙知というのは、人自身がある種の先入観に近い形でもっている物事の理解の仕方。僕のは辞書的な表現じゃないですから、後でちゃんと見直しておいてほしいので

すが、あえて説明すれば、人には専門的な知識というより、その人の生まれ育ってきた生育史的な中で蓄積されてきた経験によって物事を判断してきている。マイケル・ポランニーという名前で探してくださると『暗黙知の次元』という本が出てくるから、そういうのを読んでくださるといい。

それから、「暗黙知の人格論」という言葉は心理学の領域では結構使われていて、暗黙知より前にその言葉が使われていたんですが、ほとんど同じです。つまり、人格理解だけ限定して物を言っていて、人というのは人間理解するときに自分の経験から割り出された人間の見方がある。それが暗黙の人格論、それをもっと理論的に知として。

ほかにないでしょうか。
この授業に関して東京書籍の『保育心理学Ⅰ』『保育心理学Ⅱ』、僕と前原さんという鹿児島の保育所の園長と2人で編集し、保育に関連して仕事をしてきている実践者、研究者で勢いをつけて書いたものなので、それなりに評価しながら読んでくださるとありがたいと思います。

もう1つ、津田塾女子大学に移ってしまったんですが、前に僕の大学にいて、臨床をずうっとやってこられた山崖俊子さんという人と私で『保育臨床心理学』という本を書いています。これはミネルヴァ書房から出ていまして、今回の授業の後半でお話しする臨床という話題、みなさんの発達臨床ということとはずれるかもしれないけれど、保育現場の保育者のもっている臨床性ということに注目して、そこに絞ってまとめてみたものですが、臨床ということの広がりとして見届けていただけたら何らかの参考になると思います。

第4章 モラトリアム空間

特講4時間目

§1 生活の場・育ちの場としての保育空間

子どもの現実の生活に何が起きているかを見届けていく

　4つ目の柱として予定していた"モラトリアム空間"ということ、ここで言うモラトリアムというのは、臨床の領域においてクライアントが非常にそこでゆらぐことを受け入れていこうという発想です。そこにヒントを得たもので"ゆらぎ"ということが大事になってきます。そういうことでもう1回保育の現場というものを見てみたいと思います。

　昨日の話の中で少し触れたのですが、幼稚園、保育所と限定しませんが、いずれにしても、子どもたちが生活している場として見直してみたときに、従来の幼児教育や保育の中で取り上げられてきているある切り口、つまりカリキュラムであるとか、指導計画であるとか、あるいはもっと引いたところで教育課程全体の問題であるとか、そういった保育学の領域の従来の問題というのは非常に大事なところだと思います。実際にそういう側面からすでにみんなの目にも触れてきてると思うけれども、たとえば幼

稚園の教育ということを多くの現場の人たちが手がかりにしているものとして「幼稚園教育要領」というものがありますね。それから、もう1つ保育所のほうでは「保育所保育指針」というものがあります。

　たまたま機会があって、そういう幼稚園の教育に関して指導資料をつくろうというようなことがありました。驚くような値段、130円とか120円とかで、町で手に入れることができるだろうと思います。たとえば「幼稚園教育指導資料　第3集」というのは平成4年の10月にまとまってきています。これが1集、2集、3集と、たとえば「園と家庭の連携」とか、内容ごとに絞り、どういうことが大事なところなのかということを取り上げていくという形をとっています。私も2つほどお手伝いをして、第3集のメンバーになっています。

　要するに幼稚園教育要領をもとに各現場の先生方は、私たちの園の教育課程のあり方、あるいは私たちの園の中における指導計画の根幹というものをどのように立てていくのかということなどについて、実際に模索してるんですね。今、私がかかわっている公立のある幼稚園では、今年の4月から実際に自分たちで使えるようなものにしようということで、まず3年がかりで指導計画そのものをエピソードで綴ろうということをやっています。あるいは、過日、ある大学の附属幼稚園から送られてきた資料では、先生と子どものいろいろな出来事をその時期その時期でもって綴って書いてある。最近、個々の園の教師と子どもたちの、たとえば4歳児で入ってきた4月のころはどういう子どもの姿なんだろうと、そういう具体的な姿を出しながら、そこへ教師が悩んだことや教師が取り組んだことを表現しておこうじゃないかというスタイルをとることが多くなっています。なまじっか抽象的な文言で書くよりも、それのほうがはるかに意味があるということで、最近の傾向としては個々の園でそういう作業を始めているんですね。そういうことを見届けてみていると、この文部省（現：文部科学省）で出している『幼稚園教育指導資料』というものの中に、割合いそういうモデルが必要なんです。プールが嫌いだという子どもを例にあげながら、そこで必要なことは何かというと、そういう嫌いだという気持ちを、まず

受け止めるところから始めようじゃないかと。プール指導といえば、指導に乗れる乗れないというようなところで振り分けてしまうことではないはずだと。

　一貫して言えることは、幼稚園教育要領というものを、もう少し説明していきます。言ってみれば解説に近い形にするために、大体20人ぐらいのメンバーで約1年かけてディスカッションして整理してまとめたものです。たまたま、私はこの「幼児理解と評価」と、それから「園と家庭の連携」という2つについてメンバーの1人になってディスカッションに加わらせてもらったわけです。幼稚園教育に関して言えば、こういった指導資料をみんなが読んでみていくことで、幼稚園の教育というものを理解していく1つの手がかりにはなるだろうと思います。教育要領だけではなく、こういった指導資料も併せてもって見てみると、割合、ていねいに教育要領がどのようなことを個々の園の教育課程なり指導計画というものにつなごうとしているのかということが見えてくるかもしれない。

　本題に戻りますけれども、今こういう話をしたのは、昨日の話と重ねて今日の授業のイントロの部分にするためです。要するに指導計画が練り上げられていたり、具体的な個々の幼児理解と評価というテーマがここに出てきたりしても、いちばんのベースは毎日毎日の子どもたちの生活の細々としたことがどんなに楽しいものなのかです。あるいは子どもを追い込んでいくような形の、結局、保育者の主導型による生活になってしまうのかとか、そういう現実に何が起きているかということですね。それを見届けていかないと、随分と違ったものになっていくわけですよね。実は、今日、ビデオをもってきてますが、午後少しそういった園の様子の違いというものを、映像から見てもらうといった組み立てで授業をしてみたいと思います。

生活の場としての保育室

　まず、最初に話のベースとしておきたいことは、いろいろな保育の切り口はあるけれども、とにかくそこに人がいて身近な大人がいて、そしてそ

こに大勢の子どもたちが生活の場として集まってくる、その集まってきたところで始まる生活そのものというのは、ちょうど今日のこの部屋のような形を想像することではなく、つまり教室ではなくて居室ですよね、居間です。ですから、幼稚園の子どもの生活をあまりくわしく知らない方が、たとえば海外のものを訳されたり、それから日本のものを逆に紹介していくときに"教室"という言葉をよく使っているのだけれども、幼稚園や保育所において、"教室"という言葉には僕はすごく抵抗感があります。たかが訳語、あるいはたかが表現の1つにすぎないということで言ってしまえばそうなんだけれども、でもやっぱり、"クラスルーム"という言葉を"教室"というふうに直接訳していくというのは、実際の幼稚園や保育所という場に立ってみたら、教室とは訳せないだろうと感じるはずなんです。

　たとえば公立の幼稚園の1つをたずねてみても、黒板があって教師がそこに立って、そして朝から何か集まる形をとり、その日一日の、何かあるユニットでもって子どもたちに課題を出して、そして何かが始まるぞという、そういう流れというものを、むしろ探すほうがむずかしいかもしれません。もっとも、非常に親に評判がいいけれど専門家の間では評判の悪い幼稚園というのがあります。これは算数、国語、理科、社会みたいな、そういう組み立てで、明らかに小学校準備の前提を明確にしてやってる幼稚園でして、しかもその地域ではいちばん子どもたちをかき集めて300人、400人という形でやっているという驚くべき幼稚園です。その地域の幼稚園連盟に属する教師たちの間では、何とかわれわれと一緒に幼児教育の基本を見直していきたいのだけれど、園長先生は頑として参加されない。そして残念なことに、親はそういうことがよくわからない。だから並の幼稚園でうろうろさせて遊ばせているよりも、はるかにあそこは明確であるというように、一般の親たちは何か教科を教えてもらうということは早ければ早いほどいいと言う。これについて何か感想を言えといったら、マイクに向かって僕はウッと唸るか、マイクに嚙みつくか、何かそういうことをしたくなるような、何かわれわれとは発想が違うという、そういう感じが

しています。

　でも、その振り幅からいうと、幼稚園、あるいは保育所もそうですが、今日の午後から見てもらう保育所は、これが保育所かと目を疑うような内容です。算盤の大きな玉を、すごいステップでもって「元気か子たち」と言って数詞を繰り返す。けれどいちばん元気なのは先生なんです。そういうすごいビデオがあります。そういうのを見てもらって、みんながどういうふうに感じられるかも興味のあるところだから、ぜひ、感想も聞いてみたいと思います。イメージとしてはそういうさまざまな保育の現場というものがあって、そこが今日これから１日話題にしていく、子どもの生活の場、子どもの育ちの場という観点から、少し意識して保育の現場を掴むために見てほしいということですね。

§2　多様な生活を営める場

気になる子どもの様子から

　幼稚園や保育所をたずねて、子どものことを一緒に考えるというような仕事をしてきてるわけですが、いろいろな子どもたちの中で出てくる問題の１つに、落ち着きのない子ども、あるいは落ち着きのなさということが出てきます。クラスの中で、先生の目から見ると、その時期の子どもたちの動きの中で、何かこう……、たとえば机につき椅子にゆっくり座って何かに取り組むとか、あるいは床に座って本をじっくり見てるとか、具体的なところで子どもがあるものと取り組むとか、人とかかわるとかということができにくい状態ということも、気になる子どもの様子として取り上げられる場合が多いです。落ちつきのなさ、それから中には乱暴というのも出てきますし、あとは"不安"ですね。"不安"という言葉自体で保育者から訴えてくるというのは、実はそんなに多くないと僕は思うんです。その子どもの様子を聞いているうちに、その子がすごく何かに不安、あるいは不安定であると気づいていきます。ここのところって、同じ意味を表していると思えないけれども、割合ルーズに"不安""不安定"という言葉

を使って、実践の中で「結局あの子はすごい不安が強いんじゃないか」とか、あるいはその子の様子が行動のレベルで「何か不安定な状態だ」とか言う。最初のほうで紹介した落ち着きのないという状態は割合によく出てくる。それに比べると、"不安""不安定"という形で出てくるのはそれほどポピュラーだとは思えない。ですが、人によってそういうところを、とても気になるという形で取り出してくる場合がある。

　こうして列挙していくと、幼稚園には出てこないんだけれども、保育所で年齢の小さい子どもたちが大勢出てくると、起きてくる悩みがあります。それは何かというと、やたらに噛みつくことがはやってるとかね。目の前にいて、じっと相手を見てて、突然ほっぺたに噛みついたとかね。「見てください」と言われ見ると、ポカッと歯形がついていたり、そうかと思うと子どもだけじゃなくて先生が何か洗いものをしてて、突然お尻が痛い。何だと思ったら噛みついてる子がいるみたいな、そういう子どもの噛みつきということがとても気になるんですね。それは保育所の子どもたち、とくに3歳、2歳、1歳、0歳、そういう年齢の低い子どもたちが生活をしてる場の中でしばしば起きてくることです。4歳、5歳になると、実際はそれほど多くはないので、逆に4、5歳で噛みつくというようなことが出てくる子どもの場合というのは、猛烈、先生たちにとっては困るわけです。

🍃 その子なりの園生活が送れること

　今、僕が見ているHちゃんという男の子は5歳ですが、噛みつくのではなくてキツツキみたいなのね。すごい前歯でコンコンコンコンと後ろからいく。保育者が子どもの身のまわりの世話をしてると、突然後ろに誰か来たと感じて振り向いた瞬間、もうすでに頭に2、3発くらっているみたい。ものすごい丈夫な歯でして、彼はまるでキツツキみたいに確かにそのとおり強烈で、これは実習生なんかだと泣きだしたくなるほど痛いんです。そういうことがあると、その痛さのために、この子の場合なんかも子どもたちにも嫌われてしまうし、先生たちの評価もよくないんですね。その子どもをわかろうとするという気持ちはもちろんあるけれども、痛さの

ほうが堪(たま)らないので、その堪らなさによってこの子に対する評価というのはあまりよくない。で、園の対応として、つきっきりの保育者がいることになる。保育所に入ってくるときに、その子どもの状態に対して専門の医者のほうから、発達の遅れの疑いがあるというようなことが出ていました。しかし実際には、そのことよりも、かかわりがもちにくいということで、保育者たちは悩んでいたんですね。プラモデルみたいなものをつくったり、絵を描いたりすると見事なものをつくっていく力があるのだけれども、物に向かう力ほど落ちついた取り組みが、人に向かった途端にできない子ですね。その同じ向かう力でも人に対する力と物に対する力のギャップがある。僕もいろいろな子どもを見てきたけれど、際立った違いがあるということです。

　町の1つのルールとして、1つの園に2人の障がいのある子どもが入所したときに、手当てとして保育者を1人増員するというような、それを普通、加配と呼んでいます。園に加配の保育者の1人の枠が取れるんです。幼稚園にもそういうことはあります。そうするとどうなるかというと、その1つの枠を園の取り組みの中にどういう体制で置くかというのが、園ごとに任されてるわけですね。私が入っていったキツツキみたいなことをやってしまうそのHちゃんの場合には、本当に放っておけないし、それから意識しないで廊下で出会った子どもを突き飛ばしてしまうんです。赤ちゃんなんかは、本当にコンクリートの上だとすっ飛んでしまうみたいに、手加減ができない状態だったものですから、複数担任制の中の1人にするというよりはマンツーマンでつきっきりにする。言ってみれば所属は5歳児の部屋に一応いることにしてあるけれども、もうそのクラスの動きというよりも、Hちゃんにつきあってどこにでも行ける体制をとっていた。これに関しては園によって微妙で、ちゃんとそのことを申し合せをしているかいないかということによって、加配の保育者というのはとても動きにくくなったりする。それは現実に起きることです。

　よその園に移って2年目ぐらいでもう加配対象の担任になってしまって、まだよくわからないうちに何か始まっていく。そうすると、そのこと

によって園のチーム体制が取れないままつきっきりになったときというのは、保育者は意外によそのクラスにいくとか、あるいは乳児室に入っていくときに、猛烈に入りにくさを実感しているわけです。そういうことは実に具体的なことであって、こういう子どもたちの行動の状況から考えると、今、あげた例なんかは、どういうふうに描き出していいのか保育者たちも悩むんです。要するに乱暴だという言い方で言ってしまうと、何か違うような気がするんですね。だから、"目の離せない子ども"というような形で、園では一応注目していくんですね。何かあっちで泣き声がするけど、あの子じゃないかとかね。そのころのビデオを見てますと、その子がパーッと走っていくのと同じ勢いで担当の保育者が走っていっていくのが何回も場面の中に映っているんですね。そういう場面を見てると、まだそのときというのは、自分と子どもの間に行動の見通しがもてない。いろいろな具体的な描き方は可能だと思いますけど、こうやって子どもの動き一つひとつに対応しながら、保育者は複数の多くの子どもたちとかかわるということになってくるんです。

保育の現場はいろいろな状況にある子どもの居場所

　子どもの育ち方というのは、昨日もちょっと幼稚園の先生がジグザグで見通しがもてないと、とても悩んでいたという話をしましたね。ところが、グループで討議をしているうちに、実は見通しがもてないという言い方をするよりも、子どもの育ちってそういうものなんだというところから、われわれがみんなで一緒に考えていこうじゃないか、というように発想を切り換えていく。その様子を昨日紹介したと思います。そのことを前提に、保育の現場の捉え方というものを一律に一斉に何かするというような場面として考えるよりも、思い切って、もっと子どもたちの居場所として考えてみようと、昨日はそこまで話しをしたんです。いろいろな子どもたちの状況があるわけですけれども、その子ども一人ひとりの居場所ということを、今日の話で考えていきたいんですけれども、子どもはいろいろな動きをするわけですよね。たとえば、落ち着きのないと言われてる子ど

もにとっては、その生活の場というのは、昨日も場の問題を取り上げたときに話したように、そういう状況のその子どもなりの園生活を送っているわけですね。その園生活の中身というのは、だから先生が求めるような、みんなと一緒に机に座って、たとえば母の日の絵を描きましょうというようなことで、お母さんをイメージしながら、そこで描けるかというと、そういうことにはまったく興味がない。一つひとつ、そうやって場面場面を取り上げていくと、子どもの行動の中でどれをとっても、それぞれが多様な園生活をしているわけですね。非常に多様な園生活をしている。

§3 保育者の温かい姿勢と自由に動ける空間

多様な子どもたちを受け入れていく

昨日紹介した神田橋篠治さんという人の『精神療法面接のコツ』という本、今日は保育を見ていく僕自身の手がかりの1つとして紹介しながら、その紹介にとどまらず、なぜ私がその神田橋さんのまったくと言っていいほどジャンルの違う精神医学の領域で考え続けている1人の臨床医の発想というものにひかれたのかを話していきます。保育ということを考えていく上で意義深いものとして、そしてその中に何か今日の主題である"子どもの育ち"ということを意識した場として考えることができるかどうか、そのへんのところをみんなに聞いてもらいます。うまくつながるかどうか、そこのところをまた後でぜひ質問もしてほしいと思います。

神田橋さんの本を読んでいて、子どもたちの多様な園生活ということを頭に入れながらみていったときに、保育現場で指導という形をとっていくと、どうしても壁にぶつかる。どういうことかというと、子ども一人ひとりの思いというものを1つの場の1つの活動に絞るということはとてもむずかしいことだし、それから、果してそれが幼児期の子どもの教育や保育のやるべきことなのだろうかということをどうしても考えてしまいます。どうも、そうではないんじゃないかと。先生って一体何をやる人なのかというと、そこでは課題をきちっと子どもにいかに伝えていき、それからそ

のときの教材というものをいかにきちっと用意しておくかとかということが飛び出てきてしまうんですね。でもそうではない。むしろ、何にせよ保育者のまず基本というのは何かといったら、大前提は温かい関係をつくることだということが出てきます。われわれは随分議論して、先ほど紹介した「幼児理解と評価」の中でも、教師の姿勢の中でまず大事なのは何だろうと考えたら"温かい姿勢"ということだったんですね。こういう教師の姿というのは具体的にどういうことなんでしょう。この温かい姿勢というのは、とにかく教師がどんな状態でも多様な子どもたちを受け入れていくという、そのこと自体が1つには"温かい姿勢"ということの具体的な表現だと僕は思うんですね。

子どもの気持ちを自由な動きの中で見届けていく

もう1つは、子どもにとって自由に動ける空間であるということです。先ほど言った落ちつきのない子ども、あるいは不安な何かがあって、そこで取り組まれているものに興味を示さない、集中できない、そういう状況の子っています。目が離せないというような子どもを特定の部屋に閉じ込める形で、外のいろいろな危険からその子を遮断するようなことをすればいいのかというと、決してそうではない。基本的には、まず子どもにたとえ落ちつきがなくても、たとえ不安があっても、あるいはたとえ目が離せない状態でも、その子の気持ちの動きを信頼して、気持ちそのものを自由な動きの中で見届けていくということですね。しかし、見届けるといっても「あなたはそういうことがしたいのね」と言って、キツツキみたいにしていることを「どうぞ」と言って頭を出すわけにはいかないですね。それは、本当にその子を受け入れることではないのです。そこは苦しい。そういうことが起きないようにしなくてはならない。起こったときにどうするかとせめぎ合う状況の中で、担当の保育者は苦しむわけです。そうなると、強いプレッシャーをかけて、その子を部屋に閉じこめておくようなことにもなる。しかし、そうやって、他の子どもたちが泣き叫ぶような結果をもたらす出会いを少なくすることと、その子どものキツツキみたいな行

動を抑えられるのかどうかということとは別問題なのです。まずは見届けていくということ、それからその中で、子どもとのかかわりを、よく見ながら探っていくことが必要になるわけです。

　神田橋さんの"モラトリアム空間"ということをのっけから紹介して、それに示唆があったという形の構図でもってお話を抜いてしまうというのは、僕には話の流れとしてはなじみません。そこで、どういう幼児教育なり保育の場の中に当てはめ得るものと僕自身が捉えようとしているかを、ちょっと聞いてもらいたい。今幼児教育そのもの、保育そのものの中の"場"の受け止め方というのか、そういうことに話を進めてきています。子どもたちの園生活の場というものが、とにかく基本的にいろいろな子どもの状態を生み出すのだということです。

§4　親との連携

原因究明ではなく、行動の意味を共有し合う

　この生み出す状況というのは、園で生み出すというよりも子どもたちがそれまで生きてきた生活のトータルなものの中から、もっと具体的に言うと、幼稚園や保育所にくる前の家庭生活にその端を発しているということは十分考えられる。そういうことを解決しようという気持ちは、もちろん保育者に強い。従来の幼稚園や保育所で起きてきた、こういう子どもたちの行動状態というものは、根っこは家庭にあるのだから親たちとよく相談して、親を指導して子どもたちの落ちつきを取り戻させようじゃないか、あるいは不安な状態を家庭の親子関係にあるというところまで突き詰めていったからわかったので、お母さんを指導して子どもを受け入れてもらおうじゃないか、あるいは、自分の行動調整というのが十分できないというところを戻って基本的なやりとりを大事にした親子関係にしてもらおうじゃないかとか、アイデアはいっぱいでるんです。そこまでは保育者も実際に子どもをよく見てきているから、答えも出るんですね。しかし、家に問題があるということを保育者の側から少しでも言われた親は、それに

納得をして心を開いて、どうしたらいいかと相談に乗ってくるケースよりも、閉ざすことのほうが圧倒的に多いです。それはなぜかという、そのなぜかをもちろん究明する必要はあると思いますが、それでは失敗する場合が多い。

　従来、因果関係でもって子どものこういった事柄の原因究明をしていくということをよくやってしまうんです。とくに発達、あるいは臨床ということに関心をもてば、どうしても因果関係ということが気になるわけです。それはそれでいいのだと思うんです。問題がどこにあるのかということを究明するという、そのレベルまでだったら正しいやり方だと思うんです。むずかしいのは、実践のさなかに原因究明をした保育者たちによって、「おかあさん、生活の中で子どもともっとかかわってください」というやりとりが、現に起きていることです。しかし、家族関係の中の親子関係を変えようと、あるいは変えてもらおうとすることはとてもむずかしいことです。たとえばそれを数字で言うなどというのはナンセンスかもしれないけれど、経験論で言えば、7割以上、8割方失敗する場合が多い。

　今、そういう意味では子育て支援という形で幼稚園や保育所の保育者と親との連携をもっと見直していこうという動きは強くなっていますけれども、そのときに今のような「原因が家庭にある、だからそのことについて」ということでいくというのは非常にむずかしいだろうと思いますね。じゃどうしたらいいのか。今、考えられることは、保育者の発想がこの原因究明ということでは、その次のところで大きな壁になる。よく津守先生の"行動の意味"ということをお互いに共有し合おうじゃないかということから示唆を得ています。

　河合隼雄さんの『臨床教育学入門』という本が"子どもと教育シリーズ"で、岩波から最近出てます。その『臨床教育学入門』の中で、読み物的な書き方をされてるけれども、それに近いことをしきりに説いておられるんですね。"行動の意味"ということを実践臨床の中で考えていき、あなたが間違っているというのではなくて、子どもの気になる行動を園生活の中で受け止めて、こういうところがおもしろい、あるいはこういうとこ

ろが気になるのだけれども、そこはおそらく園の中でこういう形でかかわりをつけていく中で様子を見ていきたいと。こっちへ子どもを託してくれてる親の気持ちもこっちに託してください。親が間違っているという言い方ではなくて、子どもの園生活の中でのなじめなさ、あるいはかかわりのもちにくさ、それは、園の中での子どもと私たちの関係なので、とにかく基本的にその子の様子というものを見届けながら考えていきたいということを証拠として出していく形ですね。

子どものゆらぎを家族と共に見届けていく

　まさに定型的なものの言い方で今進めてしまったのですが、親自身の気持ちを園のほうに託すことになり、それから保育者・教師も託された形でもってその子どものゆらぎにつきあっていくわけですね。ですから、因果関係よりもこのことを了解できるかどうかということになるのです。誰が悪いという言い方ではなく、子どものゆらぎということをまず認めて、そのことをお母さんも私も同じですから、見届けていきましょうよということですね。どれくらい共有できるかと。きれいごとではないものですから、この段階で条件を整えて、また親と保育者の間で何かやろうとしても、駄目になるというケースもある。1の手、2の手、3の手と考えながら、じゃ、どうしたら親と私たちと気持ちが通じ合えるのだろうかと探っていく。結局、卒園まで折り合いがつかないまま、就学してしまうというケースは少なからずあります。それは辛いですよね。すごく虚しいし、どうして心を開いてくれないのかなという言い方になるんだけれども、そういう親とのかかわり、子どものことは気になりながら次の形に移行してしまうケースというのは少なからずあるものです。

　通常、臨床の現場だと、親あるいは子どもが来所してくる限り終結の段階まで続きます。子どもの居住地が変わるということで通所先が変わることはあり得ますが、就学ということ、つまり教育のステップでもって変わっていくということは、そんなにないだろうと思います。それを考えますと、実践の中にいて連携を取り合うということは、その園を卒園してし

まうともう切れてしまうことになります。幼稚園と小学校の間でさえつながらない、ましてや、保育所と小学校はほとんどつながらない。つまり、園でやってきた子どもへの思いというものは、そこで切れてしまうんですね。そういう状況というのを、まず頭に入れておいてもらって、子どものゆらぎというものにつきあっていくという場として子どもの園生活というものを捉えたときに、昨日紹介した神田橋さんの『精神療法面接のコツ』という本を読むと、その中に手書きのおもしろい図が出てるんですね。ちょっとそれを紹介してみます。

§5 抱え環境

関係が生み出す居心地のよい環境

この本の中に筆書きだと思うのですが、非常に柔らかい図で神田橋さんは、こういう図（図1）を書いていますね。基本的に精神障がいの方たちと出会う医者として、治療の関係の中における序列という言い方をしています。そのこと自体がちょっと消化しにくいかもしれないけれど、要するに自分が治療者として患者とのかかわりの中で、第1位に置くものは何か、第2位に置くものは何かという序列です。第1位に置いてるものを、実は"患者自身の主体"としている。そして、第2位に、これはさらに説明しますが"抱え"という言葉を使っている。第3に"異物"という言葉を使っています。これは僕らにはそのままストレートに「そうか」と言えないです。神田橋さん独特の言い方ですけれど、精神科の医者の治療関係の中で、まず患者の主体ということが治療関係の中の序列の第1位だという意味は何か。

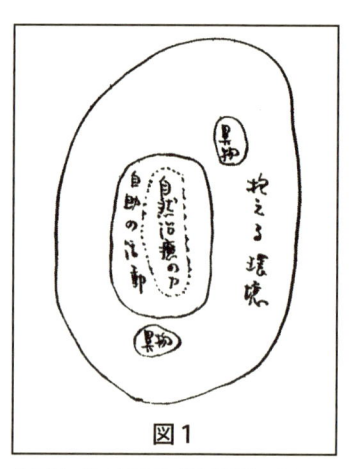

図1

（出典）神田橋篠治『精神療法面接のコツ』岩崎学術出版社、1990, p. 28

その前に、各項目を説明していきます。この"抱え"というのは患者さんが受け入れられていく環境のことを言っているんですね。それから、"異物"というのは治療の行為であったり、治療者であったり、治療のプロセスそのものです。一般常識的に考えると、この異物という言い方自体が妙なのですが、この中身を開いて見ると、実は精神科のお医者さんがやることを医者自ら"異物"と呼んでいるわけです。つまり、治療行為のことを、そう呼んでいるわけです。あるいは治療者の存在を、そう呼んでいるのです。

　序列の中の主体を患者さんに置き、精神科医自らの行為、自らのありようを、その患者にとっては"異物"だというように置いていること自体の発想がなかなかなじみにくいだろうと思います。でも、これをたとえば心理臨床におけるセラピストとクライアントの関係ということに読み替えてみてください。序列の1番目は、クライアント。そして、そのクライアントが受け入れられてる環境が序列としては2番目に大事なんです。そして、序列の最後にくるのは治療そのものの技法であったり治療者の存在なんです。あえて名前をつければ、患者さん、つまり治ろうとする、あるいは治りたいと思う人たちの視点に立つと、まさに"異物"というように置いたほうがいいというわけです。

　治療の主役というのは「病む個体」と神田橋さんは言っています。その病む個体の治療というのは、その人自身に備わっている自然治癒力と、それを支える活動です。いちばん大事なことは、この抱える環境というのは癒す人と患っている人との関係が生み出す安住の環境、居心地のいい環境ですね。それを"抱え"と呼んでいる。しかも、癒す人というのを精神科の医者というふうに同義で置いてないのです。かならずしも、癒す人は精神科の医者とは限らない。配偶者であったり、恋人であったり、親であったり、子どもであったり、友人であったり、そういうことをここに置き換えて見ていくわけです。

日常生活での"抱え"の関係によって癒される

　神田橋さんの言葉のメモをちょっと読んでみると、こういうことを言っています。「われわれ自身の日常生活を振り返って明らかなように、病んでいる人びとはしばしば、実生活のなかで、非専門家による抱えの関係に恵まれるだけで治癒している」この文脈はまだ続きます。そして、それはもっともっと深まっていくのですが、その部分の切り取りを私がしていることは、神田橋さんのこの本の読み取りとしては不適切かもしれないけれども、そう自己認識した上でこのところを伝えたい。要するに、日常生活を振り返ってみると、非専門家による"抱え"の関係に恵まれたときに治されていく、癒されていく。こういうことは、たとえば末期ガンの人の在宅などのような場面で、何とか治ってほしいと思っているのだけれど、よく考えてみたら、その人の戦う姿を通して自分たちの気持ちの中にあるいろいろな思いが正されたり、癒されたりしていくというようなことがしばしば家族の死に伴う思い入れとか記録とかというものの中に、フッと出てくるときがありますね。つまり、一般の人たちの死に直面した家族や当事者の中で、そういうことって起き得ますね。その証になるような手記なり手紙なり日記なりというものを、そんなにむずかしいことではなく発見できるだろうと思います。

　神田橋さんのこの記述を読む限り、専門家がむしろ"異物"として位置づけられるという発想というのに僕はまず驚きを感じますね。精神療法という極めて専門領域の中の深いところに目を向けている１つの著書の中に、その著者である精神科の医者が自らの成り立ち、ありようを"異物"という位置づけをしている。そういうのを僕らは自分でできるかどうかという問題です。教育の現場や保育の中で、教師が子どもを主体にしたときに、嬉々として、自らを"異物"……と言えるかどうか。それは自分が教えてやったんだと、自分の指導によってこの子は育っていったんだ、という発想ではないんですね。むしろそういう思いというものが、自分から治ろうとする意思だとか、あるいは何か物事に取り組もうとする意思にとっ

ては妨げになるということがあり得るだろうと思います。

保育における援助が、主体としての子どもの意図や見通しを妨げることもある

　ぜひ、読んでほしい本があります。津守さんのあまり一般的に知られてない論文ですけれども、「保育における妨げることの考察」という論文です。「山下俊郎古希記念論文集」そういう記念の論文集が出たときに書かれたもので、その論文集のタイトルは『子ども』です。そして、副題は「発達・保育と福祉」となっているものです。玉川大学の出版会から出ていて、今ですと、かれこれ 20 年ぐらい経ってしまっていると思います。つまり、それぐらいの年代のときに津守先生がお書きになった「保育における妨げることの考察」という小さな論文なのですが、とても考えさせられるものでした。それを、神田橋さんの"異物"という表現ともう少しつないで、われわれが考察をしなければいけないのですが、しかし、津守さんのこの「妨げる云々」ということの中に出てきた思いというのは、実は援助あるいは指導ということがしばしば子どもの、まさに主体としての子どもの意図なり、子どもの見通しなりを断ち切ったり、妨げたり、歪めたりしかねない。そういうことさえも自分の思いの中では援助と呼んでいることがあるというような話です。当時まだ、幼稚園教育要領も改訂してない、いわゆる 6 領域論でもって進められてきた幼稚園教育の中で、妨げるということに目をつけている極めてめずらしい論文だと僕は思いました。援助ということは一種、干渉になるということもあるぞということです。それは、だからその隅々まで読み説いてみると、もっといろいろなことを津守さんは論文の中から発信されているだろうと思いますけれど、非常に神田橋さんの仕事と重なるという意味において、津守先生の論文を紹介してみたかったのです。

専門家としての発達

　神田橋さんと津守さんに重なるのは何かというと、対象にする人に対し

て、専門家として、われわれは力をつけなければならないということです。現に、ＦＤという言葉がありますね。"ファカルティ・デベロップメント（faculty development）"という言葉、専門的発達の必要性ということです。専門家を"異物"というふうに位置づけてしまったとき、ファカルティ・デベロップメントというのはどうなるのか。これは矛盾しないと思うのです。つまり、問い詰めて、問い詰めて自分の、たとえば人間理解、児童理解の専門性というのを問い詰めていったら、その延長に自らを"異物"として対象者とかかわるということを発見するというのは、極めてすぐれたファカルティ・デベロップメントの１つの証じゃないかと。あくまでも、自分のノウハウでもって相手を治していくという技量、そのことだけを追っかけていることではなくて、関係の中のイニシアティブというものを子どもであったり、治療する相手であったり、その人自身の治癒力というもの、立ち直っていく力とか、あるいは自分のまわりとのかかわりというものを自ら修正していく力とかにおいていく。しかし、自然治癒力というものを可能性としてもっているものだと病む人の中に見出したとしても、病んでる状況の中では自然治癒力というのは、手をこまねいて出てくるものではない。そこで、その人の中で自ら助けていく活動というものが必要なんです。つまり、自助の活動が。自分自身で立ち直っていく、立ち上がっていく活動をしなければ力を発揮できない。そのときに、この自助の活動というものが病む人と癒す人との間の"抱え関係"ということの中で、自助の活動が生かされてくる。

§6　発達というのはゆらぐこと

そのままを受け入れられ、
　　　　かかわりの中で見届けられていくこと

　神田橋さんの本の内容に戻りますけれども、"抱え"環境ということの中で、たとえば精神的に病んでいる人が病院にくる、そうすると、その病院にくるということでもって、あるいは入院するということによって、ま

だ誰も手を加えてもいない、言ってみれば"異物"という存在の人の手も加わらないうちに入院ということで癒されるということがある。まさに、なぜかよくなってしまうというやつですね。保育や教育の場の中でもしばしばそういうことはあります。「噛みつきがひどいので来てください」と言ってきてから僕の仕事の具合で2か月ぐらいの期間が空いてしまったときに、さあ、申しわけない、でも放っておけないから行こうといって連絡すると、その園の先生は「いや、あのときはぜひ来てほしくて」と言って、少し恨まれた様子で、「すぐ来てくれなかったもんだから、でも実はあの子はなぜかよくなったんです」と応答するいうような話というのは結構あります。年間、相当数の子どもたちのケースの中で、まさに、なぜかよくなるということが実際にしばしばあるんですね。そういうことも含めて考えると、どうも子どもたちが、あるいは病んでいる人が、ここならば自分で自分らしくいられるというのか、自分のままでいられるというのか、そのままでいられるというべきか、そういう状況、それは、誰も無関心だという世界にはないですね。要するにかかわりの中で見届けてくれている状況というか、あるいはそのままでいいんだよということで受け入れられている状況なんです。

保育者が子どもの活動を最大限に発揮できるよう心がける

　神田橋さんのメモの中で「治療はつねに主体の活動を最大限に発揮させるように心がけるのが定石である」と書いてある。精神科の医者をもって、少なくともこういう立場から精神的に病んでいる人たちとかかわりつつ、しかもなおその人のもっている力というものをフルに発揮させることが定石だというような、そういう立場で臨床的に臨んでいるということは、これは精神医学という状況でのある限定された世界だけのことでしょうか。つまり、のっけからそういうものに価値を見出さないという、そういうスタンスをとってしまったら、何もここからメッセージは伝わらない。保育の現場の中で子どもを見ているときに、子どもを何かあるセラピストが来て治していく、たとえば言葉の面だとか、機能的な体の動きの面

だとか、そういう部分部分でもって、いってみればトレーニングに近い形で接触していく。それが非常に有効な意味をもつということはあり得ると思うのですけれども、それを、保育のあり方として、その子どもにかかわるあり方としてそれが前提になるかというと、どうもそうではない。そうではなくて、日常の子ども自身が園生活の中で受け入れられる状況というのは、この神田橋さんの言葉の置き換えというか読み取りというものを通して、「保育者自身がつねに子どもの活動を最大限に発揮できるように心がけることが定石だ」というように、これは読み取れてくる。それは、教育要領が子どもの主体的な活動というものを大事にするということが今言われているから、いかにも何かそれに迎合するように、こういう言葉を切り取ってきて使ってるんだとしたら、それはうさん臭いですよね。でもそうじゃないんだと思うんです。

　落ちつきがなくなってしまう子どもの状況はあるでしょう。あるいは朝の別れ方があんなにさっぱりしてたのに、お母さんが働き出した途端に子どもが登園してくるときに、何でこのごろ妙に後を引くんだろうと、そういう記録をお母さんが書いてるものだって目につくことがある。子どもの状態というのは、直線的によくなっていったり、育っていったりという図柄では、子どもの発達の姿ではないと思うんですね。まさにジグザグ。もっとも身近な大人である保育者たちがそこを痛感しているように、子どもの状態というのは、昨日よかったのにとか、あるいはここのところずっと落ちついていたのに、今日はどういうこと？　というような、そういう日々なんです。それを、むしろ子どものあってはならぬ姿と考えるよりは、ゆらぐ姿として考える。発達というのは、むしろゆらぐことなんだと。

🌿 子どもはゆらぎながら育っていく

　最近、ゲゼルはほとんど読まれなくなっていると思います。発達に関して多くの研究者がゲゼルの研究の仕事の中身のかなりの部分に、発達の研究として意味をもたぬかのような発言をする人が結構多くなってます。あ

§6　発達というのはゆらぐこと　　113

れだけ膨大な子どもたちの行動の形態を読み取った研究者は、それ以後いないです。子どもの発達を行動の形態から読み取った研究者として、他にいるかといったら、僕はいないだろうと思うんです。つまり、発達に関するデベロップメンタル・モノトロジーという、そういうジャンルがあるとすると、今でもゲゼルは第一人者でその地位を誰にも譲ってないというように僕は思います。その発想でゲゼルの中身を読んだときに、非常に学ぶべきことは何かというと、子どもの育ちは大きくゆらぐけれども——ゆらいでいるというのは観念的にゲゼルはそう言っているのではなくて、行動形態を見ながらそう言っています——ゆらぎながら育っていくけれども、その方向は間違ってない。どの子も間違ってない、かならず大きな方向へと子ども自身は育っていくということを言っていて、そこが「発達哲学」と訳されてます。ゲゼルの発達哲学、それは何かというと、子どもの発達というものについて、ゆらいで育っていくということを認めていく発達観というものが、ある意味で非常に「民主的」なのだと言っています。民主的という言葉がそこへ出てきます。自分の手によってできたデータでもって子どもの発達はこうだとか、ある側面の状態像を見て、言ってみれば年齢に伴って、こう変わっていくとかたくなにみてしまったものをゲゼルは「権威的」と呼んでいるんですね。ゲゼルがそう言うからおもしろい。なぜかというと、行動の形態というのは発達の順序性というのが極めて明確に出てくるでしょう？

　たとえば、日本でいえば箸の持ち方というのは、ある形でもってテコのようなもの、あるいはこういうふうに掌を下にしたもち方からなんですね。それから、掌を上にして起こせるような形が出てくる。やがて、そこの親指と人指し指の間に箸を置いて、そして食べられるようになってくるというような、箸の持ち方の研究などというのもゲゼルにヒントを得て山下俊郎先生が行動形態として捉えたものがあります。こういうものというのは極めて一般性、法則性というものが明確に出てくるけれど、そういう研究をしたゲゼルが子どもの発達を捉えるということは、厳密に直線的なものではなくて、ゆらぎつつ育つということを言ってるというところが非

常におもしろいと思うのです。日本ではゲゼルのいろいろな本がほとんど訳されていますけれども、そういうものの中でもやはり子どものゆらいで育っていくということの実際の姿というものが、そういう意味で出てくるのですね。

§7 保　　育 ── 子どものゆらぎを受け入れる場

多様さを受け入れる場

　保育ということの、とくに子どもの園生活の場というものを理解しようとするときに、神田橋さんの考え方を1つ援用してみたかった。従来の教育課程の指導計画の、その時期の4歳児の4月、5月、6月、言ってみればそういう期で分けてというような、それが保育学の確かに大事な援助の体系だと思うのです。だけど、それを支えていく裏側にあるもの、つまりそういう生活の場って、どういう場なんだろうと。あるいはそういう生活の場におけるかかわりって、どういうかかわりなのだろうという、そこを教育の世界、保育の世界で注目しはじめてきた動きの中で、もう一度目を凝らして見たときに"モラトリアム空間"という言葉は非常に魅力的ですね。つまり、乳幼児期の子どもだからこそ、それぞれの生活を背負って移行してきている過程がある。その園になじまないというように、のっけから言ってしまうこと自体が無理です。あるいは3歳児保育のむずかしさというのはそれぞれが育ってきた環境の多様性と同時に、言ってみれば子ども自身の発達の時期としての個の確立、3歳時代の個の確立をしはじめているその多様さというもので、簡単に揃えるということ自体に保育のねらいがあったら、それは大きな間違いだと思います。まさに、"異物"でもって抑えていくということになりかねない。

　それから、精神医学の中で培われてきたものがいかに大事かということで、抱え環境の層構造の図が出てきます。ここではそれを紹介せずにいますが、その中で結局1人の病む主体ということを中心にして、病んでいる主体というものを取り囲む抱え環境の中には、木1本でさえも有効な意味

をもつ、一木一草でさえも抱え環境の中の大きな意味をもつのだということを指摘していますね。まさに、これは幼児教育の中における環境ということの捉え、あるいは生活空間というものを捉えていく視点としては、非常によい示唆に富んでいると言えるのではないかと思います。

子どもがつまずきから立ち直る場

　私自身は神田橋さんの本を読んでから、臨床という視点をもって、もう一度幼児教育、あるいは保育を見てみたいという思いがますます強くなってきていると自分で思います。今日、このあとの時間で、ビデオを使って子どもの育つということに関して、保育者の目の中で育ちということをどう捉えようとしているのか、園生活というものをどんなものとして捉えているのかということをみていきたいと思います。三人三様という言葉があるけれども、3つの園が3つの園ともそれぞれがもってるカラーがあるんですね。ちょっとワンクッションを置いた形で発達のことを考えていくことになるのだけれども、生活の中における子どもが自由に動ける空間というものが、どんなカラーをもっているかということが園によって違うんです。午前中"モラトリアム空間"ということに示唆を受けながら、保育における園生活の空間というものを考えてみようとしたわけだけれども、これを今度は育ちということにもう少し目を向けながら、午後は話をしてみたいと思います。

　僕自身が『保育臨床心理学』という本の中で、それにヒントを得て自分で考え続けたいと思って、園生活がもつ治癒的な意味、癒されるという意味、そのことを考えたことがあります。そして、今も考え続けていますけれども、保育の場というのは子どもが何かで大きくつまずくことが多い。できればそういうつまずきから立ち直る、そういう場であってほしいということですね。子どもがせっかく何か意気に燃えてるものを、立ち上がれなくさせてしまうような環境であってはならない。観念的にそう思っているわけで、"モラトリアム空間"という目で見たときに、園生活というのは非常に治癒的な意味があるような場ではないか、そこを明確にしてみよ

うと思って『保育臨床心理学』という本の中にそういうことを書いたことがあります。

　今日の午後は、第5の柱として「発達を捉える視点」です。ここでは教育産業の現場について私のゼミの卒業生が、早期教育の業界に入り込んだすごいレポートを書いてくれました。強烈でして、僕にその本人がくれたもんですから、「公にいろいろなところで紹介することは迷惑にならないか」と言ったら、「構わない」と言ってくれました。今日それを紹介してみようと思います。
　じゃ、これでちょっとお昼休みに入らせていただきます。

特講5時間目

第5章 発達を捉える視点

§1 保育者の発達観

表現用語の研究における取り組みから

　それでは、5つ目の柱の「発達を捉える視点」ということを話題にしてみたいと思います。ここで言う発達を捉える視点というのは、当然のことですけれども、"保育における発達"を捉える視点という形で目を向けたいということです。

　幼稚園とか保育所の先生たちが子どもの発達の相談をいろいろしてきて、一緒に考えるということがしばしば起きるわけですけれども、そういうことを踏まえていったある時期、僕自身が保育者たちの発達観、あるいは親も含めた発達観というのを調べる手はないかと考えたことがある。保育という学問において、親や保育者の発達観について調べる研究の方法自体、いろいろなアプローチの仕方があるだろうと思っています。

　最近、発達心理学会という学会ができていて、その中で多くの研究者が発表するような資料をその後フォローして、似たようなものがあるとか、

あるいは私たちが考えていたことや思い至ったものを覆すような新しい視点が出てきているということを重ねていきたかったのですけれども、十分そういうところの手を尽くしてません。ですが、閉ざした形で、僕が自分のやったことだけをお話するというのはフェアでないと思うので、そういう延長の中で聞いていただければありがたい。

　私が実践的な研究そのものに巻き込まれるようにして興味をもち始める少し前に、表現用語の研究というのをしばらくやってました。これには多少の説明がいります。僕の学生時代の先輩にあたる人で、人格心理学の領域の仕事をしている青木孝悦という人がいます。今（当時）、千葉大学の教授ですけれども、彼が大学院時代から取り組んでいたものは、まさに人格表現用語です。院生同士で読みあっていたG．W．オールポートという人の人格心理学の『パーソナリティ（Personality: A Psychological Interpretation）』という有名な本がありまして、青木さんはその訳を出しています。この『パーソナリティ』という本には「心理学的解釈」というサブタイトルがついています。1900何年ごろか思い出せないのですが、かなり古い本です。オールポートはアメリカ心理学会の中で、ある時期、心理学会の会長にもなられた方だそうです。

　人格心理学というある意味ではむずかしい領域、つまり、かならずしも臨床的でもない。それから実験的な研究にかならずしも裏づけられているのではなくて、思索的というか、極めて理論的な研究領域です。このオールポートの本を読んでいくと、具体的なケースと向かい合った話になかなか気がつかないというか、われわれに気づかせてもらえなくて、人格というのはこういうように取り上げてきたぞというようなものです。大学院時代にあんな苦しい学習会はなかったですね。ほかの先生の授業は割合気楽にいられたのだけれども、院生同士の研究会というのは、来週までに6ページ訳してこいとか、10ページ訳してこいとか、お互いにノルマを決めてやるのですが、一応全部みんなで訳しました。

　そういう作業をしている中で、オールポートが"パーソナリティ"という言葉について42ぐらいの定義を出している。その"パーソナリティ"

に関する定義は有名なものでして、その後もいろいろなところに引用されるようになっていっています。このオールポートに青木さんが手をつけ始めたときに、行動を表現する言葉、つまりパーソナリティを表現する言葉から出てきて、彼自身のライフワークというか、ドクター論文にもなっています。その青木さんの仕事はダイヤモンド社から『個性表現辞典』というのが出ています。

　青木さんの仕事に仲間として多少おつき合いしていた経験から、保育の中で発達に関して使う言葉を取り上げながら、その中でリストをつくりました。いちばん最初僕らは360の単語を使ったんです。Ｂ４で２枚ぐらいになりました。自分で作業しながらののしりましたね。なんせものすごい量でチェックするわけです。心理学のほうでは折半法という方法で、前半の反応と後半の反応の中に大きな優位差が出てきた場合、この刺激そのものにおける問題性というのがあるから、折半法で出てきた差が出たものは修正しなくてはならない。そういうような実験的な作業をベースにしながら、表現用語の数が360なんて多すぎるということになって、最後に絞ってＢ４、１枚に90語まで絞り込んでいった。そのときに青木さんの『個性表現辞典』は非常に役に立ちました。

　発達というイメージでこういう言葉を使うだろう、たとえば人と一緒にいることが楽しいとか、人が来ると自分が緊張してしまうとか、そういうようなレベルの具体的な項目です。フレーズにはなってなくて、形容詞的なもので表現したものを90語並べているのですが、谷田部・ギルフォードの120項目のようなことをイメージしてくださると大体わかります。要するに発達ということを考えるときに、よくそういう言葉を使うであろう言葉を保育者にチェックしてもらう。１人に１枚ずつ、100人前後の人にチェックしてもらって、その使用頻度というか傾向を分析しながら、因子分析をしていくのですね。

　保育者と親にやってもらったのですが、因子分析で出てきたものをネーミングしてみると、大きく３つ出てきました。発達観というのがこれでわかったとは僕は思いませんが、発達観というものを探り、知る１つの手続

として表現用語で検討した結果出てきた分子が3つあるということです。1つ目は「1人でできる」というくくりです。いろいろな事柄で表現されていますけれども、1人でできるという形にネーミングができるグループ。2つ目は「みんなとできる」あるいは「みんなでできる」。もう1つが「年齢相応にできる」。この子あの子というように、日常子どもたちの育ちを認めていくときに、こういう言葉で私の中で確かに使っている、あるいは、そういう言葉を使って気づいていくというようなものを、100人の先生たちが90語の中から自由にチェックしていきます。その資料を全体的に整理して、その語群の関係を相関から始まってとっていくわけです。それで見ていった結果、因子分析から出てきたものが、3つにネーミングして捉えられたということです。

保育現場での実感から

これは私にとってはおもしろかったです。なぜかというと、いかにも統計的な形をとらなくても、ふだんよく保育者が言っていることは、このあたりによく出てくるからです。親のほうもこのあたりのことを気にしているのです。保育者はこの「みんなとできる」というのを確かに気にしている。親も保育者も「年齢相応にできるかどうか」ということは気にしてよく使う。用語上の傾向に多少の違いはあったけれども、親と保育者というようにくくると、気にすることとしてこういうことが出てきたわけですね。これは発達観というような言葉の中で、みんながイメージしているものとどうずれたり重なったりしているか心配です。だけれども、保育者の使う「子どもの育ち」ということを読み取っていくときの眼差しとして、保育者や親が使う「発達を見る目」としてこれらを見届けてみると、結構おもしろいものがあると思うわけです。

「1人でできる」かどうかというところで、できるというならば評価するだろうし、できないというならば、「1人でできる」ということに対する何らかの手当てをしようとするだろう。「みんなとできない」、これは先生にとってはとても悩むことなのですね。昨日紹介した河邉貴子さんの記録の

冒頭にも、「みんなとできない」というのがとても気になっているという記録が出てくるのですね。そういう自分の目、「みんな」ということ、集団ということを意識しすぎていたのだと。そこが４、５年たって変わっていくのは、河邉さんならではなのだけれども、確かに保育者のある傾向の中に「みんなとできる」というのが出てくる。それをもっと突き詰めた先には「年齢相応」に、４歳なら４歳らしく、３歳なら３歳らしくということが出てくる。

　僕が今まで保育の現場で相談を受けてきた子どもたちは、どちらかというとかかわりのもちにくい子、あるいは心身に何らかの形で障がいをもつ子であったわけです。僕の場合には、そういう子どもたちの問題と接点をもちながら現場に臨むからかもしれないけれども、かなりの程度そういうことが気になるのです。何が気になるかというと、その子たちが、どの子をとってもこの３つが重なって、私は３点セットと呼んでいたのですが、この３点セットで評価されると、かかわりのもちにくさがあり、障がいがあるために、何らかの形でみんなと一緒にできない、あるいは１人でできない、何らかの形で年齢相応にはいかない、という子どもたちが一斉にこの網に引っかかってしまうのです。

　仮に引っかかることは認めたとして、引っかかった子どもたちとどういう保育者が出会って対応はどうしているのか、ここで違ってしまうわけです。この問題は「発達を捉える」という捉え方の問題として現場ではとても大きいわけです。みんなが専門とされる発達臨床の専門領域の中でこれから発達概念についていろいろ触れていくだろうと思いますし、あるスタンスをとって、保育学の中身に目を向けていって構わないのですが、現場の中で起きてくる保育者の思い、つまり子どもの育ちへの思いということの中に、このことは結構色濃く入っているという事実を言っていいのではないかと思います。

🍃 子どもの育ちを見る目の中にある「１人でできる」「みんなとできる」「年齢相応にできる」の根強さ

　こういうもので発達を見る、こういうレベルで発達を捉えるということ

の是非論は、まだまだやっていかなければいけないのだけれども、どうしてこのことが先生たちの育ちを見る目の中に根強いのか。少なくとも、自分の資料の統計処理から出てきたものとして、このことが言えるという意味は何か。たまたま統計的な処理だよ、だけどもこんな結果が出たのだけれど、現場にいる感覚から、あなた方が子どもを見る目の中に、こういう発達の捉え、育ちの捉えがないと否定できるのだろうか、こういうものは結構、根強いのだろうかと、あちこちで保育者に僕自身が聞いてまわっているのです。意識的に聞いてまわると、仮に統計的な結果でなくても、「1人でできる」「みんなとできる」「年齢相応にできる」というのは根強い。

　私の学校では多いのですけれども、今年、大学院生の中に、「順番」ということをテーマにして、その順番が子どもの中にどういう形で取り込まれ、了解可能なものになるのかということと、順番というルールを子どもが生活の中にどのように具体化していくのかという、育ちのプロセスをたどった論文が出たんです。それを読んでみると、「カシテ（貸して）」という言葉とか「ジュンバン（順番）」、カタカナで書いたほうがぴんとくるので、子どもなりの貸し借り、子どもなりの順番という意味でカタカナで表現してみます。僕自身が保育者たちと研究会でやっていた当時は、1歳台で、たとえばよちよちしながら先生に近づいていったときに、そばにあったものをひょいと取っちゃう。「だめなのよ、ジュンバンなのよ」とか「カシテって言ってごらん」とかいうセリフが先生から入っていくわけです。「カシテ」と言えるようになるとか、「ジュンバン」ということがわかるようになるのはもっと先なのだけれども、かかわりの中でこの言葉がわかるかどうか、そこらへんがあいまいな時期から、すでに保育者からはこういうかかわりが入っていくのですね。「カシテ」ということや「ジュンバン」ということは一見「1人で」とか「みんなと」というようなこととつながりにくいかもしれないのですが、たとえばみんなと一緒に生活する中で、これが納得できるものになるとか、あるいは、「カシテ」というやりとりが4、5歳だとどうだというような実態がわかっていると、「年

齢相応には貸し借りはできない」、あるいは、「年齢相応には順番ということがこの子はまだ守れない」というような言い方で、実際に問題が起きてくるのですね。そういうことがあるものですから、日常の子どもたちの育ちを捉えていく中で、「1人」とか「みんな」とか「年齢相応に」というのはとても気にしているということですね。

　今から十数年も前の話だけれども、巡回相談で保育所の先生たちと子どもの育ちについて話し合った後、気になることをワープロでファイルしたものがあるのですが、この記録の中にいくつかこれに関連することが出てきます。たとえばみんなで話し合っている中で、「あまり年齢にとらわれてしまうと、なかなか子どもの姿が見えてこない。たとえばＡ君ならＡ君の姿を見て、もう5歳だという言い方で決めつけてしまうと、あの子はまだ保育者に甘えたい気持ちがものすごく強いのじゃないか、だから、わざと保育者の関心を呼ぶようなことを訪問者の前でやって離れていってしまう。そういう状態を見届けて、だめな子と言う前にこの子はこのところにこだわりがあるから、もう少しそういうところを受けとめていくことから子どもがまわりの友達との関係に興味をもち始めたり、あるいはまわりのものに興味をもち始めたりできるかもしれない」と言うことがあります。私はそういうことを言って話し合いの中に入っていくことが多いのです。明日見てもらうＪ君という子どもと私の場面などはまさにそうです。ビデオを見てもらいながら話をしますけれども、まさに大人の関心をこだわって非常に強く求めている子なのです。それを切ってしまうと、子どもにとっては……。5歳だったらみんなと遊ぶことはできます。どんどんそっちへ仕向けられていく。でもそうではない。それがこの子にとってはむずかしいので、どうしても大人のほうに関心が向いている。そういう話し合いをしますよね。その場でわかってもらったかな、あるいはわかりあえたかなと思うでしょう。

　しかし、たとえばその日、会が終わってわれわれが帰るときに、参加していた先生とちょっと話をしていてふっと緊張関係がとれたとき、Ｊ君の話になると、「あの子は5歳なのに、まだああやって甘えるんだから」と。

「えっ、今日、私その話をしていたはずなんだけれど」と言いたくなるのです。「自分たちが子どもの年齢の問題を超えて、その子がどんな要求をもっているかというのを見つめることは大事だよね」と言った直後に、あの子はまだ年齢相応のことができないという話になるのです。そうするとガーンと落ち込んで、さっきの話は何だったのだろうって非常に虚しくなる。

　そういう虚しいときや意気高揚したときに10行か20行でそのときの印象を書いているのだけど、それを見ると、今日話し合った中にこんなことがあった、年齢相応ということにこだわっていると見えないよ、という話をして、そこでみんなうなずいていたはずだし、確認ができた、具体的な出来事がわかった。でも、雑談の中でまた年齢相応ではないみたいな話が出てくる。このことは相当に具体的なことを通して、繰り返し繰り返し確認していかなくてはならないということがわかった。だから、また保育の現場へ行って話し合うときには、もうあの話はしたのではないかという思いではなくて、事実関係の中から「この子は5歳なのだけれども、5歳ということで赤ちゃんぽいことは卒業していると決められない場面があるよ。たとえば見てみよう」と言って、ビデオを見るとか、そういうことを繰り返していく。

実践者が納得するということ

　「ああ、そうか」って納得してもらわなければ困る。このあたりが研究的な情報をその研究者が認識していくプロセスと違うかもしれませんね。「実践者はわかる」というわかり方は、ある新しい知見を得たという形の情報の文脈の側に新しい味があるのではなくて、情報を自分がキャッチしたときに、自分の側にそれを了解する出来事と自分の気持ちとの合致点がないと了解してもらえない。だから、もし現場に出ている保育者の研究的なことを支えていくということをまわりの人がやるとすれば、そこは大事にしなければいけない。

　つまり、子どもの発達を支えていく、子どもの発達を捉えるということ

を含めてだけれども、発達ということを考えていくときに、どこで実感するか。実践者というのは何をどう実感するのか。そのことがとても大事な大きな問題になると思いますね。言ってみれば、これは暗黙の発達観だと。日常の経験の中から割り出された結果かもしれない、あるいは保育者になってからではなくて、1人でできるか、みんなとできるか、年齢相応にできるかという、幼少期の経験、あるいは自分の経験から割り出した認識の仕方かもしれません。暗黙の発達観に近いのではないかと思っているわけです。

§2 親の発達観

早期知的教育への関心

　臨床の領域の中で、大学3年生ぐらいになるとそろそろ手が届く、あるいは、4年生になれば臨床の技法にいろいろかかわってくる学習が入ってくると思うのですが、そういう学習の中に「ドーマン法」というのが、ある関心の中に入り得るものです。このドーマン法というのは、とくにダウン症候群の子どもたちの認識や発達初期の子どもの学習を支えていくような方法として、しばしば紹介されています。「ドット・メソッド」と言うんですけれども、数を紙の上に点であらわしていて、子どもは数字はわからなくても、それを瞬時に読み取る力があるんだということを、ドーマンさんという人が盛んに述べています。苦手な算数を驚くべきスピードで学習していくみたいなことも述べています。ご本人の写真と見本の紹介が出ているのですが、これはグレン・ドーマンという人の『幼児は算数を学びたがっている』という手合いのものです。

　私がこれをどこで見つけたかというと、そのころ住んでいた浦和の本屋さんで平積みになっていました。普通の本屋さんの本と同じ扱いなんです。ということは、これを買う人は、たとえば発達臨床の学習をこれからやる学生でもないし、学校の先生向けのコーナーでもない。もっと言えば、平積みになっているものを手にするのは一般の親ということです。そ

ういうことを思うと、これがどういう形で手に取られるかというと、ドーマン法を勉強するのではなくて、この文字ですね、「幼児は算数を学びたがっている」、これにひかれて多くの人が手にする。そして中を開けてみると、なんと子どもは極めて早い時期からドット・メソッドによって数字を理解できるんだ、うちの子はと、そこにつながるわけでしょう。こういう手合いのことは平気で起きるわけですね。

　私が非常に心配するのは、ここに「親こそ最高の教師」と書いてあります。最高の教師ではないかもしれないけれども、教師でありたいと望む親はどうするかというと、これを家庭のビデオで使う。同時に平積みにドーマンさんの本が売られているんです。私としてはだんだん腹が立ってくるのです。蹴っ飛ばして何冊か落っことしてみようかとか、心にもないのではなくて心にあることをやってみたくなる。なぜかというと、こういう形のテクニックが入り込んでいくということは、親はこれに合わせて子どもの学習状況みたいなものを子どもと自分との間に構成していくからです。

　そして、できるできないという問題、あるいはなまじっか教養があればという言い方が皮肉っぽく聞こえたら申しわけないけれども、どうすればそういうものを学習する場があるかみたいなことをいち早く探る人も出てくるでしょう。どうなるかというと、親たちは算数というものは極めて早い時期から情報提供したほうがいいのだという、その一点だけをひたすら追い求めるに違いない。子どもが生きている文脈、自分と子どもの関係、それは二の次三の次になる。何が起きてくるかというと、早ければいいという競争時代の中で、じっと我慢するのよとか、今のうちに苦労すれば先で楽だよとか、教訓がいっぱいついた中で、あなたのためなんていうすごいセリフもある。そうやって子どもが極めて早い時期から「それ行け、それ走れ」というような形がここにできてくるということですね。

教育産業からの接触

　私が午前中に予告したように、もっとびっくりさせるようなものがあります。私のゼミの学生がある私立の幼稚園に就職したんです。彼女は非常

に優秀な卒業生で、幼稚園の教師を続けてほしかったのだけれども。ゼミのまとめ役がなかなか上手で、リーダーシップのとれる彼女は幼稚園の現場に行っても、ものの1、2年でいろいろな意味で取り仕切り始めたのです。人気があった。その私立幼稚園でどういうことが起きていたかというと、私立幼稚園の理事長と幼稚園の先生の間に保育の実践のきしみが起きていました。みんな黙っているのですが、彼女は黙っていられない。

そこでみんなの意見を背にして、理事長と個人面談をして改革をしてほしいと言った。内容は非常に抽象的な言い方ですけれども、言ってみればそういうことで理事長談判をした。ところが、ものわかりのいい人ならいいのだけれども、そういう形でいろいろなことをもの申されることに慣れてなかったのでしょうね。つまり教師、保育者は黙って現場にいて、つまらなくなったりおもしろくなくなれば、自分から身を引くものだと、どうやら理事長はそういう発想だったらしい。就職難の時代だから、おまえさんがいなくなっても後任はいくらでも採れるというサイクルが事前に成り立っていたと思うのですね。彼女は、自分の話がうまく受け入れられないし、どうも折り合いがつかないし、結局自分で身を引いてしまいました。

そこから話が始まるのですが、働かなくてはならない。どうするかというときに、たまたまある出版社が人を募集していた。教育系の出版社ならば自分の幼稚園でやってきた免許も活かせるかもしれないと、面接に行った。なかなかの好人物が出てきて、「幼稚園の先生をやっているような人を私たちはほしかった」とにこやかに言われて、うまく転職できるかと思ったのです。彼女も職員研修会に参加したのですが、この教育のメニューがすごいものでして、まず会社の概要というのがあって、目標は1,000億企業だというようなことを言われて、彼女も将来はすごくなるぞと、定年まで働けると思ったそうです。

ところが、その話の中で、教育を中心とした出版ということだけれども、事業テーマ、この企業がやろうとしているテーマというのは幼児、語学、入試の3つだったのです。彼女はちょっとぴんとこない。彼女は出版社だと思っていたのですが、その営業の主たるものは0歳から小学校2年

生までのトータル教育セット、このへんからどうやら本だけではなさそうだということを彼女はわかってきた。教育産業の教育の現状と商品の意義みたいなものをやっていってだんだんわかってきたんです。

彼女に言わせれば営業の人は実によく勉強している。たとえば幼稚園教育要領、学習指導要領は隅々までこなしている。どういうことをするかというと、文部省が幼稚園教育要領の中で数・文字の問題にはとんど手をつけないということは教育要領を見た人ならわかるだろうと。たとえば幼稚園の経験者、「あなた、そうですね」みたいなことをやる。彼女もよく知ってますから、「そのとおりです」というわけですね。だから、わが社は文部省が十分に手だてを尽くしてないところを私たちがやろうと思っているのだというわけですね。よくよく考えてみると、文字教育、数教育をやるということを言っているということに後で気がつくわけです。

そうやって、トータル教育セットの必要性というのを別のプリントで綿々と続けさせられて、3歳児健診までの健診の項目を言えとか、そういうことを全部やらされていくのですね。これが後でわかるんです。1歳半健診や3歳健診の中身、何でこんなものが必要かといったら、お母さんと会ったときの話題づくりに必要だと。予防接種の知識やら何やら一通り学習して、それから先輩がつくのです。先輩というのは現場に行って売ることをやる人です。幼稚園の経験者はお母さんにアタックするのがとても上手だと、妙なのところで幼稚園の免許が使われちゃう。

お母さんたちにどう接するかということでは、3つあるんだそうです。1つはお母さんの置かれている問題や悩みを情報収集をしなさいと、これが営業の役割の第1です。2つ目は、今、小学校の勉強はどうなっているか、それから教室や家庭でなされるべきいろいろな環境づくりに何が必要か、こちらが情報提供をする。それから、親からは今家庭でどういう問題で悩んでいるかを聞く。この次がすごいのですけれども、この出版社の研修の最大のねらいは親を不安がらせようということなのです。いくつかそのやりとりの具体的な例が出ていて、お母さんのころとは今は違うということ、時代が変わったということをきちっと説明する。もう1つは、こう

やってまわっていると、まわりのお母さんたちはこのようにやっているとまわりを紹介する。そうすると驚くほど母親たちの反応、手応えがある。

　そのように同行して先輩の勧誘をそばで学ぶのだそうですが、また宅配のものがすごいですね。さまざまな名前でいろいろな会社からあらゆるものが英語のビデオ、知育玩具などが宅配されている。それから、幼児ルーム。幼児ルームもいわゆる山の手地域だけでどれぐらいあるのかというのを、地図に点をしてあるものを彼女がもっていたんですけれども、そこに入り込もうというわけですが、すごい数でそういう幼児ルームというのができている。僕も彼女から、「教育産業ルポ」などというものをもらわなければ、そういうことに気がつかなかったですね。

　幼稚園の現場、保育所の現場の先生たちも、自分が今向かい合っている親たちが、教育産業の浸透を受けている親だというようにはほとんど認識していないだろう。なぜかというと、自分も同じ地域の幼稚園の先生をしていたときには、親がそういうものと接点をもっているというのはまったく考えられなかった。ところが、これを調べていくと、10人のうち7人までが何らかの形で宅配教材に手を染めていたり、1本目貸しますというやつで、その英語のビデオがホームビデオとして置いてある。そういう実態を幼児教育の現場にいる人たちは知らないけれども、家庭の中にいる親たちにとっては、教育産業からのアタックというものが極めて強いということですね。

　彼女は番外編としてメモをくれたのですが、教材として家庭に渡されているものは、いろいろな宣伝文句があるけれども、そのどれをとっても抵抗があると言うんです。たとえば「たたいても投げても壊れない安全な素材です」と書いてあるけれど、「投げたら壊れるようなものを遊び道具に！」と彼女が書き加えているのです。いちいちそうやって考え出すと、知育関係のものとして盛んに宣伝して売ろうとしていること自体が、子どものためのように言っているけれども、本当は子どものためになっていないのではないかということがいっぱい見えてくるということですね。そういうことを教育産業の中でのぞいてくれたというのは極めて貴重なことだ

と思います。私たちの周辺には早期教育論ということでいろいろな批判がありますよね。でも、早期教育に加担してやってきた企業産業側の思想というか発想というか、そういうものがまったく違うところで動いているということを認識する必要があると思うのです。

§3　保育実践のありようを左右する保育者の発達観

子どもの育ちとは ── 映像やナレーションに表れる保育者の発達観

　時間がなくなってしまうといけないので、ビデオを見てみたいと思います。これも町で売っていたビデオで、ある県の保育所でつくったものです。園名もしっかり出ているし、つくった会社が映像情報センターというところで、市販するためにつくったものです。『光輝く子どもたち』というタイトルになっていて、「保母さんたちの世界」というサブタイトルがついています。どんなものなのかを見てもらったほうがいいと思います。

　⋯⋯ビデオ視聴⋯⋯⋯⋯⋯⋯⋯⋯⋯⋯⋯⋯⋯⋯⋯⋯⋯⋯⋯⋯⋯⋯⋯⋯⋯

　僕が最初にこれを見てびっくりしたのは、今、僕が出入りしている保育所の生活の中にはまったくない、そういう生活の断片と言ったらいいのか、あるいは生活風景が、この園の生活風景として切り取られて、ナレーションできれいにつながっているということです。この保育所の園長はじめ保育者たちにとって、この画像の中に出てくる自分たちの保育の実践と、それをナレーションでかためていっているもの自体について、若干の疑義はあるにしても、大筋において認めているのだろうと思うのです。そうやってもう１回これを見直すと、私が考えている保育所保育、幼稚園でもいいのだけれども、そういうものとまったく異質なものを感じてならないです。

　たとえば言葉がいかに豊かかということ。ナレーションだけを取り出してみても、画像とどうつながるのか。僕にはそれらから「豊か」というものが何もメッセージとして伝わってこないわけです。そういう意味で、映像づくりということだけではなくて、１つの園の日常性をどう切り取って

きて、その中に、今日のこの時間の主題でいうと、子どもの育ちをこういう形でたどっていく、そういう保育観なり発達観があり、こうやって公に出すんだったら、私も園のこういうものを公に紹介しながら批判していいのかなと思う。軽蔑はしません。そういう感情的なものよりも批判しておきたい。子どもの育ちの豊かさって何だろうと。もう1つは、あの保育者の眼差しの強さがたまらないんですね。子どもとかかわって間をとりながら、子どもの反応にこたえていくということは、どこをとっても出てこないわけですね。それが「保母さんたちの世界」なのかよと、またそれを言いたくなる。

　今、ナレーションで言っているようなことは、保育者自身が言うことが多いんだよね。自分たちが実践記録をとる、そしてレポートにする。レポートの最後になるとこのナレーションぽい言葉がしばしば出てくるのです。みんなが保育にどういう接点をもちながら、卒業後に道を開かれるかわからないけれども、こういう学習の場の中で、この範囲の中ででもいいから、ぜひ注目してほしいのは、日常的なことをどのように表現していくかの問題ですね。とくに子どもの育ちをどのように追うかという問題は、どういう言葉を用いてそのことをあらわすかということにも関係がある。このナレーションは保育とは関係のないナレーションだと僕は思わない。この園の先生たちが言葉化すると、あのナレーションになるのだろうと思います。そうすると、ナレーションの中に見えてくる、子どもの育ちへの思いと保育のつながり、つまり実践のつながりというものの中に納得がいかないものがいっぱい出てくるということに気づかざるを得ないのですよ。

　まさにそうだと思うんですね。環境づくりに余念がないというのは同感ですが、どういう環境づくりなんだいというところで発想が違ってくるというか、もの分かれになっていくということだと思う。1つの園の45分間ぐらいの内容で、しかも『光輝く子どもたち』、そして『保母さんたちの世界』、まったく同じタイトルで僕が保育所の子どもの生活風景をつくれと、しかもあのナレーションをそっくりいただいてつくれと言われた

ら、違うものをつくるでしょうね。そのときには保育者の子どもを受け入れていく眼差しをずっと追ってみたい。つまり、これで見る限り、保育現場ってこういうことやっているのかと。

　さっきのビデオに、ある親たちは納得するのでしょうね。ただ遊ばせっ放しではないから、まだましだという見方において。日本人だけかどうかわからないけれども、遊ぶということが学習につながらないという認識というのは驚くほど強いです。そして、親に子どもが遊ぶということの中での読み取りができない人が圧倒的に多いから、何もしないでいるとか、プログラムがあいまいだとか、見てくれのメニューに完全に惑わされている。残念なことに高学歴になるほどそういう影響が強いということがある。そういう点で逆だと思うんですね。高学歴にあまりこだわりたくないけれども、専門的に考える力を身につけてきた親たちが、これにダウトをかけてくればいいのですが、そうではないのですね。自分たちのステータスを獲得するにはこういうステップが有効だという妄信に近いものをもっているのです。

　さっきの「教育産業ルポ」のような教材がまだ商売として成り立つというのは、それに対するニードがあるから、もっと恐いことはそういう発達観があるからだと思う。早くいろいろなことを教えればいいのだと。そして、学習というのはこういう形での詰め込みがいいのだと。これは妄信に近いというか信念に近い。このナレーションを最初から書き取ってみると、最初のころには「大脳生理学はそういうことを裏づけている」と言うんです。どこの大脳生理学なんだろうなと思うのですけれども、ある部分だけを切り取ってきて、都合のいいように構築してしまうというパターンです。みなさんに間違った情報を与えてはいけないのだけれども、ある意味でこういう形というのはそんなに多くない。しかし、ここまではいかないけれども、これに近いものは相当あります。それが恐いんです。つまり、そのアクセントの違いはあるけれど、方向性において共通項がある保育者たちに、そういうことが起きかねない。

§3　保育実践のありようを左右する保育者の発達観　133

🍃 保育者の発達観は子どもの行動の捉え、保育環境の認識に影響する

　私のところの卒業生が幼稚園の副園長をしているのですが、その幼稚園でつくった映像をちょっと見てみたいと思います。これも1年間の記録でして、このビデオは、さっきの手合いとは別に、売ってもうけるのではなくて、1年間撮って卒園児に贈るビデオです。たまたまつくるたびにくれるので、今日はその一部で、『響け、トンカチの音』というものです。ある私立幼稚園の一風景だと思って見てください。途中からぱっと映します。

　ビデオ視聴

　Eちゃんという子が出てきて、かなり手荒そうだけれども、クラスの女の子の友達の中に、一生懸命この子を迎え入れようとしている。友達になれないのだから頑張ってやろうみたいな、かなりシビアなことを言ってます。そういうことを言っていながら、そばに近づいてきた男の子が順番を待てず乗り込もうとすると、今、Eちゃんがやろうとしているのだからとガードしたりする。何回か見ていると、子ども仲間のそういう動きが見えてきます。この場面の中に大人の男性の声が入ってますが、ここの園長です。園長さんがもっとも大事にしているのは、子どもたちがフルに園庭を活用しての、造形的な表現にあらわれるのだけれども、そういうことをずーっと年間通してしています。電線を巻いているコイルのようなものは、もらってきてはこの園に置いてあるもので、ままごとの台にしたり、今みたいにジャンプするようなものにしてます。

　子どもの365日、私たちの園、この子たちの園生活の思い出という形で綴ろうとしているじゃないですか。そうすると、さっきの園がどういう意図にせよ、それぞれがわが園の子どもたちの保育の実践というものを組み立てた発想には、質的に違う目がある。子どもの育ちを見る目の違いと言うべきかもしれない。

　そうやって、数限りなくある幼稚園、数限りなくある保育所、十把一絡

げになり得る共通点があるかのように見えるけれども、実際にはそのときの保育者集団の思いとか、子どものもっている集団の特徴というのは、毎年違う。時期、時期によっても違う。そういう独自性というか、1回限りのある断面を集めてきて、この子たちの園生活だったのだ、この子たちの育ちだったのだということを表現しようとするわけです。その共通点よりも独自性のほうが印象として出てきます。こうやってビデオで1年間撮ったものは、記録だけではなく、映像として残そうというものが結構あって、僕のところにも5本か6本、幼稚園や保育所の実態が集まってくるのです。そうすると、いかに園がそれぞれ違うかということを感じますね。

このビデオで見逃せないというか聞き逃せないのは、「大人の見えないところで子どもって育つものだ」というセリフをここに入れていることです。さっきのように大上段に振りかざしての、子どもはいかに豊かに育つかというようなセリフと、私はどうしても対比的に見てしまいます。同じ幼児期の子どもが育つ環境でありながら、それぞれ違った形で園生活を味わっていくわけでしょう。それは別な言い方をすれば、子どもの育ちの違い、環境の違いになるわけです。それが保育者の発達観の差によってかなり影響されるということが言えるのではないか。研究者の影響力というのはそういう形ではないかもしれないけれども、保育者の発達観というのはすごく影響します。1つは子どもの行動の捉えに影響する。もう1つは環境の認識に影響するのですね。あえて分ければ。そういうことを通して子どもの発達を捉えるということには考えさせられることがいっぱい出てくるのですね。

ナレーションはないけれどメッセージがある
―― ビデオで綴る子どもの育ちや園生活の日常を見届けてみる

もう1つ、平井信義さんという私の大学の同僚で、今は名誉教授になられて、今もずっとある県に入り込んでいる先生ですが、その先生と一緒に入り込んでいた保育所が公開保育のために1年間を記録に撮ったものです。この園生活をちょっと見てください。これも途中から映します。

§3　保育実践のありようを左右する保育者の発達観　135

・:・:・:・ ビデオ視聴 ・:・

　これは3、4年前かな、92年と書いてあったかしら、雪の多い地域で今年は2メートルということですので、雪は軒先まできますよね。屋根の上に積もっているものも落ちるわけだから、保育所のまわりは雪で覆われて園の中は真っ暗になってしまうんです。雪の中からかき分けて出るような状態です。いちばん少ない時期でも、僕が行ったときに子どもが何かを渡って歩いている。何を渡っていたのかと思ったらブランコの上の支柱だった。そういうことはよくあることです。ここでギョッとするのは、雪の玉を50個、100個とつくるんです。なんでそんなに力を注ぐのだと思うのだけれども、朝来るともう雪玉を押して歩いている子どもがいっぱいいる。保育者も黙々と押します。北国はラグビーが強いわけですね。そういうのが遊びになっています。

　たまたま今はこの場面を見たけれども、春先はすごく花がきれいです。僕は春は知らないのだけれども、冬と秋は1週間ずつ滞在して、子どもの問題を一緒に考え合う。これは次の年の別の保育所の風景ですけれども、1年間ほとんど自然の中、別の言い方をすれば保育所の中を撮ってないのではないかと思うくらいに、外にいる子どもの風景を1年間撮っている。そしてナレーションもない。その分だけ、先生がじーっとカメラを構えて、子どもの遊びの場面を撮っているのですよね。そうするとナレーションはないけれども、メッセージがあるのですね。ここに育つ子どもたちの育ちを見つめる目というのは、自然の中で子どもが自分からその時期その時期に合わせた遊びをしながら、知恵をつけていくということを見届けている姿が見えてくる。保育者は寡黙で、あまり話をしません。飲めば結構愉快な保育者たちだけれども、そんなに口が達者ではない。だけども、子どもへの思いというのは、さっきのナレーションの見事なものに負けないぐらい、しっかりあるのですね。

　こうやっていろいろな地域のいろいろな保育の撮り方の中にあらわれてくる、育ちの捉えというのは結構おもしろいですね。映像というものを、保育の中で素材としてどのように評価していくか、考えていくかというこ

とにはまだまだ検討される価値があるし、検討しなければならないだろうと思います。ビデオを撮っている園はとても多いですから、ビデオで綴る子どもの育ちのあり方とか、園生活の日常のあり方を見届けてみるということは、とてもおもしろいことだと思います。

§4　個体能力的な発達の捉え方

かかわりの中で子どもの育ちを実感すること

　もう少しお話しておきたいことがあります。それはどういうことかというと、さっきお話したように、保育の現場の中で実践というレベルで考えたときに、そこで子どもの育ちということを見届けていかなくてはならない。これは保育者の大事な役割です。それは従来の発達心理学の研究、あるいは、その歴史の中で積み重ねられてきたいろいろな発達に関する情報を十分吸収しながら、子ども理解ということを進めていくという意味があると思うのだけれども、同時に外側から入ってきた発達の捉えで子どもを見るということと、同等かそれ以上に子どもとかかわる中で子どもの育ちを実感するという立場にも保育者の大事な役割があるのです。

　子どもとかかわりながら、子どもの育ちというものを実感しているというのは、ある意味では実践をする者の特徴だと思うのです。そういうことが出てくると、さっき言ったように「1人で」「みんなで」「年齢相応に」ということにこだわる傾向が強いとは言いながら、もう一面ではそういう発達観というものが、内面の深いところにある子どもを捉えていく眼差しによってどこかで覆されたり、その枠組みで見ることをやめようという動きになったりするのですね。このことがどういう形で子どもの園生活の中での育ちを、評価したり見届けたりすることになるのだろうかということに目を向けていかなくてはならないだろうと思います。

🍃 身辺自立とは ── 人の生活に参加していく楽しさであるはずのもの

　たとえば身のまわりのことに子どもを仕向けていくと、確かに子どもは身のまわりのことができるようになる。私がいちばん印象深いのは、私が施設にいたときAという乳児院とBという乳児院から、子どもが措置変更されてきたときのことです。つまり、乳児院からもう１つの福祉施設に変更してくる。職員が連れてくるときに、Aという乳児院はすっかりおむつがとれるような状況で、身のまわりのことはほとんど介助なしで大丈夫だと言って幼児施設にくる。そうすると保育者はとても喜ぶわけです。手がかからないから。Bという乳児院から来る子どもたちはまだおむつがとれてない。しっかりと腰のまわりが分厚くなるようなおむつをつけて職員が連れてきます。

　Bという乳児院の子どもを受け入れると、よく泣くし、すねるし、なかなか先生になつかない。保育者になつかない。そうすると、受ける側の感覚は妙なもので、すんなり入る子どもをよしとする傾向が強くなるのですね。これはどうしようもない感覚なのかもしれない。一緒に暮らすという感覚が強いときに、そこのところは距離が置けなくなりかねないですね。そうすると、Aという乳児院の子どもたちはすごくラクでいい。Bという乳児院は子どもたち一人ひとりがまだ身のまわりのこともできないで幼児施設に来ると、これは施設批判にもなりかねないのです。

　ところが、入ってからの子どもの状態の記録を見てみたり、保育者自身の実感でわかることだけれども、結構甘えることができたり、人とのつながりを強く求めたりする気持ちが強いのは、Bという乳児院からきた子どもたちなのです。つまり、おむつを急いでとる、よその施設に行くまでに強引にとろうということではなくて、この子たちとのつきあいの中ではおむつはずしは残ってしまった。おむつの早いか遅いかの是非論ではなくて、Aという園の子どもとBという園の子どもの、個別の育ちということで、できる部分とできない部分というように対比してみると、Aの子どもたちは身のまわりのことはよくできるけれども、最初に施設のことで書いたよ

うに、感動するとか、泣いたり、笑ったり、悲しんだりという、感情表現があまり豊かではない。

　これに保育者が気づき始めたわけです。そういうことがわかってくると、見え方が変わってくるのです。乳児院から来る子どもは身のまわりのことがちゃんとでき、それで受ける側はスムーズにいくのだというように受け止めること自体が問題なのだと。子どもの育ちということは、施設の措置のために、身のまわりのことができるというようにしつけることだけを急いでしまうと、ゴムマリの片一方を握ったように、もう1つの子どもの人間的なコミュニケーションの面でのエモーショナル（情緒的）な問題がないがしろにされてしまうことが起きかねない。そういうことに気がつき始めて、発達初期の施設は大変だなと思いました。というのは、身辺自立というのは人の生活に参加していくことの楽しさでなくてはならなかったからです。

　ところがこれを急いでしまうと人との関係というのはかならずしもいいわけではないわけですから、身のまわりのことができる分だけ感情的な部分を人間関係の中で育ててこないと言えるかもしれない。その意味で身辺自立ということが人の生活への意欲的参加だと考えるとすると、人の関係をないがしろにして自立するというのは妙な話なんですよね。これは乳児院の子どもの実態論ではなくて、発達初期の子どもの自立という意味を考えたときに、家庭であれ施設であれ共通する問題ではないかと思えるようになってきたわけです。自立ということは、人間関係の中で起きることだけれども、お母さんが本当にその子どもを好きだったり、保育者と子どもの関係がとてもいいときは、自立という意味合いがぎくしゃくしている関係の中でつくられていくものとは全然違うというように見えますね。

自立は孤立ではない

　ダウン症の子がパジャマのボタンをはめたりはずしたりする場面だけを撮り続けている保育所の先生のビデオが送られてきたのです。男性の保育者なんですが、彼のクラスのFちゃんという女の子を撮り続けているので

す。ボタンを指で運んできてとめるという何でもないその子の場面、お昼寝するとき、あるいは起きてきたときの場面、どっちでもそれがうまくいかない。やっとボタンがのぞいてきたかなと思うと、それをつまむことがなかなかできないで、ため息をついているのです。そしてもう1回トライする。そういうところを叱咤してもしようがないし、そばにいて手をかけてボタンをはめてやるということもあり得るだろう。これだけ長い時間かけてこの子がボタンをはめなくてはならないほど、放っておいていいかという問題も起きてくるだろう。そのボタンと格闘する場面を見ていると、僕も含めて、見ている側で動く気持ちというのはいろいろなことが起きてくるのですね。

　子どもが1人で身のまわりのことができるようになっていくということで、人間関係が大好きになっていかないと困るわけです。自立というのは決して孤立じゃないはずだということですね。そういう道筋で人を嫌いになりながら身辺自立していくほど悲しいものはない。だから、Aという乳児院の子どもたちが、人とのかかわりへの積極的な自己表現を抑えて自立してきたということになるとすれば、子どもの育ちのステップとして、その段階でのチェック、できるという状態をクリアしたとしても、みんなと一緒にいる楽しさ、人が大好きになることにはならない。

保育者に根強い個体能力的な発達観

　僕の言い方をすると、人を好きになるということは幼児期のとても大事な課題だと思うのです。そういうことが二の次三の次になってくることが家庭生活でも起きたときに、身のまわりのことはできるけれども、人を嫌いになるということは、子どもが自立していく道筋においてはとても大きなハンディを目の前に置くようなものではないでしょうか。

　従来日本では、子どもの育ちということの中で生活習慣の自立が取り上げられてきました。先に紹介した山下俊郎さんの「古希記念論文集」というのがありまして、山下さんは僕の学生時代の恩師なのですが、山下先生の仕事の中に、生活習慣の自立の標準的なリストがあるんです。いつごろ

つくったものかちょっと忘れちゃったけれども、これがあまり時代差というものなく、その後、西本さんという人が再チェックをして、発達の診断というのをしているのですが、おおよそにおいて子どもの中にあまり変化はない。ただ、項目的に文化的な変化は、たとえば下駄のひもはどうのこうのとかいうような、現在の項目として妥当性を欠いてしまうようなものは出てきますが、大筋において生活習慣の自立というのは、子どもの成熟というものに大きく影響されている。この自立の問題は、幼稚園や保育所の先生たちの保育の中で、とても早くから自立表みたいなものが、発達を捉えるメルクマール、目安として使われることが多いです。

かつてお茶の水女子大学にいらした津守真先生が、「日本の保育者はどうしてこのことにこだわるのかな」と言っておられたことを思い出します。たとえばドイツでいえばキンダーガルテンの子どもの育ちの問題の中に、これは最初からそんなに前面に出されていない。あるいはもっと前のキンダーターゲスシュテッテルという、3歳未満の子どもたちのデイケアの施設がありますが、そういうところを見てもそれは出てこない。つまり、日本の保育者が、集団の中で育っていく子どもの発達観の中に、これをでーんと置いてしまっているのですね。しかも一見すると年齢的な標準に合わせて、どのぐらいのことがどういう具合にできるかということに裏づけられるものですから、いかにも科学的なデータのような形で出てくる。

僕が言いたいことは、保育学において、あるいは保育実践において、子どもの育ちというものを捉えていくときに忘れていけないのは、ここのつながりなんです。生活習慣を身につけていくときに、人の生活に参加していく楽しさをそぎ落として自立していくというのは辛い、あるいはあまりにも悲しい自立ですね。現に保育所でも身のまわりのことをビシバシやられてくるために、人の関係がとてもぎこちない子どもが決して少なくない。これは取っかえ引っかえの問題ではないはずです。そのあたりのことを見届けてみると、子どもの周囲にいる大人たち、保育者、教師たちの子どもの育ちを捉える眼差しの中に、一人ひとりの子どもが力をつけていく

こと、発達というのは個体の能力がいかに獲得されていくかということが重要だという発達観が強烈に強いのではないでしょうか。

§5　子どもの生活世界に目を向けた発達の捉え方

その人の生きている具体層に迫る

　浜田寿美男さんという発達心理学者がいまして、みなさんもよくご存じだと思うけれども、おもしろい本を書いています。いろいろな本が出ています。もちろんハーロウのもそうですし、ワロンの訳も出しておられるし、浜田さんの発達心理学におけるいろいろな業績に僕らは教えられることが随分多いです。『「私」というもののなりたち』とか、『子どもの生活世界のはじまり』という障がい児の研究ですね。年代的な順序はあまり意識せずに思いついたものを言ったのですが、『子どもの生活世界のはじまり』という本は大分以前に書かれたものです。最近ミネルヴァ書房という出版社から、『発達心理学再考のための序説』とか、『「私」というもののなりたち』であるとか、『個立の風景』とか、たて続けに出されています。あえてこういう独特の表現を使っておられますが、とくに『個立の風景』を読んでいたときに、今日紹介したいと思ったところがあります。僕が『保育心理学』の中で、自分の書いた本の中にも引用させてもらった箇所です。

　浜田さんはさっき言った個体能力というものを批判していて、つまり一人ひとりの能力に目をつけた発達の捉え方は納得できない、そうでない発達、もっと違う発達観を考えられないかということを考えていますね。浜田さんの考えでベースになっているのは、子どもの生活世界に立った発達というものの捉え直しをしようということです。この影響力はすごいものです。発達を個体能力の次元で見続けていく従来の発達観をやめないか、その子の生活世界に目を向けた発達という捉えがあっていいはずだというのです。浜田さんの発言や提案で、観念的なものではなくて実証的に可能なもの、あるいは、そういう切り口から見える発達の意味深さにいろいろ

な人が気がつき始めて、個体能力的な発達の見方から、生活世界に目を向けて発達を捉えていくというところに大分関心をもち始めていることは事実です。

浜田さんの『個立の風景』の164〜166ページを引用させてもらってますが、私の編集した本『保育心理学Ⅰ』で浜田さんを紹介している部分があります。浜田寿美男は人の生活世界に注目し続ける発達心理学の研究者ですが、発達という従来の研究が生活の具体層に眼差しをまだ向けきれてないんじゃないかという反省、あるいは批判をしています。つまり、単純にここからこれへシフトするということを言ってはいないのです。これが発達を考えていく上で大きなブレーキになったり、歪めているという事実に注目して、そうじゃなくてその人の生きている世界を取り上げていこうと。

みんなが勉強していく範囲に接点があるかどうかわかりませんが、現象学ということで捉えていく研究者たちは、この生活世界ということを使って考えようとしてますし、認知心理学の研究者たちも、認知というプロセスが頭の中における微細な中枢神経の作用と考えるよりも、文化とか社会、もっと言えばその人の生きている現実をコンテクストにおいて捉えようということは強いですね。そのことと同じじゃないかと思うのです。

共同的な世界から個の世界がつくられていく

そういう意味でいうと、浜田さんの発達心理学の研究、発達研究というのは、その人の生きている生活の具体層に迫りきれていないと簡単にシフトできないことを前提に考えながら、こういうことを言ってます。

人の生は無力さから始まる。つまり、有力とか有能さから始まるのではなくて、人の生はその無力さから始まる。それゆえ人の生は個的に始まるのではなく、生まれたときからという意味でしょうね、人の生は共同的に始まるのだ。そして、共同的な形で形成される世界の中から、最初そうやって生まれた後から後発的に、個の世界がつくられ始める。最初に個で、だんだん共同になっていくという眼差しではなくて、最初無力である

がゆえに共同的なところから子どもの生が始まり、その共同的な中で子どもは個的な世界をつくっていく。そして、個的な力が問題となってくるのであって、この逆ではないのだと言っています。そして、個体のもつ力に着目していく心理学的な発想というのは、人間のもろもろの行為の端緒というか原点を、ことごとく個体の力やメカニズムに還元して説明しようとしてきたと。そうだと思うんですね。

　僕が学んできた心理学の領域で言うと、まさにそのとおりです。従来の心理学というのは、人間の諸行為の発端を個体の力とそのメカニズムに還元しようとしてきた。だけど、浜田さんの言おうとするのは、むしろ個体の無力さから始めている、あるいは個体の力の限界に着目した発想で育ちを見つめていくと、人の行為というものが共同的な意味のからまりから始まるということですね。人の行為というのはことごとく共同的な意味のからまりとして描かれている。そこで浜田さんは、個体能力論的な発達の発想に対して、生活世界論の発想によって立ち、そこで発達の意味を考え続けていきたいと言っている。途中を略しますが、次にはこういうようなことを言っています。ただ、残念ながら私たちはまだ力やメカニズムにかかわる心理学にかえて、生活世界そのものを捉える心理学を構想し得ていない。それは単に心理学者の目が曇っていたからではなくて、それ以上に私たちの生きているこの世の中自体が、力とかメカニズムを焦点化して、生活の具体層に目を向けるということをさせてくれていないのだと。

🍃 保育において必要なのは、生活の具体層から子どもの育ちを考えていくこと

　これは保育の中における発達を捉える眼差しにとって極めて貴重な提言だと思うのです。なぜかというと、保育者というのは、子どもと日々のディテールというか、非常に具体的なところで子どもとかかわり、非常に具体的なやりとりを通して子どもの生き方に責任をもつ存在ですよね。

　つまり、保育という実践研究における発達論というのは、従来のような生活習慣1つとっても、個体能力的な捉えで見てきた。加齢に従って何が

できるようになっていくと、何ら迷うことなくそこに目を向けてきたのだけれども、そうではなくて、今ここで子どもと私が生活している、今ここという場の中の世界、つまり生活の具体層に目を向けて、そこから人の育ちということを考えていく。そういう発達観を構築していかなければならないのではないかということですね。そういうことができるようになったということではなくて、そういうことが必要だと言ってます。

　ドーマンの本が平積みで買われていく過程とか、あるいはさっきビデオで象徴的に見てもらったのだけれども、ある地域の保育所の先生たちが、これは科学的に根拠があると盛んに言いながら、息の詰まるような保育者のたたみかけるようなかかわり方で綴った保育。かたや、のんびりと子どもは大人の目の届かないところで育つ、そういう捉えを保育の中身として考えようとしている保育現場がある。あるいは、ナレーション、つまり何ら体系的な意味づけさえ必要としないで、大自然の中で子どもが育つ、私たちもそうやって育ってきたという、ナレーションなしのビデオもある。

　こうやっていろいろなものを表現してみることによって、意識しないけれども、そこに組み立てられてくる子どもの捉えなり、日常の捉えというのが実はあるわけです。論文というのはそれがカモフラージュされて見えないかもしれない。言葉の綾だから。しかし、映像というのは正直なものですから、ナレーションという言葉でもって綴ろうとすると、映像からぼろぼろといろいろな実態が見えてきてしまう。"百聞は一見にしかず"などという言葉をここで言うと陳腐ですけれども、そういう感じがしないでもないですね。

現在の保育現場における発達概念は"借り物"

　今日は、「発達を捉える視点」ということを保育の中でどう考えているのかというのを、もっと中身に入って言いたいですけれども、保育の現場における発達概念というのは、今この段階の中間的な僕の評価で言えば、まだ"借り物"だと言っておきたいのです。何の借り物かというと、過去の発達心理学等々による発達概念に迷うことなく寄って立ってしまってい

る。浜田さんがおっしゃるような生活の具体層に立った、その子にとっての生活世界を見届ける観念というものは、実は保育者の側から言うべきことであって、研究者から言われて気がつくようなものであってはならないのだけれども、残念ながら研究者と対等に議論できる保育者の養成がまだ十分いってないのだろうと思うのですね。

だから、ステータス的に言ってしまうと、研究者がおのずと上になり、実践者がおのずと下になるというような構図が、世の中の人の暗黙の前提になっているのではないですか。そういう問題と、保育の中における発達概念というものとが、別個のことではないと僕は思うのです。人間が育つということ、人間がある種の成長をするということの意味を何で測るのかということですね。職業ステータスみたいなものがまだまだたっぷりと、個体能力観に基づいてステータスは決まっています。これを打破しなくてはならないのですが、打破するエネルギーが高等教育の中にはもうないのですね。よっぽど気をつけていかないとない。実践者の中から立ち上げなくてはならない。世の中における人の育ちということのいちばんベースにある、大きな歪みをどこかで変えていく操作は必要だろうと思いますね。

§6 保育における発達段階とは何か

保育実践の中で子どもの発達段階をどう理解していくか

これは提案なのですが、みんなにぜひ考えてほしいのは、発達心理の学会でもそれに近いタイトルのシンポジウムか、ラウンドテーブルがあると聞いているのだけれども、発達段階って何だということです。保育における発達段階とは何かということで、ことこどく、前提は保育です。保育において発達段階とは何か。これも、発達段階という心理学の中にある用語をもってきて、発達段階というのはこうなんだと言われても、少なくともそれは僕には通じない。心理学の中から出てきた、あるいは発達研究の中から出てきた、すぐれた研究成果だから、当たらないという意味ではないです。

僕が知りたいのは、保育の実践の中で子どもの発達段階はどう見えるのか、子どもの発達段階をどう理解していくのか、その段階ということが何を意味することなのか、なのです。暗示されていると思うのですが、個体能力的に見た発達段階だったらどうなるか。浜田さんの探っている生活の具体層にのっとった、生活世界に目を向けた発達段階というのはどういう概念になるのか。そういう問いだけでも非常にテーマ性がありますよね。僕はそこまでは気がついているのだけれども、それを実践の中でエピソードに戻りながら、それを確かめ、自分の言葉にすることはまだできていません。だけど、みんなにはこれは問いとして言えると思う。なぜかというと、みんなの専門分野でも発達段階という言葉は、そんなに無関心ではいられない言葉だと思うから。僕のように保育という実践の側から声を発してみて、だれかが受けとめてくれて、発達臨床の中における発達段階の概念とどうずれるのか、どこがどう現場とつながるのか、そういうテーマとして受けとめてほしい。

発達段階は"ステップ"か"ステージ"か

　そこで、このことをもうちょっと言っておきたいのですが、僕がこのことに気がついたのはテレビのおかげなんです。衛星放送をなにげなくつけたとき、アメリカの教育問題を紹介している番組をやっていたのです。いろいろなことがありまして、たとえば今年この地域でいちばんすぐれた教師を選ぶというようなシビアなことやるのです。だれが選ぶのかということもありますけどね。それが教育現場の人に納得できるナンバーワンなのかどうかというのもよくわからないけれども、そういう妙なことをやる。教師というのが社会的な話題の中に位置づけられるというのもおもしろかったですけれども、その延長で障がい児がキャンプをやっている場面が出てきたんです。50代か60代の男性の教師が障がい児を連れてキャンプ場にきて、子どもたちと生活をするプログラムのことを話しているときに、彼が「果してここでの生活が、彼らのデベロップメンタル・ステージ (developmental stage) として意味があるかどうか」という言い方をしたの

です。「この子たちに提供しているキャンプの生活が、この子たちのデベロップメンタル・ステージとして意味があるかどうか」、そういう言い方をしているのが聞き取れたのです。デベロップメンタル・ステージというのは発達段階ですね、辞書を引いてくださればわかりますが、発達段階ということに関しては、それぞれに固有な特質をもつということにおいて区切りをなしていくのだと、そういったニュアンスのことがどの文献を見ても出てきます。

　よく出る例が、エリック・エリクソンの８段階説みたいなものですね。そのときアメリカの障がい児の担当者の先生がどういう意味で言ったかということをあとで考えたら、僕には正確に伝わってないのだけれども、はっきりとわかったのは「段階」とは訳せなかったということです。「何？ ステージって」と僕の心の中では凍りついたというのが本当ですね。デベロップメンタル・ステージと横文字でそのまま流したときに、そのステージというイメージは段階というイメージとどう違うのかと思ったのです。発達段階というのは、ステップなんだろうか、ステージなんだろうか。ステップだとすればどうなんだ、ステージだとすればどうなんだと。ここは僕は整理してないんです。これは２つ目の話題になるかもしれない。

　さっきの１つ目で言った個体能力と生活世界という浜田さんの理論、これもみんなに投げかけてみたい。投げかけられても困ると思ったら放っといてください。でもどこかで考えるチャンスをつくってほしい。そしてみんなによくあるだろうと思われ、とくにみんなでやれば逆に危険かなと思うのは、いろいろな研究者の発達段階についての知見を文献研究としてやみくもに集めるだろうことです。そういう才能も能力もみんなにあるから。そうすると、発達の段階ということについて、固有の何かというのは頭でわかるけれども、子どもの生活の具体層というのはもしかしたらそこには何もない。でも、保育というのは実践の中で考えるわけですから、生活の具体層から離れない。

　このキャンプがこの子たちのデベロップメンタル・ステージとして意味があるかという問いをまったくそのまま、僕が保育の中で子どもたちのこ

とを保育者と一緒に考えているときに、今日この園生活がこの子たちのデベロップメンタル・ステージとして意味があるかという問いと置き換えても不自然ではないのですね。そうすると、段階というよりはステージなのです。ステージだったら、ドラマ化できる。登場人物がいて、背景があって、そこのシーンには何が再現されるのか。一種のドラマツルギーでやれば、演出でステージというものを考えることはできます。だから、この節目、この節目、そのステップ一つひとつに名称があって、この時期はたとえば前操作期であるとか、具体的な操作期であるとか、あるいは論理的な操作期であるとか。たとえばピアジェのものでもいい、何でもいい、そこにもち込んでくるとそれぞれが独特の世界なんだと。違うことを言っているのではないのかもしれない、ステップということであろうと、ステージであろうと意味は同じということになるかもしれない。

　でも、僕は同じではないと言いたいのです。何が違うかというと、名称で踏んで独自性をあげていくということは、結局それはステップでしかない。僕が知りたいのは、名称のその1つがどういう世界かということなんです。保育者がやらなくてはならないことは、もちろんステップで見通しをもつことも大事だろう。だから、デベロップメンタル・ステージが段階だということも了解していいのだと思うんですが、もしかしたら今日こうやっている子どもたちの生活の一つひとつの活動なり、日々の暮らしが、子どもの育ちのステージなのだということです。育ちのステージというならば、そこに置かれている大道具、小道具、登場人物にはだれが出てきて、主人公はだれで、どんなストーリーがそこに展開されるのかというようなことが言えるわけですよね。

　段階と言ってしまうとそういうイメージは出てこない。非常に整理されたこの時期の特徴、しかもそれは生活とあまり関係なく、その発達の様態の中で切り取った項目で言えますよね。僕はそうじゃないとは言えるのだけれども、疑問のまま今いる。よくわからない。わからないけれども、捨てたくない問題で、すごく魅力のあることだと自分で思い込んでいますから、発達のステージという言い方で実践を見直してみたい。保育実践から

捉える発達段階は、ステップとして捉えるよりも、ステージとして捉えて、そこのところをていねいに見届けてみることができないだろうか。そのためには浜田さんのように理論的に発達を捉えていく研究者が、一方では生活の具体層に寄って立ちながら、生活世界から発達を捉えていく、そういう論をどんどん展開してもらいたい。

浜田さんの生活世界の手さぐりは障がい児の育ちでとってますね。千葉県で発達に遅れのある子が殺人容疑で逮捕されるという事件が起きまして、その子が殺したことになっている。それに対して浜田さんは弁護人を引き受けて、この子が殺人をするのは無理だということをきちっと伝えたいということで、被告席に座った男の子の弁護をしていまして、それが本になってます。『ほんとうは僕殺したんじゃねえもの』という1冊の本になって、裁判の記録が載ってます。浜田さんは、「僕は実践者じゃない」としきりにおっしゃるのだけれども、非常に実践的な仕事に手を染めながら発達論を展開しようとしていますね。そこらへんがまだまだ目が離せない。保育においてはそういうことがもっと大事になってきていると思えるわけです。

第6章 発達体験

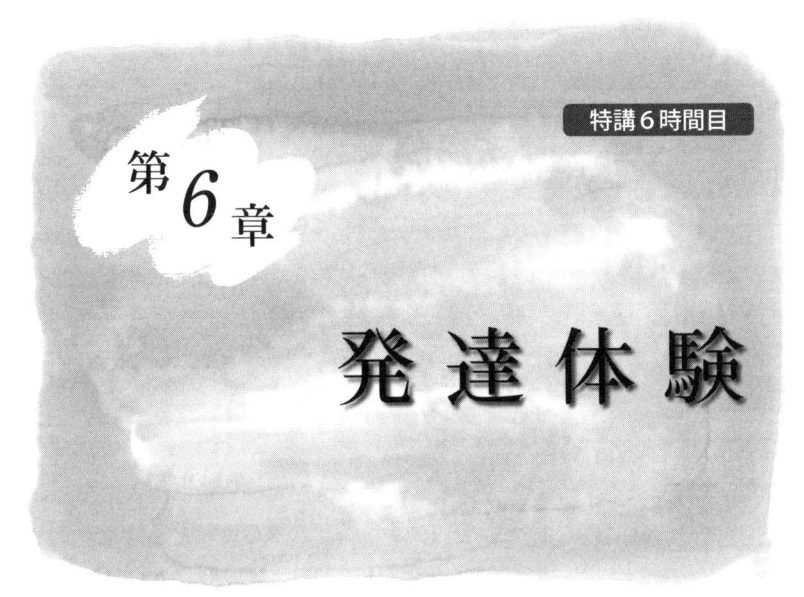

特講6時間目

§1 子ども自身が体験していることを見ていく

「発達体験」ということをもう少しお話として加えておきたいと思います。最初の柱のところでこの6のことを説明した際にも話しましたが、発達体験というのはオーソドックスな発達心理学の辞典、用語集の中には市民権を得て入っていない。私の仲間である発達心理学の専門家に、この言葉について書いてほしいと頼んだときにも「それは知らない」と言われてしまった。それは無理からぬことです。発達体験ということ自体がどういう視点に立っているかというと、発達体験という言葉がいみじくもあらわしているように、子どもの側から、子どもの体験ということを通して発達というものがどう見えるのかということでしょう。それが研究者の立場からすると、発達というのは外から見ることですよね。子どもの背丈であるとか、子どもの表出行動であるとか、あるいは課題に取り組む時間制限法、作業制限法、何らかの形でそこに子どもが示すものを、個体能力で切り取ってきたものが発達だと、今でもそうだと思うんです。

だけど保育者というのはそういうつきあいをしてませんからね。さっき言ったデベロップメンタル・ステージの世界ですから、今日一日の生活が充実していていただろうか、そういう思いというのを多くの保育者がもっています。あの子は今日一日充実した生活をして、また明日来てこの続きをしたい、あるいはこれを妹に見せてやろうとか、何らかの形で生活が広がっていく思いというものを、今日の生活の中から得ただろうかと、そういうレベルを探るわけです。これは研究者の探りとは当然違うだろう。そういうところに立って見てみると、子ども自身が体験することの中で、発達体験という言葉に気がついたのが津守真さんです。
　それをどう横文字に訳そうと、意訳が可能かもしれないし、日本の研究者にこういう言葉で子どもの発達を捉えた研究者がいるという、日本の発達研究が海外に紹介されるようになれば、「発達体験」という日本語をローマ字化して紹介されるか、あるいはデベロップメンタル・何とかとか、ドイツ語であれ、英語であれ、フランス語であれ、欧文の中にもっともらしく変えることはできるでしょう。ですが、果たしてそれが欧文の中で使われる発達とか体験というニュアンスにぴったっとくるかどうかは別問題だから、ただ単語を訳して、そこに当てはめればいいというものではないだろうと思うのですね。これは僕自身の不勉強そのものなのだけれども、海外でこのニュアンスに匹敵する類語、あるいは同義的な言葉を見つけるということを僕はまだしていません。
　津守さんが書かれた『子ども学のはじまり』という本の中で、「発達体験」という言葉を僕は初めて目にしたのです。津守さんは小さな論文の中にそういうことを取り上げているかもしれない。さっき紹介した『保育心理学Ⅰ』の本の中で『子ども学のはじまり』から発達体験ということを、引用していますが、その引用箇所がもっとも明確に津守さんが言葉にされたところなので、ちょっと紹介しておきたい。すでにほかの授業で聞いてたらごめんなさい。でも、重複するということの意味を汲み取ってもらいたいと思います。発達体験ということを概念としてこういうようにみているんです。「子ども自身が自ら何かを始め、自分でそれと取り組み、その

§1　子ども自身が体験していることを見ていく　153

中に子ども自身が意味を見出し、自分が新たになっていく体験」。

　これを何回読んでも、僕が「発達体験」ということを納得できたかどうか断言できないのだけれども、津守さんが子どもの体験の中に発達という視点を取り込んで、子どもの生活の中で子どもの具体的な取り組み、活動の中に何かが始まることがなければ、発達ということはつかめないだろうと。そうですよね。心理学者がいろいろな行動項目をチェック項目にして、これができるようになったかどうかという通過率のようなもので、その時期その時期の子どもの状態を捉えていったとしても、それは後追いなのですね。そういうことがチェックできて、プラスならプラスの印がつけられたとき、この経験はどこでしたのかというと、その子が生活している幼稚園なら幼稚園の一日の園生活の中でそういう蓄積があったからこそ、プラス項目がふえていくわけですね。年齢相応にと言ってもいいかもしれません。まさに個体能力的なものにのっとっていえば、確かな成長をしているのだけれども、それが子どもの成長の証であるというよりは、津守さんは園生活の中で子ども自身が何かを始めて、自分でそれに取り組んで、その中に子どもが意味を見出して、その後が大事だと。自分が新たになっていくということ。これはエピソードではなく、エピソードのいろいろなものを見届けた上で整理した言葉です。

　今この3行ぐらいの発達体験を、実際に子どもの生活の観察や記録を通して、こういうことを言えるようなベースを探らなければならない。時間的に今日は紹介できないかもしれないのですが、「発達体験」という言葉に僕は非常に魅力を感じています。納得できたかどうか自信はないけれども、子どもが自分から取り組んで、自分が新たになっていく、それが発達なんだと。発達というのは子どもの体験でしかない、そういう側面から子どもの発達を捉える視点というのは今までにない。とくに発達心理学の中にはまったく欠けているのです。それは欠けていても、研究者にとって不都合がない限り、これが用語になるとは思えないのです。

§2 保育現場において大事となる「発達体験」の考え方

　だから、そっちで議論するのではなくて、僕がいちばん大事だと思うのは、保育用語として大事だろうということです。子ども自身のステージの中で活動して、子ども自身が新たになっていくという確かなものをそこで見届けることができるとすれば、実践者にとってはすごい大事なことだよね。そういう意味で、「発達体験」という言葉が保育用語として多くの人に確認できるキーワードになりきれているかというと、現在はなりきれていません。津守先生が言った発達体験、さっき僕があえてそう言ったように、「これは津守先生の」というようなことがついてまわってしまって、多くの人が発達体験という言葉を使って納得できるように、自分の実践を語るということをしているとは言えないと思うのです。

　なぜ言えないのか。保育の現場はまだまだ子どもの体験を通して、子どもが新たになっていくことがそれこそ発達じゃないか、という発達観にまだなりきれてないのでしょうね。保育の現場の発達観というのは、さっき言ったように実践の外側から測定可能なものとして、あるいは実践の中にあって子どもの外側から子どもの行動項目の中に、「1人」か「みんなでできる」か「年齢相応」かというようなところで、発達の状態像を描くしかないから。そこのところで発達体験という言葉自体が、保育実践の中の用語としてみんなが有効性を認識するようになるにはまだ時間がかかるのではないか。あるいは、もしかすると当分無理かもしれない。それは何かといったら、一にわれわれの発達観にかかっているのではないか。

　そう言いながら、このことをもっと具体的なエピソードの中で探る方法はないかと考える研究者が出てきます。『保育心理学』という本を編纂するときに、僕はこのセクションがほしかった。だれかに書いてほしい、津守先生に書いてほしいなと願っていて、直談判しようと思って津守先生に会いに行ってお願いをしました。基本的に本の組み立てとそういう意図を汲んでくれて、私にその部分を頼まれたのは大変うれしいとおっしゃった

のです。ところが、去年の8月に世界幼児教育会議がありまして、私はその前の年の暮れに頼んだのだけれども、その会議の日本の準備委員長でいちばん忙しいときだったので、ちょっと引き受けかねると言われたのです。

　津守先生は愛育養護学校におられるのですが、西原彰宏先生という養護学校の先生に頼みなさいとおっしゃって、すぐに西原さんを紹介してくれました。岩波に『授業シリーズ』というビデオがありまして、それに愛育養護学校のビデオがありますが、その養護学校の中で津守先生とともに西原さんも登場しています。そういうふうに養護学校の中で津守先生と一緒に取り組んでおられる西原さんに会って、僕の趣旨を説明したら書いてくれました。自分が父親として、下の子どもさんが生まれる過程における上の子の発達体験が非常に鮮明に書けるということで、とても熱を込めて書いてくれました。

　西原さんの手法は、このことについてエピソードをただ集めたというのではなくて、それを発達体験だと言えるように、子どもの経験しているものをいろいろな角度から集めて記録をとる。その提供の仕方がおもしろいのですが、エピソードを分析していく中で発達体験を支えているような具体層を探っていき、それを補助線と呼んで、補助線というものでつないで、実際に起きたさまざまな事柄を解釈する。まだ家にいる状態で、お母さんが「赤ちゃんができたんだよ、妹か弟ができるんだよ」と伝えて、大きなお腹を子どもにさわらせたりする。そしてお母さんが入院する。「我慢できるよ」と言っていたこの子が、父親と2人で留守番をするわけです。その間のお母さんへの思いとしてこの子はいろいろなことを言う。やがてお母さんのところへ会いに行く。下の子が生まれている。この子が赤ちゃんが生まれるという現実を見る状態、そういう経験も記録に入ってくる。そして、お母さんが赤ちゃんと帰ってきた。自分とお母さんの間に赤ちゃんが割り込んでくる、そういう関係の生活。

　長い期間、父親の目で、あるいは夫の目で、子どもと母親との関係を見続けた記録がかなりの量あって、それをもとに具体層の中で子どもがどう

いう体験をしてきているかということを整理して、それを補助線と呼んでいる。僕が体験ということを考えるときの伏線に近いのだけれども、そのテクニックで整理した出来事と、それを集めた事柄から補助線になるカテゴリーを出してきて、それを整理して分析するというやり方をしています。

　子どもが砂場でだれの目にも触れず、片づけの時間になってもわき目もふらずのめり込んでやっている、そういうことを津守さんは見ている。この子が十分遊び込んで、ふっと立ち上がったとき、もうこの子は新たになっていると、津守先生の書き方はそういう書き方なのです。しかし、それは人によっては非常に叙情詩的なものに見えてしまうかもしれない。立ち止まって見届けて、言葉にしようとしたときの津守さんの眼差しと思いというのは、僕はまねができないほどすごいものです。まさに発達のステージの中の子どもの光景の説明の人ですね。

　それと同じ形かと思ったら、西原さんのはかなり違う。もっと分析的な形で発達体験ということを考えようとしている。それはそれなりに納得できます。西原さんなりに自分の子育て、あるいは自分の実践の中で、補助線とかいろいろな苦心をしながらとにかく形にして、発達体験を理解できるものだ、貴重なものだということを考えようとしているのですね。去年のことですけれども、保育の中における発達体験ということを、津守先生の言ったことをベースにしながら、何とかして子どもの直接的な経験の中で発達なるものを探ってみようとしている。背が大きくなったとか、言葉がふえたとかいうのではないです。言葉がふえたという事実をエピソードの中で、どんなコンテキストの中で、どういうこととして捉えられるかということを探ろうという状況に今あるわけですから、これもある意味では保育における発達概念の中の1つの状況として、みんなの頭の中に入れといていただいていいのではないかと思います。

　今のようなことで個々にいろいろ文献的なことも紹介していますので、ぜひ読んで、みんななりに意見を重ねてもらえるとありがたいと思います。

保育臨床論特講 2日目　今日の講義を振り返って

　今日の話は主にモラトリアム空間から発達を捉える視点、そして発達体験ということを保育の問題としてなぞっていくという形をとったのですけれども、みんなが聞いていて感じたこと、あるいは自分なりの意見、それから僕が話したことであいまいな点や説明の足りない点、どんなことでもいいです。今日の時間で気づいたことや質問をしてほしいと思います。どうでしょうか。

　さっき授業の中で早期教育のことに触れましたが、早期教育に関してはいろいろな研究者の発言があると思うけれども、僕が紹介したいと思ったのはデイヴィッド・エルキンドという人の本です。家政教育社から『急かされる子どもたち』という本が大分以前に訳され、つい最近『ミスエデュケーション』、サブタイトルが「子どもをむしばむ早期教育」、こういう訳本が大日本図書から出ています。家政教育社の『急かされる子どもたち』も内容的には早期教育に対する批判に近いものです。

　明日は、僕自身が保育に対してある切り口でずっと言ってきた保育臨床について一日かけてお話をしてみたい。話したいことはいっぱいありますが、明日はまたとくに僕がケースとしてかかわってきた子どものビデオをいくつかを用意して、それを見ながらお話しようと思います。保育者の専門性としての臨床と保育カンファレンスをできるだけ紹介したいと思います。7、8とやって、9のところで総括的な討論をしようかと考えているのですが、話の都合で、討論するよりも、僕がもってきたビデオを踏まえて事例をお話する時間が少し長くなるかもしれない。9として、2時半以降、3時前後から4時半までの時間で、30分なり、あるいはもうちょっと費やして発言してもらおうかなと思っています。

　最後になるわけですから、そのときに、僕の意図としてレポートを書いてもらうと思うのですが、どういうテーマにしようかと悩んでいます。いずれにしてもレポートでお願いしようということです。

[保育臨床論特講2日目] 今日の講義を振り返って

 とくになければ、今日一日授業を聞いていて疲れたと思いますが、明日もう一日ですから、頑張ってください。

特講7時間目

第7章 保育者の専門性としての「臨床」

§1 保育臨床について

実践の中からの研究の成立

　あっと言う間といいますか、3日目になります。今日は、私がかなり絞り込んで興味をもっている、保育臨床ということをお話ししてみたい。そのことについては大きく2つの柱で考えています。

　1つは保育者についての問題として、それからもう1つは、今、盛んに話題になっていますが、保育現場の中のカンファレンスということを少しお話ししてみようかなと。話だけではなく、実際、私自身がこのことについていろいろな示唆を得ている現場の実際の姿を、今日はビデオで見てもらおうと思っています。昨日見てもらったものは、まったく私のかかわりのないというか、ほとんどがすべて市販されているようなものでした。今日は、実は私自身も登場したりする、ちょっと辛いものなのですが、まあいいかなという形で見てもらおうと思っています。

　保育学の世界というのは、他の分野もそうだと思うのですが、それぞれ

いろいろな形でテーマを成立させて仕事というものが成り立ってきているわけです。「どのジャンルの仕事かというよりも、どういう問題がそこにあるかということによって研究というものが始まるのだ」と、慶應義塾大学の教育学者の村井実さんが本の中で、"研究の成立"ということについて書かれております。私は自分が興味のある問題に取り組んで、そこで研究が始まったときに、1つのジャンルが成立していくのだというような意識がなかなかもてないのですが、しかし、村井さんの本を読んで研究というのはそういう形で成立していくものなのかとすごく納得できました。そういう意味で、問題をどうやって成立させるかということは、研究者であれ実践者であれ、大事なことなのだろうと思うのです。その意味で、今日はまず前半、少し保育者のことを考えてみようと思っています。

もう少し言えば、私が臨床という言葉を実践研究の中で使う際に、それは保育者の専門性ということの中で意味づけたいという気持ちが強くなってきています。このあたりはもしかするとみんなの専門領域である発達臨床という形で取り上げてきているテーマであるとか、それから学習している内容であるとかということとずれるかもしれないけれども、かなり深く接点をもっているだろうというふうにも思う。そのへん、話題提供のような形になるけれども、聞いてほしいと思います。

🍃 保育者という存在を具体的な出会いから考える

保育者というとき、具体的な保育者の姿をどんな形でイメージするのかということは結構大きいと思うのです。仲間と保育者論というのを議論していても、それが微妙にずれてきたりするときがある。そのときにその話し手同士の間で議論している保育者の、たとえばこういう例があるぞというのを出し合っていくと、そこに保育者自身の力量であるとか、保育者自身のパーソナリティだとか、あるいは保育者が巻き込まれている問題だとか、あるいは私のそういう議論する仲間が保育者を見ている目だとかというところで随分ずれてくるのです。ですから、保育者という漠然とした話題の職域なり、そういう専門性ということを、今ここで漫然とお話しする

ということは適切ではないと思うので、実際に私がどういうような形で保育者と出会ってきたかという、具体的な保育者の話をしていきます。そこから導き出されてきた自分なりの発想というのがあるというように受け取ってもらったほうが筋道として立てやすいだろうし、批判もしやすいだろうし、私が出会った保育者の中から、質は違うけれども何かやはり探る手だてと方法というのがあるのではないかという問題の立て方も可能だと思う。

　僕が保育者と出会う、あるいは出会ってきたというときの1つのグループは、仕事の仲間としてかつて福祉施設の中で一緒に仕事をした、そういう保育者です。つまり、入所施設の、24時間体制の施設の中で3交代で働いていて、親から離されて24時間生活する子どもたちのそばにいた保育者たちです。この保育者がいろいろな子どもの問題をどういうようにしていったらいいのかと悩んでいた。その保育者と仕事を一緒にしながら考えてきたことが、これが1つには僕の中では大きいと思います。それから2つ目は、僕がかかわってきた巡回相談で一緒に子どものことを考えるという形をとってきた保育者たちです。子どもが2歳のときに出会って、たとえば卒園までであったり、たった1年間の子どものケースであったり、いろいろです。あるいは非常に重い障がいをもっていて、そして親自身も保育所に、あるいは幼稚園に入園することを非常に楽しみにしていて、だけれどもその子どものそれまでの手術や長い闘病生活みたいなもののためにいろいろなことが乳児期、幼児期に獲得されていない状態でいわゆる集団の保育の場に入ってきた子どもと出会っている保育者たちが、どうやってこの子と自分とのかかわりをもとうかというようなことに心を砕いている、そういう保育者たちです。

　もう1つあるのですが、それは私自身、あまり最近まで気がつかなかったのだけれども、保育者になろうとする人たちです。これは言ってみれば学生です。保育学生と仮に呼べると思うのだけれども、この保育学生とのつきあいというのは、考えたらもうかなり長いのです。言ってみれば僕自身が施設の指導員をしているときに実習で来た学生の面倒を見るところか

らスタートして、今、私が所属している学校の児童学科の学生たちの、福祉施設に行く、あるいは幼稚園に行くというような、そういうところで保育者としての道を進もうとする学生たちの、これもやはり保育者という形で位置づけられるだろうと。

経験から行きついた"臨床"という言葉

ちょっと年月がたってしまったのですけれども、以前学校の許可を得て、8か月ほど、療育の現場を見るということでドイツとオーストリアに滞在しました。主に精神科の病棟の子どもたち、それからいわゆるキンダー・ターゲストシュテッテという、小さい子どもたちのケアをしている場所、それから養成所です。日本と違って大学で養成するのではない。ドイツの場合には教員養成はまったく別のシステム・体系で養成されていて、非常に力があるんです。そういう養成の現場での教員や学生と出会い、それから、僕がかつて勤めていたような入所施設のようなところ、そこにいる心理学者や現場の人たちとどういうネットワークをつくりながら仕事をしているかということを見てきました。自分が関心があるだけに、保育者の存在について、非常に強烈な印象でいくつかのことを学べたわけです。ですから僕自身が臨床ということを考えさせられる最大のもとになるところというのは、漫然とした保育全般に対する僕自身の考え方というよりも、実際そういうるつぼの中で、子どもの問題を考えてきたいくつかのそういうグループの中で、自分の中でだんだんだんだん醸成されてきたというのがある。ふつふつふつふつと温められてきたというのか、あるいは発酵してきたというのか、そういうイメージが強い言葉がこの臨床という言葉なのです。

そういう場合の臨床という言葉、つまり、子どもを受け取って福祉施設の中で、しかしその子どもは親とはほとんど接点がない。中には当時捨て子が多かったのですけれども、あるいは家庭の不和でだれも引き取り手がない子ども、そういう子どもたちの乳児期、幼児期と接点をもって、どうするかというと、結局その子どもたちと大人との気持ちのいい関係みたい

なものをつくるわけです。これが、たとえばアタッチメントだとかそういう言葉でもって説明してしまうような問題ではなかったのです。それよりも、24時間まるっきり子どもと保育者の生活という場の中で、単にかかわり方以上の"どう暮らしていくか"ということを考えざるを得ないわけです。そうすると、そういう体制というか、たとえば「子どもとの24時間」、こういう言い方になってしまうのです。

ありふれた日常の中の"臨床""専門性"

　私の勤めていた施設は都立ですけれども郊外のほうにありました。保育者たちがちょっと休暇をとって、うちへ帰ってから戻ってくる。帰ってきて、さあ明日から勤務だというとき、自分の子どもたちのために何かお土産を買ってくるというようなことを考えたとしますね。それができるようになるまでにちょっと時間がかかったのだろうと思うのですけれども、結局子どもが寝ていても、あるいは子どもから離れていても自分の頭の中に、こういうものを買って帰りたいなとか、こういうものがあったらいいなというように意識としてつながっているんです。そういうことというのは、果たしてそれも"臨床"という2文字の中でくみ取ることが可能かどうかというのは、まだその段階では僕自身もはっきりしなかった。ごく普通の思いやりであるとか、あるいは単にやさしい保育者だという性格的なものでそれは説明できるだろうというように、あまり"臨床"という言葉につないでいる営みだとか発想だとかというように思わなかった。

　しかし、子どもたちと24時間生活するということ、その厳然としたこと、それが物理的な時間ではなくて、心理的な問題だということもわかってくるし、それから子どものまわりにいる「身近な大人の存在」、こういう言い方をしてしまうのです。ところが、心理的な身近さ——身近さという言葉があるかな——気持ちの上で子どもがそこにいる大人を身近な存在として感じ取ってくれるだろうかということですね。それは目を凝らして見てみると微妙に違ってくる。「先生」と呼んで、「お姉さん」と呼んで、それで大人に飛びついて行けるような、そういう大人なのか。ちょっとた

じろいで、一歩引いて、どういうように答えたらこの先生は喜ぶだろうというようなことを考えさせるような大人であるのと、姿を見つけた途端にだっと飛んでいって、とにかく肩車だ何だという接触の仕方をしてしまうような、そういうことができるような大人であるよとか、そういうふうに子どもと大人のつきあいに目を凝らして見てみると、身近な大人、あるいはそういうあり方、これもかならずしも"臨床"という言葉を使わなくても、ふだんのつきあいの問題であろうというように、これも消えてしまいそうです。

　もう少し言えば、結局24時間、身近なところにいて、共に生きるんです。これも観念的なことでして、一緒に生きていくということにある種の願いがあったり思いがあったりする。あるいは「祈り」という言葉かどうかしらないがそういうものもあるかもしれない。幸せになってほしいなというようなことを考えたりですね。ですから、実践というのは、結局子どもに対する気持ちの入れ込み方というのがとても強くあるだろうと思うのです。同時に、プロになってくればなってくるほど、子どもの中にいながらどこかで子どもから自分を引きはがしながら自分を追っていくこともできていくかもしれないけれども、仮にそういうことが可能だとしても、「24時間」であるとか、「身近な大人として存在する」とか、「共に生きる」という、このかかわりのあり方というのは、実践者である限り外せないだろうと思います。

　保育者というのは、授業のいちばん最初で話したように、子どもと日常的なつきあいをしているという存在です。今でも巡回相談の形で保育者と一緒に問題を考えていくというと、子どもにとって必要な保育者のあり方はどうあるべきかなどというとすごく観念的になってしまうのですけれども、子どもにとって必要な保育者というのは、子どもとともに何か喜んだり、子どもとともにおもしろいわといって楽しめたり、それから、子どものある意味でのアニミスティックな考え方のようなことを受けとめていけるような存在とともに、要するに子どもと喜怒哀楽というものを共にできる、そういう存在です。アニミスティックというのは、何かいろいろなも

のに命を感じるという、そういうことを科学的なものの考え方というもの以前の子どもの認識として、数字のレベルで捉えるのではなくて、物事を命として捉えていこうとするような、そういう子どものもっている生き生きとしたイメージみたいなものです。親はもちろんそういう位置にあると思うのだけれども、しかし、多くの子どもたちと一緒に生活する存在として、子どもにとって必要な保育者というのは、子どもの喜びや悲しみというのを一緒に味わってみたり、その喜びや悲しみがわかる、あるいは子どもの承認してほしい、認めてほしいというような気持ちをしっかり受けとめて返していける存在です。

　よくあることですけれども、「見て見て」という気持ちというのはその場で起きます。後で見てあげるというのは絶対にと言ってもいいぐらい意味がない。今見てほしいというものがいっぱいあります。鉄棒であったり、サッカーであったり、スカートをグルグルまわしてみることだったり、あるいは自分でつくったものを即座に、とかそこでできて立ち上がったときに見てほしいみたいな、そういうものですね。あるいはプールで、俺は潜れるぞというので見ていると、1つも潜ってないじゃないか、顔をつけただけじゃないか、でも彼は潜ったと言う。水の中で目をあけられるなんていうのも見てくれと言います。そういうつきあいを欲していることというのは、実に他愛のないことのように見えるかもしれない。そうなんでしょう。おそらく、考えようによっては他愛もないこと。言ってみれば、それを専門的という形でなかなか認識できないものですね。むしろ極めて日常的なことだという感覚かもしれない。でも、もしも保育者の専門性というのを非常に突き詰めて考えてきたとき、子どもの喜怒哀楽といったものを共にできるという、そういう極めて大事な役割というものが与えられている、付与されている。それが保育者の専門性の中にあってもいいと僕は思う。

　だから、カリキュラムやあるいは子どもの認識能力云々というようなことを、分析的にわかっているということも非常に大事なことだと思うけれど、しかしそれは絶対条件ではないと思います。あえてあるとすれば、子

どもとつきあえる保育者というのが、子どもにとって本当に必要なんだと。それはかつて僕自身が、心理判定という意味においては、あんなに勉強して仕事をしたことはないという20代の真ん中ごろの自分の職業生活のあり方というのを、自分なりに肯定しているんだけれども、じゃあおまえさん、子どものどこにいたんだと問われたとする。いや、子どもとともに暮らしていた。共に暮らしていたとすれば、子どもとどういう喜怒哀楽を共にしたエピソードがあるかと言われると、それが急に色あせていく。という話は最初の授業のときにしたと思うんです。それは自分のあり方として、本当に子どもにとって必要な存在だったかどうかというと、それは違うというように自分で認めざるを得ないです。だから、非常にその意味で、本当は発達臨床という領域の仕事のようなことを現場でしてきたというように思い込んでいたのだけれども、少なくともその自分の守備範囲というのはそうだったのだけれども、発想を変えて、子どもとともにいる大人のあるべき姿というのはそうではないだろう。保育者における必要な要件というのは、子どもの側に寄り添っているということが絶対的に必要です。

§2 子どもの傍らにいる保育者

子どもの思いに寄り添うキーパーソンとしての保育者

愉快な話があって、本吉圓子(まとこ)さんという保育者がいるのですが、これはかなり強烈な保育者の実践です。いろいろなところに研究者がよく紹介している本吉さんの実践ですが、これはすごい。研究者だからすごいと言っていられるんだけど、保育者仲間だと、もう息絶え絶えというか、こんなに私はできないよという強烈な保育実践です。たとえば片づけない10日間のエピソード。みんなで保育所で片づけないでみようと。10日間でどっちが音を上げたかというと、保育者が音を上げた。それはすごいもので、足の踏み場もないほどだった。そういうことをまさに実践の中でやりながら、保育のあり方というものを見詰めていくすごい人で、もし読まれてな

§2　子どもの傍らにいる保育者　　167

ければ、保育所保育というふうにかならずしも言えないと思うんですが、いわゆる子どもの保育問題ということを考えていく文献の1つとしては紹介できるのではないか。見ていただくとおもしろい。一つひとつのエピソードがちょうど固い、ナラティブな形で頭に入ります。だから僕ももう十何年も昔に本吉さんの本を読んでいるのだけれども、何か自分がその場にいたかのように、その状況というものが彷彿としてくる。おもしろいものですね。

　本吉さんのいろいろなエピソードの中に、お誕生会というものを今までやってきたけれど、「去年と同じような形でやる？」「うん、そうしよう」それで終わっちゃった。これでいいのだろうかということを保育所の中で話し合うことが起きたんですね。そういうことで、「今年は少し発想を変えてみない？」ということから始まって、本吉さんは、ではお誕生会を保育者の中でどういう形でやれるか、今までと違ったことを考えようということでアイデアをもち寄ろうと言ったんです。その日数はちょっと記憶にないのだけれども、何日か後にミーティングをして、さあみんなでどんなアイデアがあるか。そうしたら、「私はふだんほとんど化粧っ気もないまま子どもの中にいたし、ジーパンでそれこそ働くぞという感じでいたから、お誕生会だけはドレスアップしてきれいにして来てみる」、そういうこともアイデアとして出てきた。ふだんやりたくてやりたくてしようがなかった、子どもと一緒にクッキーづくりをしたい。あるいは、私たちでつくったオペレッタを子どもに見せてやりたい。そういう保育者のアイデアというのがいっぱい出てきた。それで結構盛り上がったらしいんです。そのとき話の延長で、では一体、私たちはこうやって誕生会のいろいろなアイデアを出すけれども、当人の子どもたちは一体どういうアイデアがあるのかね……という話になった。と、はたとそこで話が途絶えて、それはどうだろう。子どもたちが一体どういう誕生会を望んでいるのかというのは、実は先生たちはあまりイメージできない。そこで子どもたちに聞いてみようというわけです。それが具体的にだあーっと書いてあるのだけれど、それがすごくおもしろかったのです。

子どもたちの誕生会に望むことというのは、さっき保育者が一生懸命いろいろなことを、行事的なことを考えたり、自分自身を飾ってというのは僕はとても大事なことだと思う。保育者自身の子どもへ向かうある種、対等につきあおうとするからこそ、と言ったらいいのかもしれないけれども、自分の側で気持ちを新たにして出会ってみようという思いだと思う。それはともかくとして、子どものアイデアでいちばん強烈な印象だったのは、こんなことだったのかというのがある。お誕生会でいちばんしてもらいたいことはなあにと聞いたら、子どもの中で非常に多かったのは、いっぱい抱っこしてほしいということだった。ええっというわけです。つまり、保育者の考えていた誕生会のあり方の中で、ふっと足元をもう1回見直させられる。それから、駆けっこをして誕生会の子を勝たせる。これはほかの子から反論があって、それは嫌だというのが随分あったと、括弧づけで書いてある。他にもいろいろあります。それから、お誕生日の子を模造紙の上に寝かせる。そして、その体の線に沿って線を引いて、その子の体の格好を紙に写し、みんなでそれにクレヨンとか絵の具でその子の顔や形をつくってプレゼントしよう。子どものアイデアというのはなかなかのものでして、はっとさせられたり、ぎょっとさせられたり、深くうなずくしかなかったりしました。そういうことをまた保育論の中に書き上げてくる、本吉さんの実践というのはいろいろな人から注目もされ、興味ももたれている。

　本吉さんの本を読んでいると、子どもにとって必要な保育者というのはそうなんだよなと気づかされる。子どもの気持ちにどう応えていくかということだから、そしてそこから目を離してはいけないというところがある。子どもの気持ちに添うということは、10人が10人、そのときの気持ちのもちようで随分違うわけで、これを十把一絡げという形で、こちらの今日のプログラムなりカリキュラムに沿っていかにうまく子どもたちがやってのけるかというようなことは、このレベルではあまりフィギュアとして、図柄として大事なものとしては成り立ってこない。保育のある意味では日の当たるところに出てくるフィギュアというのは、どうしても指導

計画であるとか、あるいはプログラムに従った、あるいは主活動がどう展開するかというようなノウハウが多いのだけれども、それはそれでとても大事なことだけれども、臨床ということへだんだん引き寄せて、そういう視点から保育を見ていこうとすると、まったく違うフィギュアというものが成り立ってくる。それは何かというと、そこが子どもの生きる現場だぞとか、それから、そこにいていちばん身近な大人が気持ちの上で本当に身近な大人なのかどうか。そしてそのことが、子どもが乳幼児期に育っていく仲間とのつきあいというものを円滑にというか、楽しくさせるためには、どうしても欠かすことのできないキーパーソン、かぎになる人物、それが保育者だと。

あえて、子どもの大人との関係の意味を考える

僕は強い思い入れ、思い込みにも近いものをもっていて、それは批判されるべきものがどこかにあると思うのだけれども、しかし、あえて自分の考え方として譲りたくないものが1つあります。それは何かというと、子どもというのは、子ども同士のつきあいがうまくいったからといって、だんだん人間関係が広がったという認識を僕はもってないということです。

たとえば、虐待されてきた子どもというのは、集団の中へとてもなじみやすいんだよと。それはなぜかというと、大人とつきあうよりも大人から離れて仲間の中にいるほうが安心だから。ですから、入所施設の中に虐待児が何人か入所してきたけれども、その子たちに共通なのは、僕がたとえば「さ、Bちゃん、おいで」と言って手を出すでしょう。そうすると来ないんだね。ところがほかの子がみんなきて抱っこ抱っこやっているときには、その大勢の中にいることはできる。自分もしてほしいと言って手をあげるんだよね。おっ、Bちゃんが手をあげているぞと思って抱き上げる。抱き上げたところから表情がガラッと変わってきて、体が固くなって、それでおりるおりると言い出す。だから、プレイルームに僕がBちゃんを抱いて遊びに入るということはほとんどできなかった。だけど彼女は、子どもの中にいる間はとても楽しそうだし、穏やかなんです。これは

本当にかわいそうという言い方は、適切かどうかわからないけれど、そこに一緒に暮らす職員としてはかわいそうという気持ちがいちばん素朴な僕の感想だったね。この子は女の子として、学校へ行って、果たしてどうなっていくのかな。思春期に異性と出会ったときに、どういうふうに自分を表現できるのだろうか。あるいは相手の身体的な表現というのを受け止められるのだろうかとか、素朴にそういうことまでつながって、大人との関係を早いうちにクリアしないとまずいという気持ちが僕にはありました。

　それは心理臨床、あるいは発達臨床の中で、そういうケース研究的なものを探ってもらって、やはり子ども関係だけがただただ急がせられて、円満だからといって、それが成長のプロセスの中の次のステップとして、そこからより広くいろいろな人間とつきあえるようになるというとき、果たしてそういう証拠になるんだろうかというのが今でも気になる。この研究は非常に紹介の域を出ないで悪いのだけれども、アタッチメント研究の、とくに乳幼児期以降のアタッチメント研究という分野を少し探っていってもらいたい。とくにエインズワースの研究などというものがしばしば引き合いに出されて、そういう研究の中でストレンジ・シチュエーションの中で実験されたものというのは、いわゆる古典的な研究というので、それはみんなも知っているでしょう。だけれども、たとえばあの分類の中で、虐待された子どもは結構そういうシチュエーションの中で、大人と離れて遊んで、大人が帰ってくるとそれとなくそういうかかわりの中で、事なく対応し切れているように見える、そういうグループに入っているんです。だけども、果たして本当にそうかどうかということはもう少し考えなければいけない。

　そういう意味で、僕が考えられる範囲でイメージしているものは、子どもにとって必要な保育者というのは、まず、子ども集団の中にすっと楽しんで入っていける。そして、子どもと大人とのぎくしゃくしたままでいる状態の関係を早く直していかなくてはならない。ですから、幼稚園であれ保育所であれ、僕が保育者と子どもの問題を考えるときに、僕がいちばん

気になるのは大人との関係がどうかということでした。今もそれは変わらない。それは、保育者に対する親しみ、俗っぽい言い方だけど、僕は乳幼児期の保育の現場というところは、人が大好きになる環境であってほしいと思うのです。人間を大好きになれるところと。人を信用しないということを小さいときから教えてしまうことが多過ぎるわけで、それがいろいろな意味で長いライフ・スパンを考えたときに、果たしてそういう学習というのは有効なものなのかどうなのか、そこが怖いところだと思うんです。その意味で考えると、保育の現場の保育者のあり方というのはとても重要な意味をもってくるのではないでしょうか。

痛みに寄り添うということ

そんなことを考えて、いろいろな保育の現場の中に入り込んでいって、まず考えたことは、保育者自身の専門的な役割の中に、臨床的な意味というものがあるだろうということでした。ちょっとまだこのあたりのところが検討課題として考えていかなければいけないのですけれども、ここで言う保育者の臨床という意味は、さっき話した「思い」とか「願い」とか「祈り」とかという言い方をして、あまりそういう意味では心理学の領域からすると不適切かもしれないのですが、しかし、実践の中でそういう関係というものが厳然とあるということです。そして、そのことが子どもの身近な大人として必要な要件だということを、かなり断定的な言い方で僕はしています。そのとき、さっき喜怒哀楽という言い方をしたけれども、子どもの痛みという言葉を、その喜怒哀楽という言葉を代表させて使ってみたいです。痛みがわかると。子どもなりにもつ痛み。ただ、これは大分批判されて、臨床ということを考える研究会の中で、何て言うかそういうところだけをピックアップしていくということは、本当に適切なのだろうかという議論にもなったんです。でも私は妙に暗い、暗さというか、生活の暗さだけをピックアップする意味じゃない。痛みという言葉の中には、むしろ気分高揚する明るさとか楽しさとか、そういうものを含めて、もう少し使えないものなのだろうか、そういう意味で、子どもなりにもってい

る気持ちの、そういう子どもの世界の痛みがわかる。それは、裏返して言えば、子どもの楽しさとか喜びがわかるということと、ほとんど不可分な形で痛みという言葉を使いたいですね。

　そういうことを考えていくと、これはある種、臨床の語源になるんですけれども、よく言われているように「クリニコス」、「クリニック」、あるいは「クリニカル」という言葉のもつもっとも語源的なところで、クリニコスという言葉を多くの人が指摘するわけです。それは、"病の床に伏す"あるいはいまわの際にある人のそばに、ベッドサイドにあって、そしてその人の不安であるとか、あるいはその人の悲しみであるとか、あるいはその人のほんとの体の痛みというようなもの、そういうものを見届けていく、見守っていくという、そういう関係やありようを意味している言葉ですよね。そういうふうに考えると、実は臨床という言葉のもっているいちばん大事な語源の中に、そういう相手と自分の間にある気持ちの分かち合いであるとか、あるいはそこに寄り添うというような、身近なところにあってその人の生きざまというのか、そういうものを他人事ではない形でそこで共に生きていく、共にあるという形が含まれる。だんだん言葉のあやでもってそこを説明していくと、どんどんどんどん固く、むずかしくなってしまうのですけれども、しかし、人のそういう苦しみとか痛みというのは、抽象的なことではないんです。むしろ、生活の中で生み出されてくるきしみ、生活の中で突如訪れるいろいろな悲しみ、逆の場合ももちろんある。そういう人の高揚したり、あるいは低迷したり、落ち込んだりするものに、そういうリズムというかサイクルにかかわっていく。臨床ということは、だから、そういう意味ではそれらを総称して「共に生きる」ということなんだとさえ言い切る人もいます。臨床という言葉の中にある、いちばん基本的なところです。

「臨床の知」からのヒント

　中村雄二郎さんという哲学者がいます。大分以前に、日本医学会というところの総会で、お医者さんを相手にして臨床ということについて講演をなさったのです。大変大きな反響を呼び、その直後でしたか、中央公論という雑誌の中にこれが転載されたんです。僕はそれで知ったのですけれども、そのときの雑誌を読んだときに僕自身は大変気持ちが高揚したというか興奮しました。実は中村雄二郎さんは、それ以前からパトス、あるいはトポスというような言葉を使いながら、おもしろいことを考えていく哲学者だなと思っていました。みんなもぜひ読んでみたらおもしろいと思うのは、岩波の新書の中に『術語集』という、実に興味のある本があります。もう読まれたかもしれない。この『術語集』の中に、たとえば「臨床の知」という言葉が出てきたり、あるいは「子ども」という概念が出てきたり、「まつり」という言葉が出てきたり、あの人がずっと考えている、むしろ人間の情念の世界というようなものを開いている。

　ところが、この医学会総会で講演をした講演集の抄録内容を読んでみると、医者の世界に対する１つの警告になっている。これだけ科学技術が進み、とくに医療技術が進んで、人の命というものを長らえることが可能になってきている。近代科学の知というものが技術的なもの、あるいは人間の生活というものを支えてきた。整理して言うと３つあると。その１つは普遍性、それから２つ目が客観性、そしてもう１つが論理性。その普遍性と客観性と論理性というようなことを中村さんは（講演の中で）、一応近代科学の貢献してきたこととして認めてはいるんです。科学というものはそうやって人の生活というものを支えていく大きな知というものを構築し、それによって科学技術が、そういう意味で日本の医療というものに貢献してきたものは目を見張るものがあるのだということを一応認めながら、もう一度足元を見たときに、実は、医者と患者という関係そのものを１つに絞ってみたとき、果たして患者の世界、病んでいる人というのでしょうか、あるいは患っている人、あるいは死に直面している人の世界というの

は、実は普遍性や客観性や論理性ということとは違うもう1つの医療の知というものが必要ではないか。中村さんは「臨床の知」という言葉をこのとき出したのです。それが、僕にとっては非常に画期的なというか刺激的な言葉だったわけです。

近代科学の知に対する臨床の知。それは何かというと、この3つにまさに対峙(たいじ)するんです。病んでいる人、あるいは医学の対象になる人、心の障がいをもつ人であったり、あるいは体に障がいをもつ人であったり、あるいはある種の思いがけないアクシデントに出会った人であっても、とにかく医療の対象になる人の世界というのは、実は非常に個別的だと。つまり、普遍性というよりはむしろ個別的なものなのです。

それから、客観性ということに対して、むしろ普通の病む人たちの世界というものは、むしろその人の思いというもののほうが大きいということ。そして論理性よりは、むしろほんとに臨床で必要とする世界というものは、これは情緒性、もっと別の言い方をしたかもしれません、ごめんなさい。多分、「情念」という言葉を使ったりしている。

で、本当の臨床の世界で大事な失ってならないものは、つまり臨床というほんとの営みというものは、クライエントの個別的な世界、クライエントの思い、クライエントの感じること、あるいは念じていること、いろいろなことが含まれる。個別性、主観性、情緒性ということが、もしかするとそういう科学技術に託されたいわゆる臨床ということの中で薄められていやしないか。本当に必要なことはいわゆる個別性、主観性、情緒性なのではないかと。

大分反響があって、中村雄二郎さんは、『臨床の知とは何か』という本にして岩波新書から出しているので、みんなもそれは読むことができる。読まれたら、仮に僕が考えているような保育の実践の中で臨床という2文字を追っていることがみんなにわかってもらえると思うのです。みんなが考えている発達臨床ということのベースに、やはりこういうことがあるのだということも、それほど抵抗なく了解可能だと思う。

保育者の専門的な知

　ここから話を現実にもう1回戻すけれども、保育者の子どものそばにあるあり方というのは、そして保育者の専門的な知というのは、単に暗記もの、到底そういうことではないですね。ここで言っているのは、専門性の中身そのものですよね。ここでもうだんだん見えてくるのは何かというと、保育者の専門的な知というものは、子ども一人ひとりの生きている個別な世界ということですよね。あるいは保育者の専門的な知で求められるものは何かというと、客観的な事柄よりも、その子どもの主観的な世界。河合隼雄さんは、コスモロジーという言葉を使って子どもの宇宙という事をしきりによく言われていますけれども、まさに主観という言い方で言うと、その子に見えている世界、その子が感じ取っている世界。ほかのだれがどうではない、ほかのだれかに代えることのできない、そういうものが子ども一人ひとりの主観としてある。あるいは、子どもがもっている論理よりも、"子どもがもっている思い"というもののほうにむしろ目を向けていただけたらということです。臨床ということをそのことで捉えていこうというわけです。

保育者の専門性 ── 子どもの傍らに寄り添う大人

　福音館というところからちょっと横に長い版で『おおかみと7ひきのこやぎ』という絵本が出ている。幼稚園、保育所でみんなも読んでもらったことのある、「あっ、それなら知っている」という、よくある絵本です。どこかで見つけてください。この『おおかみと7ひきのこやぎ』についてのエピソードというのは、僕はもうあちこちで語っているのだけれども、とても印象深いお話なので、ちょっとここでも紹介したいのですが、ある保育者との研究会で、ある保育者が『おおかみと7ひきのこやぎ』の話をしてくれたのです。物語を聞かしてくれたというのではなくて、それにまつわるエピソードを。保育所の保育者が、毎日毎日の生活の中で、たまたまその『おおかみと7ひきのこやぎ』という本を子どもから読んでほしい

と言われたか、自分が読む気になったかそこは定かでない。ただ、お昼寝に入る前に、みんなパジャマに着がえた子たちを集めて本を読み始めたわけです。

　そのときの話です。その7匹のこやぎのお話を読み終えた後、みんながそろそろと静かにドアをあけて、よくあるホールに敷かれたお昼寝のふとんのほうに移動していこうとした。先生もそれを促すように一人ひとり出している。静かに行くんだよと、もう先に寝ている子もいるからというような形で移そうとしたら、1人の男の子がそばへ来て、「先生、このお話の中にどうしてお父さんが出てこないの？」と聞かれたのだそうです。ところが保育者は、「そういえばそうだね」と言って、「うん、そうかそうか」と言ってその子の話を受けとめながら、しかし自分でもそのことの意味をあまり考えないで、その子の質問を受けとめて、促して、背中を押すようにしてホールのほうへ行った。その子もそれだけ言ったらみんなと一緒に行ってしまった。そしてそのことをずっと忘れていたんです。しかし、1週間ぐらいたってからだそうだけど、突然その子がすっとんできた、先生のそばへ。何だろうと思ったら、その絵本を抱えてきて「先生、わかった」と言ったんですね。何がわかったのかもわからない、とっさに言われて「なあに」と聞いたら、「ほら、お父さんがいないわけだよ」というわけです。そして、彼があけてくれたところが、何ページかのところに、こやぎがあちこちに隠れる、応接間というか、暖炉があって、暖炉の上にほんとに小さくポートレートが飾ってある。そこにお父さんやぎというのか、角が生えててひげの長いそれが、ほんとに小さいんです。これを指差して、「お父さんはうちにいないんだ」と。「遠くへ行ったんだ」と。「だからだよ」と言って彼は納得したわけですよ。保育者はその話を聞いてちょっとぎょっとしたというんです。その絵本、もってくればよかったですね。

　僕はそのことが忘れられないのだけれども、実はこの子は父親がいない。それにそのとき気がついて、その子のこだわりと言ったらこだわりだろうと思うんだけど、こだわりといっても悪い意味ではなく、何かの思い

をずっと想像していた。実はこの子はふだん父親の話もほとんどしない。だけれども、たまたまこういう絵本を読んでいるときに、絵本の中に何を探していたかというと、この子は父親がいないということを探していた。そういうことが、暗い話でもなんでもないのだけれども、保育者のほうにはぐっときたんです。「私、気がつかなかったのに子どもというのはそういう形で自分の日常のある気持ちの断片を見せてくれる、それに自分がどう対応するかということがとても大事だということに気がついた」というエピソードをわれわれの研究会で語ってくれたんです。

　これは、もう大分たったことですけれども、今でもそのときの経緯と、そのときその話を聞いて僕らも愕然とした中ではっきり言えるのは、保育の中における保育者の深い臨床的な役割というのがあったということです。そういうことを理解していくこと、つまり"子どもの思い"という、言ってみれば個別性、主観性とくくられて個々に切り取っていくことではなくて、個別的であり主観的であり、非常に情緒的である子どもの世界というものにつきあっていく大人。身近な大人という意味は、心理的な距離と言ってみてもいいのだけれども、そういうことにつきあっていく"身近さ"ということを何で実感できるかということではないでしょうか。この保育者は『おおかみと７ひきのこやぎ』の話で実感したんです。いっぱい実感するチャンスというのはあると思う。そのことは、中村さんのいわゆる哲学の中で整理された対象のものなんです。臨床というのは、だからこそ、一人ひとりの心の思いというものにつきあうということにあるということでしょう。今の、これだってすぐれて臨床的なことです。

　でも、保育臨床と僕が呼びたくなってきた思いというのは他にもある。それは何かというと、心理臨床の専門家が来て、気になる子どもの面倒を見ましょう、一緒に相談しましょう、あるいはお医者さんが往診して、子どもの状態を見ましょう、これもすぐれて臨床的な行為なんです。いいんです、それはいいんです。しかし、それを引いて、引いて、引いていったときに、いちばん身近にいる保育者というのは、臨床的な行為をしているのかしていないのかという、つまり、保育者の日常の実践の中にある営み

というものは非臨床的なのか臨床的なのかという、そういう問いを残したときに、極めてすぐれて臨床的だということを僕は言いたいわけです。それはなぜかといったら、いくらでもエピソードが出てくるんです。今のようなエピソードの中に「子どもの個別性につきあう」こと、「子どもの主観性につきあう」こと、あるいは「子どもの情緒性につきあう」という、身近な大人として、それはやらねばならぬことではないかというように思っています。それは、中村さんが言われる臨床の知というくくりで、そちらで置いてもいいんだけれども、もっと泥臭い言い方として「保育者の専門性」なのではないかと。だから、今日のタイトルでお話ししてみたのは、「保育者の専門性としての臨床」ということはどういうことかといったら、子どもの世界につきあってあげられる大人が必要だということです。ちょっと話は保育から遠のくかもしれないけど、しかし大事なことなので聞いていただきたい。

　渡辺久子さんという研究者がおられて、以前は小児療育相談センターにおられて思春期の子どもの神経性食欲不振症のケースについて紹介したすぐれた論文があって、僕は非常に感動して読んだ。最近その渡辺さんの名前をどこで見つけたかというと、慶應義塾大学の医学部の小児科のお医者さんとして今活躍されている渡辺久子さんと同一人物らしいのです。

　そのときの論文は、ウィニコットという人の、多分発想なり思想を非常に引き合いに出しながら神経性食欲不振症の問題について取り組んでいた。とても印象的だったのが、お母さんが子どもに対して接する接し方が、「この子は要求がないから私が何でもこの子の要求を代弁したり肩がわりになったりして、この子の要求というのは全部私がわかっている」という親子関係、それがある時期切れるんです。子どもが自分の要求で動きたくなってきて切れちゃった。そのいちばん最初の子どもの自分の要求というのは食事拒否から始まった。これは強烈なもので、その記録で見ると本当に生命維持の危険というような状態まできて、そしてやれブドウ糖を打つとか、要するにそうやって点滴のようなことで入院騒ぎになっているケースで、延々とそのやりとりが続くんだけれども、その間の子どものお

母さんへの思いというものを、最初にカウンセラーである渡辺さんに話をした。最初のころは何かというと、私のことを調べないでくれといった。お母さんに私のことを調べてほしくない。それでいろいろ聞き出していくと、その神経性食欲不振症に関するあらゆる本を読んでいるんです、親が。それを隠しているのだけど、隠し通せない。つまり、思春期の子どものお母さんの生活の範囲なんていうのは、大体ちょっと見てわかってしまう。何をしているか、どんなことをしているのか。だから、それがとっても嫌だとこの子は思ってて、自分の病状のことを調べてくれるなと。もう1つの声があって、つまり声なき声があって、調べることよりも私の気持ちに添うてほしいという声だったんです。調べないで、私をちゃんと見てほしいという思いがカウンセリングの過程の中でずうっと出てきます。

　これは、僕にとって、さっきのような保育者の専門性の中における臨床という2文字とそんなに遠くないところにあると思えるのです。要するに、身近にいる大人にしてほしい、あるいは身近にいる大人に子どもが望んでいることというのは、自分の世界につきあってほしいということではないか。だから、主観性とか個別性とか情緒性というような固い言い方をしちゃったけど、乳幼児期の子どもにとって、思春期の子どもにとってもそうだけど、いちばん身近にいる大人にしてほしいことというのは、自分についての科学的な知、つまり近代科学の知によって子どもを理解するという、そういうめがねではないんだと。"私"という、他のだれにもない"私"という"個人の気持ち"を察してくれたりわかってくれたりする、そういうことが必要だということです。

「保育臨床」という言葉への思い

　そんなことで、保育者の接してきている子どもの世界というものについて事例を通して重ねていくと、保育者の専門性ということの中に、臨床的な役割、あるいは臨床性とでもいう言動がますます見出されてくる。とすれば、保育者というものはいかに臨床性というものが要求される立場かということが見えてくる。

僕自身が日本教育心理学会で1989年のことですけれども、学会でいろいろな小講演といって、私はこういうことを考えているということを発表させてもらう場があるのですが、そのときに僕は初めて「保育臨床の成立と課題」というスピーチをさせてもらったんです。公にしたのはこれが初めてでした。ちょっと口はばったい言い方をすれば、それ以前に保育臨床という言葉自体を公のものの中で見ることがなかったので、自慢でも何でもないのですが、僕自身が臨床ということを保育者の専門性の中に発見して、そのことをもっと大きく取り上げて、そしてこれからの教員養成、保育者養成の中で保育者の専門性の中にこの臨床ということ、とくに近代科学の知に支えられる臨床ではなくて、言ってみれば臨床の知ということに支えられる保育者の臨床ということをもっと専門教育の中に位置づけなければならないというように思って、そしてこのことを提案したのが最初です。

その後、たとえばお茶の水女子大学の田代和美さんなどと研究会を開いて、保育臨床という小さな研究会を数年続けたことがあるんです。今、東京家政大学に移った柴崎正行さんもそのメンバーだし、そのほか何人かの保育に関心をもち、臨床に関心をもつ研究者たちでそういうことをしたことがあります。ですから、まだ本当に10年にもならない年月で、保育臨床という言葉が少しずつそれぞれの思いで語られて、少しずつ実践を考えていく視点としてだんだんと市民権を得始めているのかなと思います。あちこちの幼児教育や保育の学校の講座の中に保育臨床という、あるいは臨床保育学というような、ちょっとそういうようにタイトルを変えてあったりするんですけれども、大なり小なり保育実践を臨床という視点から見てみようという、そういう発想が了解され始めているということです。

僕自身、もし言い出しっぺだとするならば、何かこういうものをオーソリティをもって、あるジャンルで自分が権威になるというのは、実はこの保育臨床という4文字からすると、いちばんあってはならない行為だと思います。保育臨床というのは、実践の中に入り込んでそこに臨床ということを気がついた人たちがそこから事柄を立てながら考えていく仕事であって、それは特定のだれかが権威になるというのはおかしい。それは違うん

ですね。本当の権威ということをもし探すとすれば保育者だと思う。それを神田橋條治さんの本を読んでいて、僕はますます強められたんです。保育臨床の権威になってしまっては、それは異物になるしかないということです。異物は肥大してはならないわけです。そういうことから、僕自身は、これはいろいろな形でもっともっと実践の中で何だろう何だろうということも含めて、さっきの男の子の7ひきのこやぎのこだわりの中に、ある種子ども自身が育ってきたいろいろなものを引きずって、実は子どもの目で、保育者の前に立っている。あるいは保育者と一緒に生活しているのだということを、一人ひとりの子どもの中にそういうものが図柄として見えてくるということですかね。

保育の場での臨床的なかかわり

このことをとくに感じるのは、もう少し具体的に関東のある都市をフィールドとして、それから地方のある町をフィールドとしてずっと続けてきた仕事を通して、いくつかのことがそこから言えるのではないかと思うんです。

ここからが、まだこれからの検討課題という意味でいくつか僕自身が今考え続けていることなのだけれど、興味のある人がこの中にいてくだされば大変ありがたいし、あるいはどこかで臨床という関心の側にこの保育臨床というようなある領域、それから保育者の専門性としてそのことを考え続ける話題提供としても覚えておいていただけるとありがたいですね。

まず最初に、今お話ししてきたことが保育において、具体的にはいわゆる気になる子どもという形で保育者が子どもを意識するチャンスというのは少なくないわけで、それはいろいろなことで起きます。もちろん障がいをもつということによって、それ自体を保育者が気にするということもあるし、それから、少しそういう子どもたちとのつきあいが慣れてきた保育者は、もうダウン症候群であるとか、あるいは筋ジストロフィーであるとか、あるいはそのほか心臓疾患の子どもだとか、そういう名称の子どもたちといっぱいつきあっています。そういうことからすると、たとえばこれ

は1つの例だけれども、僕らがつきあっているある市で出会っている子どもたちというのは、いわゆる精神発達遅滞や学習障がいのほかに、脳性マヒの子どももちろんいますし、甲状腺機能低下であるとか、あるいはウィリアムズ症候群であるとか。よくその実態が子どもの記録を読まないと医療的にどういう意味をもっているのかわからない。こちらもそういう子どものもっている診断というものを無視せずに、知ることは一応するけれども、しかしわかっていることは医療的なかかわりをもった専門家たちが、ここから先は保育の場が必要だという形で園生活というものを提案してくれた。で、措置されるなり受け入れた。受け入れたところから私はなるべく保育者に言っているのだけれども、よほど危険なことの注意がない限り、Aちゃん、Bちゃんという名前でこの子とつきあっていこうじゃないかと。ダウン症の子だとか、あるいは甲状腺機能低下の子だとか、あるいは下肢麻痺の子だとかというように、障がいをかぶせた形のつきあいではなく、個々の名前をもっている子どもとしてつき合う。同じダウン症の子でも、まったく違うんです。みなさんも臨床的な接点があるかもしれないけれども、10人いれば10人ともダウン症のイメージというのは違います。もっている症状はまったく医療的には同じであっても、保育の場で出会う心の世界というのはまったく違う。猛烈こだわりが強かったり、猛烈いたずらっぽかったり、それからものすごくやさしかったりという、その子のもっている気質というもののほうが保育の中では、人間関係の中でとても大きなものをわれわれに与えてくれる。

　そういう意味で、保育の中で出会う子どもたちって実に多様で、そういう子どもたちとつきあっている多くの保育者たちは、障がいだから臨床だという発想というのはほとんどなくなっていくんです。障がいの有無にかかわらず、健常であろうとなかろうと、子どもと接するということが極めて臨床的なのだという、そういう解釈が成り立ってくる。そこで言う臨床というのはこういうことです。「一人ひとりの子どもの心の世界」、それを痛みとさっき僕は言ったけれども、そういうものとつきあっていくという意味で、それが気になるから臨床なのであって、障がいがあるから臨床な

んだという発想はもうない。そういう括弧つきの臨床ではなくて、保育者が子どもと生活すること自体の中にある意味の臨床という、そのことに個別的に対応するということが必要だということです。

　地方のある町で出会ったあるお母さんは、お母さん自身が知的な遅れをもっていると言わざるを得ない状態です。そしてそういうお母さんを町の人たちはとても温かく受け入れているんです。悪さをするわけでもない。ただ１つ困るのは北国だから、これはそのお母さんに限らずだけれど、やたらと酒が強い。酒なしには何とも夜も日も明けぬみたいなことになると、ほかのお母さんたちはキッチンドリンカーみたいにはならないのだけれども、このお母さんの場合にはコントロールが効かないために、要するにへべれけになっている。そういうお母さんが、たとえば出稼ぎに夫婦で出ていく。もう見えているんだよね。きれいなお母さんで、すごくすてきな、いわゆる容姿のきれいなお母さんなもので、そうすると、そういう意味で一種性的な関心からそのお母さんが逃れられるかというと、それは無理だろうというように、僕なんか素朴に感じられる。そういう母親が、１つの町の中で子どもを３人、女の子３人の母親として生きている。

　そしてこのお母さんが、ほとんど字が書けないわけで、長女が「連絡帳を読みました」というような記入を、お母さんに口頭で読んで聞かせて母親がわりをやっている。そうすると、この子たち３人とも物すごく健やかに育っているんだけど、さっき言った臨床の２文字が当てはまらない子なのかというと違うのです。母親を支えていく健常な子どもたちと、いずれは母親の姿というものをどこかで隠したくなるかもしれない、どこかで悩むかもしれない、そういう時期を迎えるかもしれない、それはもう保育所の先生の世界からは関係ないよと言い切れるんだろうか。小学校の先生の役割だよと言うんだろうか、中学校の先生の役割と言うんだろうか悩みます。なぜかというと、田舎の保育所では、卒園児はどんどん遊びに来るわけです。つまり保育者も地元で育っている人たちだから。そういう人間的なダイナミックスでそのあたり捉える限り、卒園したら関係ないと切れないのです。そうすると保育者の頭の中で、この子たちが一体あのことでど

う悩むのか、そのときどういうふうに私たちは支えになれるかという、そういうスパーンで見ていくわけです。まるで母親みたいなまなざしで。

　保育の現場でこれは特別なことでもないと思うんです。そしてそういう町ではお医者さんに1回かかるだけでもバスで半日がかり、向こうへ行けば診療で待たされるわけだから1日がかり。なかなか診察に行ってもらう、来てもらうという関係が成立しない。何が起きるかというと、保育者の臨床的なクリニックというものを強烈に、何らかの形で学習し合う場が必要になってくる。オールラウンドに保育者は何でもやらなくてはならない。いろいろなエピソードがあります。補聴器が合わなくなって、その子を何とかして病院に通わせたいという1人の女の子がいたわけです。この子を、お母さんもお父さんも病院に連れていくことをあまり積極的にしないのですね。耳はそんなに聞こえなくてもこの子が懸命に読み取るものだから、大丈夫だ、大丈夫だということで。しかし、心配して聴覚を検査したお医者さんが、しょっちゅう連絡をとってくるのです。どうしているかと。時にお医者さんが訪ねてくる。だけども親が受けつけない。こういう子どもの補聴器の調整と、それから学校の、聴覚障がいがかなり重くなってきているので、就学期の問題をどうするか。これも親があまりのんきで、ほんとにのんきで感じてない。それを保育者がやっきになっているわけです。

§3　保育臨床の視点から

今後の保育者養成における保育臨床のあり方

　こういう保育者の営みというものを臨床的でないと言えるのだろうか。そうやって一つひとつ考えていくと、個々の子どもがもっている問題、個々の家族がもっている問題を支援していく形をとっていくのであればあるほど、保育臨床という領域の問題をみんながもっと関心をもっていかないといけないのではないか。臨床のあり方にはいろいろなスタイルがあるから、臨床と言えば保育臨床みたいな、何かそういうことを僕は言うつもりはないけれども、しかし保育者が自分の専門性の中にそういう臨床とい

う意味を発見するということを、教え込まれてやるというよりも、かかわりを認識する手だてを、エピソードの中からそうだったのかと、保育者の役割ってこういうことだったのかということを考えていかなくてはならない。結局たどってたどって、今、僕自身が考えているのは、教員養成、保育者養成の中に保育臨床という部分を位置づけて、そこで臨床という2文字を教え込むというよりも、どう生きている世界なのかとか、なぜそれが臨床という意味合いになるのかという内容で、事例でかかわっていく授業計画というのか、そういうカリキュラムをつくって進めていこうということを考えたくなっているわけです。第1に、そういう意味で保育者がもっている専門性の中に保育臨床という主題、あるいは研究領域、フィールドが成立するだろうということを今もまた言っておきたいわけです。

保育臨床を考える上で必要な今後の課題の整理

時間が大分きてしまったので、ちょっと急いで個条書的な言い方をすると、今まで話してきた延長で、僕が保育臨床ということを成立させ、そのもっている課題として言いたかったのは、どうしても個別性ということからするとケーススタディということ。それが第1点です。保育の中でどういう事例研究が可能なのか、保育における事例研究とは何かということを考えていかなくてはならない。これが第2点です。僕は自分でもうまく説明できないのだけれども、事例というのは、いわゆる心理臨床においては、問題が発生し、それをインテークして相談なり治療の対象にし、治癒していくという明確な目的があります。確かにそういうことも保育現場における事例の中では避けられないとは思うのだけれども、僕はケースということを通して何かを学ぶとか感じるということのほうに、もっとウェイトがあるのではないかと思うのです。保育臨床という場合には、そのことから何を学んだかということが大事です。だから、一種の事例というのがメタファーの意味をもつのではないか、比喩の意味をもつのではないかと。実は、事例は1つのたとえ話に近い、あるいは比喩に近いものであって、そこから保育のあり方というものを考えていくという、もう1つス

テップが残っている。これはまだまだ僕も煮詰めていないのだけれども、事例ということ、保育臨床の中のカテゴリーとして大事にしていきたい。

　それから、3つ目ですけれども、これはまだ概念規定をきちんとしていませんが、保育の場とは何かというときに、僕自身いろいろなところで「子どもの生きる現場」ということを言っています。実は、「子どもの生きる現場」というのは僕自身がしきりに気に入って使っています。僕自身の保育論を書くときは、「子どもの生きる現場」ということから書き出すというのは、もうパターン化していて、ややマンネリ化しているという批判もないとは言えない。ただ、僕はそのことにこだわって「保育の現場というのは臨床のフィールドである」という言い方、表現をしてみたい。これは成熟し切れてない。河合さんの『臨床教育学入門』を読んでみると、ああそうか、こういう言い方があると思うことがあります。あるいは稲垣忠彦さんの『授業を変えるために』を読むと、あ、こういう示唆もあるなというように、周辺のものをいろいろ読むと示唆があるのだけど、やはり借り物でしかないわけです。僕自身が、あるとき、今までずっと沈殿していたものが急に形になってくるのを、今待っているという感じです。「臨床のフィールド」という言い方でどれぐらい論述可能かということです。

　それから4つ目が、さっきも言ってきたことだけれど、保育者の専門性としての臨床という今日の授業のこの時間のタイトルで、論述をきちっとしておかなければならない。つまりまだしてないんです。こういう機会を得て話をさせてもらうということは、結構僕にとっては助かるんです。なぜかというと、話をしながら自分のあいまいな点であるとか、自分のうまく説明し切れてない点だとか、そういうことを気づかせてもらえる。今日の授業の最後に、できたら授業批判というか、批評をみんなに一言でいいから書いてもらいたいと思っていますが、それはレポートと別にお願いしたいと思っています。「保育臨床ということはいろいろな人がまだ言っていて、まだ固まってない」ということをつい最近のある雑誌の中で指摘されましたけれど、まさにそうだと素朴に認めざるを得ないですね。

　5つ目ですけれども、これは午後の授業でビデオを使いながら話をして

いきたいのですが、保育現場においてケースカンファレンスということをもっと大事なものにしていきたい。これはすでに稲垣さんが「授業を変えるために」ということで、教育カンファレンスということを取り入れていますが、まったく同感で、僕は保育の現場における保育カンファレンス、あるいはケースカンファレンスということをもっと論述可能なものに、厚みのあるものにしていきたいですね。ケースカンファレンスは実際に30年以上やってきたけれども、僕自身30年以上前の発想で、保育の中における位置づけということをきちっとまだ言葉化でき切れていない。でき切れていないけれども、あちこちで小刻みに言っているので、午後の授業では保育カンファレンスについて触れた雑誌を紹介してみたいと思う。

　6つ目ですけれども、近接領域との連携というのか、たとえばとくに心理臨床、発達臨床の専門家、あるいはソーシャルワーカー、ケースワーカーとのかかわり、そういうことを大事にしたいのですけれども、実は発想は逆でして、心理臨床の専門家がもっと保育を知ってほしいです。それから、ケースワーカーがもっと保育のことを知ってほしいと思います。たとえば児童相談所にいる心理の専門家が、しばしば保育に頼ってくる障がいをもつ子どもたちの心理判定をしてくれるのだけれども、僕も同業者として痛切に感じるのは、あまりにもテスト中心主義で、子どもについての思いというものを語ってくれてないのです。これは、児童相談所における心理臨床の限界なのかもしれない。つまり、公務員としての心理臨床家はいるけれども、心理臨床家のAさんの手記というものはないのです。

　ドイツやオーストリアのケースワーカーやサイコロジストは、個人の名前で出してきます。これはすごいです。それぐらいオーソライズされているのだろうと思います。要するに、肩書きの中に個人が見えないということではなくて、この人の判定、この人の思いというのが見えます。そのかわり、心理臨床の人たちは時間外にも、僕も連れて行ってもらったんだけれど、施設の子どもが夜どうしているか見に行きたいからおまえも一緒に来いといってつきあう。まったくプライベートに彼は仕事の外で自分が措置した子どもの様子を見に行くんです。そして、手を握りながらもう少し

頑張れよなと言って、そして何か問題はないかと聞いて帰ってくる。そういうことが下地になっていて、明らかにそれは1人のサイコロジストが、私が措置した子どもを、公務員の限界どころか、オフィシャルなものを越えて責任をとっていくという形をとっている。これがもっとフランクにできるようになってこないと、と思います。連携というようなかっこいい言葉はいくらでも使えるけれども、出てきてくれない。

　だから、僕のように巡回相談といって、送り込まれた側の保育者と一緒に子どもの臨床的なことを考えようとしていると、どうして心理判定員がテストだけの資料を送ってくるのかと思ってしまう。それを保育者が見たときに、たとえば新版K式発達検査のプロフィールのディテールをいろいろ書いてくれていますが、保育サイドのことがわかっていたら、送ってくれるメッセージがもう少し変わるのではないかと。つまり、子どもの生きているダイナミックスのことを考えて、あるいは子どもと生きている保育者の専門的な理解にどうつながるかという配慮がほしいわけです。今そういう問題をもっともっと考えていかなければならないという意味で、臨床家とつなぐこと、ケースワーカーとの連携、今のままですまされない現状がここにあるということです。

　それから、7つ目です。保育ネットワークということが最近言われるようになってきましたけれども、保育ネットワークという言葉のもっと実態を捉えていく必要があるだろう。どういうことがなされているかというと、たとえば東京の何々区の中で、子どものそういう子育て支援のようなプランでもって、医者だ、心理学者だ、あるいは言語治療士（平成9年に国家資格となった「言語聴覚士」のそれ以前の呼称）だ、作業療法士だ、あるいはそのほかいろいろな専門家たちがネットをつくって、組織づくりができた。でもね、非常に僕は皮肉っぽく言うんだけれども、僕の大学の消防体制みたいなものと同じですね。いつの間にかどこか建物の防火管理者なんていうのに僕の名前が張ってあったりするのですけど、ああいうものとそっくりなんです。要するにネットはできているのだけれども、実際火事が起きたときに、こっちにはあの校舎を水で消すのかという思いは全然な

いから、そういうものをつくったってしようがない。ですから、消防体制のあのマップみたいなものだけはつくりたくない。もっと実効性のあるものにしたい。実効性のあるものにするのにはどうしたらいいかというと、よくある組織図のような、学識経験者みたいな偉い先生でそろえていくのではなくて、ほんとに実力のある、エキスパートとして、ある意味では自分をかけている30代、20代もそうかもしれません、40代、そのあたりの人たちの、動ける人たちでチームをつくりたいのです。

　ところが、どうしても、しばしばそういうものがうまく組み込まれないというか、とくに、公的なものでつくると、偉い人ばかりが何かふんぞりかえるようなネットをつくってネットワークにはならないわけです。その意味では、最近の保育ネットワークというのは、単にいろいろな職種の人が横に連携をとるなんていう抽象的なことではないです。まさに、パソコン通信であるとか、インターネットのようなものをもっとフルに使って、保育者同士、専門家同士がお互いに情報交換できるようなもの、そういうものを考えるわけです。

　今、僕は鹿児島の保育所の先生とパソコン通信による研究会みたいなものをやってみようと思っています。東京の保育者とつながったんです。そして今、保育臨床研究会がこの学校で始まったのですけれども、まだ始まったばかりで、これからどのぐらい続けられるか。5年、10年と続けていく中で、保育ネットワークということを探ってみたいと思うのだけれど、これは地域における共同体制という言い方でテーマとして取り上げるのは可能だと思う。ある特定の地域において保育ネットワークということを考えていく。そこにおける問題性というようなものを考えていく。

　昔、僕が10年前ぐらいに地方のある町に入り込んでいるとき、大学の若いお医者さんで、僕のいた町の近くの町の中に入り込んで、そして地域の健康づくりというのに本当に専心して、家族ぐるみで入ってきていたGさんというお医者さんがいました。週刊誌でたまたま読んで、厚かましくも電話を探して、名乗り出て会ってもらったことがあります。Gさんと対談したことがあるのですけれども、そのときGさんの言ったことは、非常

に僕は忘れられないんだけれども、地域のネットワークづくりというのは、町の人があるいは村の人が対象で、専門家でネットワークをつくるという発想をやめたほうがいい、そういう助言を僕らにしてくれたんです。ネットワークのコア、つまり中心はだれかといって聞かれた。僕は答えられない。ネットワークというんだったら、少なくとも専門家の横の連携くらいしか僕は頭が動かなかった。彼ははっきり言ったんですね、ネットワークのコアは住民そのものだと。だから、住民が主体的に動けるためのネットワークでなければならない。住民をクライエントにしてしまうということはおかしいということを彼はずっと言っていて、住民にどういう運動を起こしたかというと、その地域の住民がよその町の健康づくり運動の取材に行くんです。そして帰ってきたら、かならずそれをレポートにして村のニュースをつくる。そのニュースをつくるときの印刷は全部そのお医者さんがやっている。

こういうGさんのような、当時30代だったんだけれども、医者が出てくるということに、僕もびっくりしました。このGさんは、その町で5年か10年健康づくりのベースをつくったら、僕の役割は終わったといって、違う県の無医村、医者の来ない町へ入り込んでしまった。そこでかかわりが途絶えてしまった。コアがだれかと言われたのが忘れられない。でも、保育ネットワークというのはそういうものです。

そういう意味で言うと、保育現場におけるネットワークは、保育者を支えたネットワークというよりも、保育者がコアになる。子どもをコアにするというのは、理念的にはわかるけど、実際ファンクショナルな意味で考えたときに保育者をコアにしたネットワークという意味だろうと。でも、それがなかなかできないんです。できないからどうしようかと。ですから全部課題なんです、今の7つというのは。

ちょうど時間になりました。では午後、少しビデオを見ながら、今度はカンファレンスということに絞ってお話しさせてください。

午前中はこれで終わります。

第8章

保育カンファレンス

特講8・9時間目

§1　保育カンファレンス ①

園内研とカンファレンスの実際

　保育カンファレンスとは、簡単に言ってしまうと、保育の現場でなされる事例協議だというように言えるだろうと思います。これは、かなり説明つき、補足つきでいかなければならないと思うのですけれども、要するに保育の現場において事例を協議する、いわゆる事例協議、または展開される事例協議と言っていいのだろうと思います。

　問題はいくつかあります。たとえば、ここの事例というのが何を意味するかということですけれども、かならずしも病理的な対象、つまり保育の中になじまないとか、障がいのある子どもの問題とか、そういうようにいわくつきの対象の子どもに限定されるわけではないということです。午前中の話の中で、保育臨床という話題というものが、いわゆる発達臨床、心理臨床における、問題を抱えている事柄とかならずしも対応するものではなくて、生活そのものの中で保育者自身のありようというものが極めて子

どもとかかわっていく中で臨床的な意味があるということをお話ししてきました。そのこととこれとは別ではないわけで、そういう保育者の専門性における臨床ということを意識しながら保育の現場を見たときに、保育の中でいろいろなことが話し合われていくわけです。その話し合いというものを大事にしていこうということですね。

　教育カンファレンスということがあって、これは前にお話ししたとおりで、稲垣さんがよくまとめておられますね。稲垣さんの書かれた「カンファレンス」というサブタイトルのついた『授業を変えるために』という本、『授業を変える』という本で小学館あたりから出ているものとほとんど同じかもしれませんけれども、国土社で出ているもののほうがより明確にカンファレンスということを表題に出してきているんですね。これは実際に読んでくだされば分かりますが、明らかに学校における授業の臨床研究という見方をしている。そこで使う臨床というのは、午前中に僕が話してきたような、いわゆる実践の場の中における教師のあり方ですね。あるいは、学校という場における人間関係そのものを意味する。あるいは、人間関係そのものを臨床という視点から見てみようという、そういう意味合いで進められていくわけだけれども、その点で保育カンファレンスというのも非常にそこから示唆を得るものが多い。

　ともかく、僕自身が保育の場の中で見つけてみたいことが、今言ったようなカンファレンスということを現場の中で取り上げられていく事例研究というように意味づけてみたいと思います。

　従来の「園内研」、要するに園内研修という形の研究のスタイルといいましょうか、このこととの関係にちょっと触れておいて話を進めてみたいと思います。わざわざカンファレンスなどと言わないで、幼稚園や保育所の中で行われる研修、園内研修というのが正式の呼び方だと思います。ほとんど現場では園内研という呼び方をしています。この園内研というのもある意味では保育の日常、当たり前だと思っているような出来事の中にもっと自覚的にふだんのことを考えてみよう、そういう1つの手がかりをこの園内研というのはもっていると思う。

たとえば、今、僕が入っているある幼稚園の園内研では何をしているかというと、教育課程を見直してみよう、あるいは自分たちの言葉で教育課程というものを表現してみよう、そういう作業をしているんですね。自分たちの言葉でというのはどういうことかというと、幼稚園教育要領の文言そのままを自分の園の教育課程そのものにするという発想ではなくて、あるいは、そういうスタイルをとるのではなくて、自分たちの指導計画なり、教育計画というものを考えてみようと。このことは最初に紹介したはずですけれども、要するにエピソードで綴ってみれないかと。4月のころのエピソード、子どもたちの過去を語るときは、指導計画や教育要領の文言で子どもを見ているのではなくて、「ちょっと、ちょっと、あの子、このごろこうだね」とか、「今度来た子はこうだ」とか。そして、そういう子どもの話題を通して、あるルールなり、ある法則なりということを考えていくということをしてきたので、そういう形で出してみようということです。

　そこで、これまでどんな園内研というのがあるか、ちょっと紹介してみたいと思います。幼稚園や保育所の園内研の中でよくある例というのは僕は4つくらいあったと記憶しています。

　1つ目は、一定の研究課題を設定して取り組むというスタイルですね。これは圧倒的に研究協力園という形で、引き受けた課題に取り組んでいるスタイルが多いです。たとえば、区の教育委員会がいくつかの研究課題を個々の園に紹介して、あなたのところでこの2年間ぐらい取り組んでみてくれないかと。たとえば、「生き生きとした幼児集団をつくるための保育者の援助のあり方について」とか、いろいろあります。「自主性、主体性のある生活ということを子どもの中に実現するための保育のあり方」とか、格調の高いようなタイトルがどんどん出てきます。

　こういう形で研究課題を設定して、そして一連の取り組みそのものを通して自覚化していく。何が問題なのか、何が課題なのか。そうすると、僕がつきあった経験から素朴に言うと、大体が頼まれた仕事だという感じですね。自分たちの問題意識のないまま、役所、教育委員会、あるいは文部

省（現：文部科学省）から託されてやっている。そういう形で出された報告書の悲惨なものは何かというと、自分の中でこなしていないものだから、枠にはまった考え方、あるいは枠にはまった、わりかし常套手段で答えをもう書いてしまう。そういう意味で、この研究課題を設定して取り組んでいるものの中には、よほど自発的に取り組まない限り、結構むずかしいものがあるということです。

　園内研の2つ目は、いわゆる気になる子についての取り組み、これが結構多い。いちばん困るのは身近にいる保育者だから、悩まされる問題を何とかしなくてはという形です。これは必要に迫られてやっているという意味においては1つ目とは違う。気になる子どもの問題に取り組んだ人たちが、割合、かなり早い時期に気がつくのは、それって子どもに責任がないなということですね。つまり保育そのものに問題があるのではないかとか、中には、気にならないということはどういうことだろう、などというようなことへと議論が進んでいくという可能性を含んでいる。しかし、これもあくまでもパターンとして、気になる子ども、卒園したらせいせいしたみたいなことが下手すると起きるわけで、この園内研の中の2つ目もよくある例です。

　3つ目、これは比較的少ないけれども、第1日目に紹介した河邉貴子さんのような仕事ぶり。つまり自分の実践を過去の記録と今の記録を見直して、自覚的に自分の保育の問題点を見直そうとするアプローチの仕方、あるいは、園の保育計画そのものの見直し作業につなごうとするアプローチの仕方で、河邉さんというすぐれた保育者がすごいなと思わせる、うなるようなすごさをそこで示してくれる、これは素朴に認められる。あえて難点、問題があるとすると、どれぐらいそのことが園の中の共同作業になり得るかということですね。しかし、これは魅力がある。非常に独断的な言い方をしますけど、私は1人の保育者が自分の過去と現在を比較する、あるいは展望をもつ、もう少し別の言い方をすれば、自分の保育に見通しをもつ作業、それを職人的な形で1人でやるのではなくて、できたらチームでやれたらすばらしいと思う。

それから4つ目、これはかならずしも今あげてきたようなものではなくて、結構、労力を使う作業で、たとえば子どもの遊びマップという動きがある。園の中のどこで、どんな遊びが1月に、2月に、3月に、12月まで、別な言い方をしたら春夏秋冬、子どもの遊びがどのように園舎の中で、あるいは園庭の中で繰り広げられているかという、こういうことを丹念にやっている幼稚園や保育所は結構あります。結局、いろいろな環境を、環境による保育とか、環境による教育ということを言われていながら、実際、園生活の中で子どもにとってどういう遊び場なんだろう、あるいはどんなふうに遊びが展開されているのだろうということをトータルに見直すチャンスがほしいということですよ。ですから、はからずもいくつかの園では、子どもの遊びマップというものをつくっています。

　ある公立の幼稚園ではそうしていたし、実は私が明日から行く和歌山の友達の保育所でもそうなのですが、仮に1年の遊びマップをつくって、どんな年齢の子がどういう遊びをしたというのを保護者に見てもらった。そして、ああ、子どもたちがここへ来てこんな遊びをしているのかと。今、われわれがそこで話しているのは、できたら地元のお年寄りたち、あるいはそこで育ってきたお父さん、お母さんが、乳幼児期の子どもの遊びの中で、こんなものが遊べるよというような提案をしてくれるような、そういう関係ができないかなと思っています。これをそういう意味で、園内研の中のいくつかの例としてあげてみました。

　この勢いで、たとえば行事の検討などというものも園内研の中であげられる例の5つ目になるかな。これは割合多いです。要するに、打ち合わせになってしまうのですね。これを園内研といっていいかどうかわからないけれども、しかし、比較的行事中心の幼児教育、保育の現場では、結構これが園内研の中でも話し合いの中に乗っていて、ややパターン化しているので、行事見直し論のための園内研になってきたということは疑問ですね。準備のための打ち合わせ会だから。

　さて、あまりまとまった形で外へ出してないけれども、この2、3年、自分で園内研やカンファレンスのことを意識的にしたいために、たとえば

今の園内研に4つ、5つ例をあげた。これにつきあっていて、非常にむずかしいなと思う点が5つあるのです、僕自身の経験から。それから、こういうことをやる意味があるなと思う点が6つあるんです。

園内研とカンファレンスのむずかしさと提案

今言ったような園内研をやっていて、気がついたむずかしいと思う点の第1は、言葉化していくことのむずかしさです。つまり、どういうように言語化するのか。言語化するというとボキャブラリーや文章力の問題になるけれど、僕の言いたいのはそういうことではないです。言葉化するという言い方をむしろしたい。それは何かというと、自分をどう表現するかということ、それがなかなかむずかしい。

それから、むずかしさの第2点は、よくしゃべる、よく話し合う。ですが、些細なこと、ほんのちょっとしたことの意義深さということをその話し合いの中でピックアップするということは容易なことではないということですね。

3つ目、園内研で話し合っているときにいちばん心細いのは、「こういうことが研究だろうか」とよく保育者が言う。こういうことがとは何かというと、日々を語るということを研究として、園内研修として取り上げるということに意味があるのかどうかと悩む。ここに研究者の手だてが必要だと思うのですが、日常性に目を向けた研究ジャンルがあまりにも乏しいということですね。つまり、保育者がこれは読むと参考になるよというのはない。日常に目をつけた発達研究、心理研究があったとしても、それはどっちに引き寄せられるかというと、研究者の思いにどんどん引き寄せられていくから、実践者の側で生かせるというものが少ないんですね。

たまたま、エスノメソトロジーという社会学の領域が独立して出てきた。そのエスノメソトロジーというのを、もし聞いてなければちょっと探ってみていただくと、わりと日常性ということを取り上げる社会学のジャンルとして注目されてはいるのだけれど、僕はとうとう途中でギブアップしてしまいました。つまり、要するに何なんだよということがなか

なかわかりにくい。でも、1つそこへ目をつけてるので、日常性ということについては心理学よりも社会学のほうが目をつけてはいる。だけど、それを実践の中に引き込むのにはまだ難解過ぎるということもある。

それから4つ目ですが、今のことと関係あるのですが、私たちの園の日常ということを描き出してみる、あるいはクリアにしてみる、そういう手だてに対する配慮というものがなかなかできにくい。日常の状態をクリアにしていく手だてへの配慮がなかなかできにくい。これはどういうことを言っているのかというと、今のことにも関係するのですが、要するに、ふだん、私たちの日常の意義深さというのを測ろうというときに、どういうことを知ることなんだろうという気づきがなかなかむずかしい。だから結局わかりやすいところで、6月の室内装飾をどうやってつくっていくかとか、あるいはお誕生会をどうするかとか、割合に、行事とか、あるいは子どもの活動のさせ方みたいなところで議論してしまう。そして、それが保育者の専門性としてしばしば切り取られて、保育者たちは準備にエネルギーを注いでいくんですね。まあ、つくられた形になっているけれども、本当に必要なところというのは、今日一日というものを常態像として捉え、どういう形で表現していくか、あるいは、どういうことに配慮すればいいのかということがわかりにくい。

その点で、さっきの園内研の例の3つ目にあげた、自分の育ちということに気がついてみるということが、ここではとても大事な配慮点とか気づきの上で重要になってくるのではないか。一見関係なさそうですが、保育者が自分の日常、過去、現在、未来を通して目をつけて、何が問題だったのか、どういうことだったのかということに気がつくことが、こういう日常の常態像をクリアにしていく手だてへの配慮としてとても大事だというふうに僕は思う。

5つ目ですけれども、これは人の異動が多い。保育の現場というのは人が替わらないのではなくて、よく替わる現場なんです。園長の異動、家庭の事情で辞める、あるいは結婚してという個人的な進退の事情で辞める、そして新しくなるというようなことが頻繁に起きる現場ですね。これが小

学校、中学校の現場よりも多いと思いますね。なぜ、どうしてかという問題を、今の僕自身が、問わず語りなんですけれども、現実にそういうことが起きる。そうすると、何が起きるかというと、園の日常性を語り合おうといっても、1人辞め、2人辞めということで、そういう保育者同士の中における、こういう言葉があるのか、日常知、その園における日常知ということをみんなが了解できるまでに一貫作業というか、共通にしていくまでに時間をかけなければならない。時間をかけるためには人が動かないでほしいんだけど、人が動いてしまう。この辛さというものがあります。

だから、実践のレベルが低いのではなくて、実践の現場がもっているある種の人の動きがもっている宿命みたいなものです。なかなかチームワークというものがつくれないし、チームワークによる作業ができない。ここは、僕の思いをつけ加えておけば、あせってはだめだし、冷たく離してもだめだし、何とかして高めていくという意欲だけで支えていくしかない。これはいずれにしても問題点だと僕は思う。

さて、そういう問題点がありますが、もっとポジティブに園内研なりカンファレンスを考えるとどんなことが起きるか。言葉の綾ではなく、実感として言えることだけを取り上げてみると、6つくらいあります。

まず第1が、取るに足らないこと、あるいは日常茶飯事というような言葉があるけれども、それの意味深さというものを保育者が気づくということがとても大事です。他の人が気づいてもだめで、他ならぬ当事者である保育者自身が"日常の些細なことというのはとても意味深いことなんだ"ということを何かで実感する必要がある。

2番目。子どもの育ち、子どもの発達の現実ということを状況として捉えるという意識。その子が生活している園生活、その子が登園してきて降園するまでのこと、あるいは子どもの24時間の中での園で遊べない状態、あるいは園に来ると生き生きしている子どもの姿とか、そういう、いろいろなことを含めて子どもの発達、子どもの育ちの現実を状況として捉えるという意図、まなざし、それがつくられていくということですね。

それから3番目、これは可能性として、やや期待を込めて言いたいのだ

けれども、発達体験という概念の重要性を確認できやしないか。つまり発達というのは外から測られたものによる意味規定ではなくて、大事なことは、その子自身が大きくなっていく、その子自身が新たになっていく体験という、この概念を確認できる場だというように言えるのではないか。

　4番目ですけど、園生活とは何かというときに、まさに子どもの宇宙だと言える生活世界をつくっていくことですね。その意味で、園内研やカンファレンスが大事だと。園生活が子どもの宇宙だという意味、それを知ることが可能な機会をもてるところですね。

　5番目、一種の保育者同士の"共通感覚"という言葉はなじまないかもしれないけれど、1つのことを話題にすること、あるいはいろいろなことを話題にし合うことの中から、保育者同士の共通の感覚というもの、そういうものをわかり合えるようになるとか、あるいはそれが確実なものになっていく、そういうチャンスだということですね。1人だけが突出したり、1人だけが浮いてしまうのではなくて、みんながあることに気づいて、ずっと考え続けていく中で、ある種のその園の生活の中で共通の感覚というものが育てられていく。

　最後に6番目。ちょっとつけ足しになるのですが、いわゆる子どもを理解する上での本音と建前みたいな問題に迫ることが可能だということですね。これは暗黙の発達感というのか、暗黙の知という言い方をしたらいいのか、そういうことをのぞき見ることが可能になってくるだろうと。たとえば「子どもたち一人ひとりを大事にするということは知っていますけれども」という言い方があったとします。これは本当に知っていることなんだろうか。実は「それは限定で、一般的な知識はそうだけれども、実は私はそのことじゃなくて」というようなことを意味するか、「そういうことと私は意見が逆でして」という言い方なのか、しばしば本音と建前の問題というのは社会心理学の身内、担任とか、そういう内と外の問題ではなくて、保育実践において、保育者自身がもっている本音と建前、言ってみれば自主性を見る枠組みの問題ですね。あるいは子どもを理解する枠組みの問題、あるいは保育を研究していく上でのパラダイムの問題ですね。で

から、本音と建前という言い方をしているけれども、そのへんを明らかにしていかないといけないのではないかと思います。

　園内研だとか、定期カンファレンスだとか、呼び方はともかくとして、保育の中において保育者同士がある共通の時間と場をもって、そして保育実践について考えていく、考え合っていくということ、園内研というのはそういうことだと思います。カンファレンスも、その意味では、それをもっと絞って、その保育実践においてなされる事例協議、あるいは臨床的な視点から保育そのものを考えてみようという動きだったと思います。

カンファレンス場面から考える —— 当事者性の大切さ

　これからビデオを見てもらって、カンファレンスがどのように展開されていったか、あるいは実践されたかということを見てみたいと思います。4歳のC君という子のことについて、これからちょっと説明していきたいと思います。このC君という子は、僕が出会ったときに非常に乱暴で落ち着きがなくて、何か出会い頭に、とんでもないことをしてしまうというようなことで、気にして、先生たちがしきりにその子のかかわり方をどうしたらいいかということを悩んでいた子です。

　担任の先生は、障がい児の通園センターで保育者をしていたのですが、異動があって保育所に行くことになった。もともと保育所で働いていた人なのですが、保育所にきて自分のクラスにC君がいた。この先生は前の施設の生活で、つまり障がいをもつ子どもたちとのかかわりの中で、いろいろなことを経験してきているので、C君の落ち着きがなく乱暴ということを、たとえば罰の対象にしたり、どうしようもない子だということをほとんど感じないというか、受け入れていこうとするわけですね。そのC君と何か気持ちの触れ合うものを探そうと。

　大体そういう方針でずっときたので、4歳児のクラスのときに、C君はこの先生によく甘えるようになってきたんです。さて、いよいよ年長さんになるぞというときに、先生が園の中で私がもしもち上がるなら、それでもいいと提案しました。ただし、1つだけ、今のように、私のように受け

入れるということだけで年長組に入っていっていいのだろうか。現に、ほとんど友達同士のかかわりももてない。そうすると、就学前の1年間の中で、やっぱり友達と遊ぶ姿というのを見届けたい。そこに1つの願いとして、C君にC君らしくなっていってほしい。とすると、年長になってから、私がどうその子とかかわっていくのがいいか、年長に上がる前の今しか確認するチャンスがないというわけですね。私がその園を訪ねたのが、C君の4歳児の年中組の最後の最後、ちょうど3月の最初のころでしたね。そのときの風景と、それから、その結果を踏まえてカンファレンスをして、そしてもう一度、今度は僕とC君との関係を、僕と一緒に行っているケースワーカーがビデオに収めてくれるという形で、言ってみればマン・ツー・マンに近い状態の僕とC君とのやりとりの場面を設定するから見てくれと。そして、それをもとにしてカンファレンスをして、そこで4月以降のあり方というものをみんなで考えていこうということにした。

その2つの場面がそれぞれビデオに撮ってあります。それからしばらくして、その間にまた私は一度行ってるんですが、5歳児になった12月の半ごろに訪ねたときにまたビデオを撮ることができた。つまり、3月からかれこれ9か月ぐらいたっていることになりますか。それで、そのときのC君の、年長組の子どもの中で遊ぶ姿というのを撮ってあります。うまく頭出しが時間的なことで準備できてないのですが、どの場面が出てくるかわからないけれども、大体の流れはそういうことです。ちょっと最初のところを見てください。

ビデオ視聴
C君のトラブルになってしまう場面（4歳児クラス・3月1日）

今、映ってる子がそうです。僕のほうはビデオを撮っています。ケースワーカーが、よく子どもと遊ぶY君という青年ですけれども、このときは、彼と私がペアでよく現場をまわってたんです。

Y君はコンタクトレンズをつけていて、たまたまスリッパを横から投げつけられたので、彼は本当に痛がってすごく怒りました。助けにも来ないでビデオを撮り続けたといって僕はすごく怒られたけれど、おもしろいん

ですよ。C君たちは、ちゃんと正座してみたりするんです、そして、見せ物じゃないと。たまたまこんな場面が撮れたというのは妙な話なんですけれど、C君自身が遊んでいながら、ふっとそういうものを投げたりすることがあって、意外な展開になっちゃう。ですから、C君の場合に、そういう形が割合に多いんですよ。だから大人との関係だけじゃなく、他の子どもとの間でもすごく事が大きくなってしまう。たとえば、突き倒したところがコンクリートの上だった、とかね。そういうようなことで、他の保育者たちから、何かこの子が動いてると、行く先々ではらはらして見るような、そういうことが多かったですね。

　まあ、ある意味で幸いだったのは、先生は何かにつけて、この子のこういう場面を見て厳しく叱るというよりも、どうしたらこの子はこういう形で人とかかわっていこうとするような状況が避けられるものなのかということで、まあ悩んではおられたと思うのだけれど、受け入れるということをずっと続けてきたんです。こうやって私たちがほとんど部屋の中にいる限り、彼はますます動かない。ふだんは座らないで、動きまわってしまう。意識してるんですよ、われわれが入ってること自体もかなり意識している。それも含めて、私たちはしばしば保育の現場に入ると、どういう出会い方をするのか、どういうかかわり方をするものかというのを気をつけるようにしてるんですね。

　3月1日だったけれども、この後の話し合いで場面を変えてみようということで、3月18日ですけれども、もう一度違う場面でのC君とのやりとりを見せてもらったのです。これが結構みんなから受けちゃって、僕は受けるのが非常に迷惑なんですけど。机の前に向かい合って、C君と何かをする場面を設定することにしました。私はにわか保育者になって妙なことはできない。じゃあどうしたらいいかというので、1つの設定としては、自分にやるべきことがあって、子どもとかかわるというのがいいと。じゃ何がいいだろう。あ、それじゃ発達検査のテストバッテリーをもっていこう。彼はおもしろくないだろう。そうすると、彼がそのテストバッテリーをどういうように使って、どんなような形の関係をもとうとするの

か、そこを保育者に見てもらったのです。その状況がここに出てきているので、ちょっと見てほしいのですが。

> **ビデオ視聴**
> C君の発達検査という場面設定での姿（4歳児クラス・3月18日）

　空いていた乳児室のまわりを他の子どもが入ってこないようにという園の配慮でカーテンをして、6畳ぐらいの大きさなのですが、そこに机を置かせてもらって、彼と私と、これを撮ってるケースワーカーの3人。朝9時半ちょっと過ぎですけれど、もうすでに遊びを始めています。

　こんな形で始まり、僕から働きかけが始まりました。まず保育者が驚いたのは、こういうポーズですね、こんなことをしたことがないと。これは4歳児のクラスの3月までの間に机に向かって、相手に向かって話を聞くという、こういう姿勢、これを見て、まずみんなで「へぇー」と言う。それからね、やりとりがいろいろ聞こえてきます。

　こういう聞き直しね。これも先生たちはびっくりした。「チャッカー？」要するに、サッカーボールのことかと聞いてるわけね。そういう聞き直してくるような形というのも、「へえー、この子、こういうことをするんだ」というようなことでしたね。要するに、僕自身は発達検査の検査者という形で検査場面の条件の云々なんてことを超えています。ただ、ひたすら何をしてるかというと、自分があえて、この場面を撮っておくことが前提でしたから、自分が働きかけるものをもっている。そして、それを受ける彼がどういう形で受けるのか。それから受けないで、彼が逆にどういう形でこの素材と、大人のかかわりを利用していくものなのかというところを見ていこうとしているわけです。

> **ビデオ視聴**
> 発達検査という設定を越えてのC君の提案

　それで、「いい考えがある、いい考えがある」と盛んに言ってるんですね。この後、盛んに出てきます。

ビデオ視聴
C君の積極的な甘えや提案、やりとりの継続

　まあ、この流れがずっと続くのですが、このビデオを見ながら保育者といろいろなことを話し合ってる中で、いくつかハッとさせられる場面がある。C君自身をもしトランスクリプトにしてみたら、つまりビデオの場面を秒刻みで行動記述と言語表現を記述してリストがつくれますね。それを見た上で気がついたことを記入するような、そういうスタイルをとったとする。そうすると、いろいろな保育者が、おそらく、ある程度かなり共通して気がつくこと、それはC君自身がこんなにやりとりをするということですね。それは経験的にはわかっていました。それは何かというと、保育者が自分の膝に乗せたり、ケースワーカーや、映ってないけど、僕のところに来てまた同じようなことをして接点をもつというときに、大人とやりとりするという中には、非常にこの子が甘えた言葉ではあるけれども、その言葉でもって、自分なりの提案をしてくるんですね。そして、遊びを工夫するわけです。そのことはとてもおもしろいですね。

　それから、C君のまなざしと姿勢が、こちらの提案を待って受けとめさえするじゃないかということがわかった。驚いたことに、40分もほとんどこのまま、こういうやりとりをして、彼は遊んで帰るわけですね。

ビデオ視聴
C君の保育室に戻る姿

　C君の遊び方の中で、いろいろな提案ができるのだったら、C君がそういうことをできるということをもっと大事にしようと。結局、先生たちの話し合いから出てきた結論というのは、とりあえず今の担任がこの子自身のいろいろな危ない、危険なことも起き得る状態を最大限防ぐ。そのことはみんなで気をつけていこうということが1つ確認されたのと、それからもう1つは、なるべく、C君自身が大人とのかかわりというのをとても求めているようだから、それを無理に年長さんという形でクラスの中へ、クラスの中へと仕向けていくことをしないで、できる限り、年長の1人担任として、この子の気持ちを受け入れてやりたいと、担任がおっしゃったん

ですね。

　それで、次の年の方針というのは大体決まりました。もう時期が３月18日ですから、進級担任替えの問題は園の中でとても大きい問題でしたね。でも、一応、このビデオを見ながら話し合ったことで、園長も方針を決め、本人も内々に担任を継続することを園長からほのめかされ、本人も望んで、年長さんの担任になりました。

　このように落ち着いてかかわれるものをこの子はもっているということは、場面が違えばこんなに子どもの行動というのは違うのだということを如実に語ってくれているわけで、保育そのもののあり方の中で、まだこの子はみんなとつきあえないけれども、しかし、まったくこういうことに関心がないのではなくて、こういう世界がもてるという意味で、先生自身がこの子のもっている興味とか関心とか、それから力というものをトータルに受けとめて年長の生活が始まる。要するに結論として、先生がどういうつきあいをしたかというと、４歳児までつきあってきたようにこの子を受け入れようと。そして、この子がもっているいろいろな興味というものをなるべく遊びの中で見つけていこうというようなことで４月以降のつきあいが始まるわけです。

ビデオ視聴
　　　　Ｃ君に寄り添っているようにみえる大場の姿

　Ｃ君はよく遊びを発見するんですね。僕がもし保育者で、課題をもって子どもとかかわろうとすると、僕自身、このビデオを見ながら感じるのだけれど、こうやって手を添えて押さえている場面があって、誰か記録を取ると、子どものやってることをていねいに見て手を添えて守ってるように見えるのではないかと思います。でも僕の頭は全然違うことを考えているんですね。いつまでもこんなことをやらせていていいのだろうかと。次の課題は何にしようかと。ちょっと見えないのですけど、右手でこっちに置いてあるテストバッテリーを探ったりする。ケースワーカーは笑うのですよね。ここでね、実にうまく合わせてるけど違うことを考えてるんだよねって。

それは保育者の中でも起き得ることだろうと思うのですね。自分の中にある課題があって、子どもとすごく上手に相槌を打ってる保育者をよく見るんだけれど、これ以来、僕は信じられなくなってきたのね。そんなに単純に子どもと向かい合ってる保育者って、そうざらにいないので、たとえばさっき園長に頼まれた仕事をいつやろうかとかね。そうかと思うと、今こんなことをしないで別なことを考えなければいけないというようなことを、頭の半分で考えながら、しかし、子どもとはかかわれてしまうという、それが技術だといえば技術だし、すごいなといえばすごいけれど、もっと突っ込んでいくと、そこに問題を含んでいる。いくつかのことを同時にする大人の知恵というものが、子どもにとって時としてはそれがマイナスになる。もう私も次のことを考えてますからね。こんなものをチラチラと出したりしていますね。

　でも、本当に子どもと遊ぼうという気持ちになって向かいあってる自分がここにはいないんです。やっぱり課題を出す側の自分というものをすごくこの中で意識している。この動きの中でね。ですから、教育や保育の実践の中における大人のあり方というのは、そこを、自分を引き離して見ていく場面を取らないと、いかにも上手に子どもとつきあってきたり、子どもが何か乗ってこないという言い方で処理してしまってることは多いのではないかなと。

　ですから、あえてこの自分のビデオだとわかりやすいから言うのだけども、僕はここでまっとうに子どもと遊ぼうという考え方よりは、子どもにどういう課題を出そうか、どういう課題に乗ってくるかという意識半分。そこで、この子が考えたボーリング遊びは、僕はスゴロクで遊ぶものだというふうに思い違いしていたんです。この後、ちょっと聞いてほしいのだけど……。

ビデオ視聴
C君の思いがこめられた声

　押し問答があったんです、今ね。ほら、私はモザイクをやりたい。彼はモザイクなんか関心ないから、あの色のついた積み木がほしい。このへん

をね、トランスクリプトしたらおもしろいんですね。

　私のゼミで、ここのところをトランスクリプトでもって、みんなで勉強会をやったときに、1人の学生が、この「ひいー」というのがとってもおもしろかったと言った。つまり、それまでの経過の中で、C君が1つ何かをなし遂げたという形で膝をかかえて、そうやって見せてる姿が他にない。C君のこの場面というのは、少なくとも遊びの中で、C君自身がある納得のいく形の何かを展開して、自分が発想して、自分が出来上がったものを1つの区切りとして、この行動としての単位としてちゃんと表現できるのではないか、ということに目を向けてくれたんですね。そうだと思う。やっぱり具体的に見ていく中でそういうことが見て取れるというのは、僕もそこのところの意味立てをしてなかっただけに、その学生の発見というか、気づきでもって、ああ、そうかということをやれたのですね。だから、トランスクリプトをもとにしてみんなで話し合っていく手法、つまりカンファレンスというのはそういうことができる場だといえると思うんですね。

　今、ちょっと少し先へ先へと話してきたけれども、C君がその後、12月になって、ほとんどそれまでは仲間もあまりいず、友達の中に入って遊ぶということがなかったのだけれども、私が12月に行ったときには、ほとんどそういうことを心配する必要もないぐらいに遊びが展開されていました。園庭の風景が出ると思いますけど、ちょっと見てください。

ビデオ視聴
友達の中でのC君（5歳児クラス・12月）

　この黄色いシャツの子がC君です。相撲の中で彼は参加しています。おもしろいことに、次にどのやつが出てくるかというのをちゃんと調べてて、強そうなのが出てくると女の子の後ろにまわって順番を前に譲って、自分が当たるのは相手が弱そうなのを選んでるんですね。そういうことをやったり、それから相撲の行司をやってみたり、なかなか、それも含めて友達の中にいるなという感じがします。

・・・・・**ビデオ視聴**・・・・・・・・・・・・・・・・・・・・・・・・・・・・
よくある風景の中のC君

　こうやって行司を自分でするくらいまできて、もう先生もほとんどC君のそばにいて目配りをするというような動きはなく、クラスの担任として年長の12月ごろの、よくある担任と子どもの風景ですね。そういうものの中になじんできている。C君は結構、荒い言葉を使ったり、何となく人をたたくような行動というのはあるけれど、たとえば僕なんかのところにきてボコっと。しかし、そのたたき方の中には完全に手加減ができるというようなことも感じるわけですね。ですから、同心円のようにどんどんよくなるようなイメージはないけれども、先生がしっかりと気持ちを固めて、その固めた気持ちをどの先生もわかっているという園の環境の中で、C君はおよそ9か月ぐらいの間にみんなの中に入っていけている。僕はそこまでは言える。

　本当は、この9か月の間の担任の先生の思い、子どもとのやりとりの中でこういうことをいつごろ安心して見られるようになったのかをすくって、そこを開いて、見ていかなくてはならないと思うんです。これは後でカンファレンスのあり方として少し整理してみたいのです。保育者の臨床的な専門性の中にある臨床という大事な役割というのは、変わったとか、みんなと遊べるようになった、めでたし、めでたしというところにあるのではなくて、ここに至るまでの間のゆらぎとか動き、そのことをきちんと言葉化することだと僕は思うのです。それが保育学の大事な意味であり、保育実践をきちんと語れるというところの本当に大事なところだと思います。

　そういうことであるとすれば、よくある心理臨床におけるケースのように、いつの時期にどうなり、どうかかわって、保育者がいてこうなった。そして、就学前にはめでたし、めでたし。こういうことというのは、書きようによっては大事な視点だと思う。発達なり、臨床の面でそういう記述というのはとても大事だと思うけれど、僕が何回も口をすっぱくして言いたいところは、保育の領域における事例というもののあり方は、一体この

９か月に起きたことが何だったのかです。事の顛末、それをていねいに見直すことだと思うのですね。カンファレンスというのは、その間に、そういうことをできれば意識化したり、言葉化したりする作業だろうというように考えられる。冒頭で日本教育心理学会で２人の子どもをフォローしたケースの中で、まさに子どもが相性のいい保育者と出会ったことによってよくなったという、その数行がこれと同じことなのです。何が起きたのか、あるいは、どういうことがそこでかかわりとして展開されていったのかということですね。

　そのことを考えると、１つの領域の問題が起きてくる。それは何かというと、保育実践の中で、当事者、あるいは当事者の世界、このことをもう少し考えてみていくということができなかったか。これはよくわかりません。こういうことを取り上げていく領域というものをあえて研究領域に狭めることはむずかしいかもしれないけれど、僕自身はこういった経過を見届けていくと、この担任とこの子を含めた世界、それを何ていったらいいかというと、当事者だと思うのです。その"当事者性"ということがあり得るから、抽象的にそれをくくるという意味で、そういう言い方があり得るかどうかわからないけれども、お叱りを受けるか批判を受けることを承知であえて言えば、実践の中における"当事者性"ということに目をこらしてみたい。だから、保育者とＣ君の関係をチェックリスト法で客観的に見る研究もあっていいけれども、大事なことは、あの先生とＣ君の間の心の中の動きや変化だということにもっと目を向けたいと思う。その意味で当事者性ということを考えさせられたビデオをちょっと見てほしいと思います。

　これもあまり学術的にどうかということは僕も整理をしてみないとわからないし、そういうあいまいな問題が今回いっぱいあって申し訳ないのだけれど、ただ話題提供していきたい。僕が当事者性についていちばん痛切に感じたのが、今日あと残った時間で紹介したい２人の子どもにかかわった保育者と、その子どもの姿です。

　その１つは、Ｋさんという保育者とＰちゃんという子どものケースで

す。僕の頭の中に今も離れられないのが、そのKさんという先生が、Pちゃんという子とつきあい始めたときに非常に苦労して、ずーっとつきあって、その間、巡回相談に行ってケースカンファレンスを何回ももって、その子の様子をずっと追っかけてきたあるとき、「最近、この子と血の通ったやりとりができるようになった気がする」とおっしゃった。そのことをちょっと見てもらいたいのだけれども、これは僕にとってはとても大事なキーワードになるんです。

　Pちゃんという子の概略を紹介すると、夫婦の間で激しい不和の状態になって、奥さんを殴ったり、たたいたり、それから子どももたたきつけるような乱暴な父親の暴力が起きています。兄弟は3人、Pちゃんは長女、2番目に妹がいて、下に弟がいる。その3人兄弟の一番上のPちゃんと、それから下2人を連れてお母さんは、その夫から逃げて、そして何回も逃げるんだけれど見つかっては連れ戻されて、父親が「悪かった」みたいなことを言って平和になるのではなくて、一向に状態が変わらない。

　そこで、ある町から逃げのびてきて、私が出入りしている町の福祉関係の担当者のところに申し出て、母子寮（現：母子生活支援施設）に入る。母子寮は、言ってみれば、そういう人たちを受け入れる場所ですから、その母子寮の中に身を隠すようにしてこの親子が住みついたわけです。

　幸いというか、偶然というか、その母子寮の真ん前にこの保育所があって、とりあえず当座の生活は何とか支えられるけれども、暮らしていかなければならない。先々の展望を考えても、この子たち3人の養育、教育を考えても、どうしても働かなくてはならない。そこで働きに出たい。出るとなると、この3人を預かってもらわなくてはならない。そこでこの3人を保育所で預かることになったのだけれども、何せPちゃんという子は人とほとんどかかわれないんですよ。それから、人が近づくと、奇声に近い笑い声しか出せない。僕らが想像するに、どんなにすごい修羅場を見てきた女の子かなと、大人のね。そして、自分もかなり虐待に近い形で父親からはいろいろな仕打ちを受けてきたに違いない。だから、大人との関係というものに対して、さっきのC君のように甘えるようなことがあれば一縷（いちる）

の望みがあるのだけれども、Ｐちゃんの場合には、そこからつながりをつけていくことになる。そこで、Ｋさんのあの言葉がものすごく重いわけです。つながりがもてない女の子と、「このごろ血の通ったやりとりができるようになった」という一言を漏らしたんですね。それが実にタイミングよくかみ合った形でビデオを見てもらえるかどうか、ちょっと心配だけれど、その光景がどう出てくるのか説明しながら使ってみたいと思います。

・・・・ビデオ視聴・・・・・・・・・・・・・・・・・・・・・・・・・・・・・・・・・・・・・
Ｐちゃんとkさんの触れ合って遊ぶ姿（7月）

　今、抱き上げられた子がＰちゃんです。保育者はともかく、懸命にというと何かわざとらしいんだけれど、ごくさりげなく、ゆらゆらしたり、毛布の中に入れてゆらす遊びとか、よくあるプレイセラピーなんかでしばしばそういうことをやりますけど、そうやっておもしろくさせようとしているわけですね。

　日付は入っていませんが、多分7月だったと思います。実はＫさん、今は園長になっていますが、彼女はこのときは主任です。この子は障がい児という診断を受けていない。どういうことかというと、加配の対象ではない。つまり保育者が手当てとして増えない。今までの園の体制からいうと、担任がこの子にかかりっきりになれない。どうするかというと、主任がやむを得ず"Ｐちゃん番"になったんです。そういうように園の中のシステムというのは常に、人の手当てがあるかないかというような、現状の中で保育をしていくわけです。クラスはかなり園児も多いので、主任のＫさんがＰちゃん番になった。Ｋさんはすでにお母さん先生で、僕が接していても、すごくはにかみ屋の保育者で、話をすることも達者になめらかにできる人ではないのだけれども、子どもに関しては安心して任せられる人です。この子と一生懸命かかわって、最初、先生どうしようというので、僕もよくわかんないよと言いました。ただ、お母さん先生としてあなたがやってきたことだったら絶対大丈夫だから、母親の意識でもって動く、体が動いていく、それでつきあってくれたらということを言ってあります。

彼女は、だから、あまり技術のノウハウ云々とか、子どもの、この子の状態ではこうしろという何かマニュアル的なものを専門家からもらったというよりは、僕もかなりずさんな言い方で保育者に任せてしまう。そして様子を見てみる。

彼女はこうやって、数か月たってますけど、Ｐちゃんは物は言わなくなったのだけれど、こういうふうにゆすってもらうときの体の対応ですね、つまりおんぶしたり、抱っこしたときの、そこから変化が始まってるんですね。本当にゆすってもらってても、何が起きたかわからないという表情を最初のころはしていたのが、このころになると喜ぶといえるような、そういう表情が反応として出てくるんですね。でも、終わるともう、一見何のつながりもない。

・・・・・ビデオ視聴・・・・・・・・・・・・・・・・・・・・・・・・・・・・・・
Ｐちゃんと他児との姿（"かかわり"とは言えないような場面）

保育の場というのは、要するに僕らがあることをターゲットに絞ってチェックリストみたいなものをつくって追っかけている間は、後で捨ててしまうような資料が多いかもしれない。逆に目のつけ方によっては、それがすごくクローズアップされると思う。子どもって、子ども同士で結構おもしろいんですよ。つまり、予期せぬかかわりみたいなものが起きてくる。たとえば自閉症の子というと、大抵は人とかかわれないと言うじゃないですか。ところが、保育所に入ってきた自閉症の子というのは、しばしば群から離れてというか、たとえばですけれど、妙なところで小さい子の部屋に入っていったりしますね。入っていった小さい子の部屋で、乱暴なこともしないわけだし、人の側に来て何か邪魔することもしないというような自閉症の子なんかは、そのような"お兄ちゃん"に憧れる女の子なんかが出てきますね。そして、２歳児なら２歳児の女の子が自閉症の子の後をついてまわってね、盛んに遊ぶものを提供したりする。そういうとってもほほえましい関係というのは予想のつかないようなところで起きる。

Ｐちゃんの場合もそうなんですね。Ｐちゃんはほとんど口もきけない。ただ奇声のような声を出すだけだけれど、Ｐちゃんはまわりの子に乱暴す

るという対応をしてない。ほとんどかかわりは無関心なんだけど。やっぱりプールの中でちょっと接点をもって、まったく知らない女の子がかかわりをもち始めたりするんですね。それが無数にあるんです。これが一体、長い目で見たときに、複数の子どもがいて、複数の保育者がいたときの、そういう意図しない出会いというものはどういう意味があるのかなとしばしば僕は考える。うまく言葉化できないのだけれど、長い間にかかわり合いの中で影響しないはずがない。だから、ある日突然、そういう布石が、点であった出会いが、ぐーっとつながってくるような意味合いがあるのだろうなと思うのですが、実証性がないんですよ。でも、そこに立ち会って見てると、しきりにそのことは気になる。

　そういう意味では、プレイルームのマン・ツー・マンという状況とはまったく意味の違うセラピティックな意味があるのではないかということですね。これは誰の本を読んでも出てこないし、わからない。どうしたらそれが書けるのかというと、手がかりは保育者の記録に戻るか、そういうことを目撃して書いてある感想のようなものを厚みを増させていくしかないのではないかと思うのです。でも、かならず接点をもつわけですね。

ビデオ視聴
　　　　Kさんに抱っこされているPちゃん

　今みたいに、抱っこということがやっとかかわりとして出てきて、誰でもないKさんにだけこの子は抱っこされるようになってきたということですね。この段階ではKさんは血の通った云々という言葉は出てこないです。まだ、道具的なというか、よくある、必要なところで手をもっていって、あれを取れとか、抱っこしろとかいう、そういうやりとりでしかなかった。これもまったくさっきのC君の場合と同じなのだけれども、保育の中で起きてくる「人とかかわれるようになっちゃった」というのは、非常に保育学的な表現として不適切だとしみじみ思うんです。そうなっていくまでの日々をどのように言葉化するかということに、実は保育学的な大事な意味合いがあるのだろうと思う。だから、ある期間を置いて、項目の何かを重ねながらしていく評価測定のようなものをもち込んでも、それは

保育の実践の中で起きてきたかかわりの変化というものを表現していく際に、かなり無理があるだろうと思うのです。その意味で、やっぱりかかわり合う中から、当事者である先生のコメントというものが非常にもっともっと意味のあるものとして大事にされていかなくてはならない。

・・・・・ビデオ視聴・・・・・・・・・・・・・・・・・・・・・・・・・・・・・・・・・・・
行事の練習場面 ── 子どもたちの中で参加している ①（1月）

　Pちゃんはここにいます。そして、これはちょうど5か月たっています。今1月で、2月に向けて行事を控えてオペレッタというのか、そういうのを練習しているんだけれど、ここにいて、友達の中にいる動きをちょっと見てください。

　今さっきこちらにチラッとKさんも映ったのですが、主任の姿勢に戻ってますよね。すっかりこの年長のクラスの担任のもとで大勢の子どもの動きの中にPちゃんも入っていて、そしてうたってこそいないけれど気持ちは参加し始めているというような、そういう状況の中へPちゃんが入ってきた。まだ言葉は出てない。だけれども、他の子もこうやってある種動きの中にハーモニーというか、ハモってくれるというか、そこに入ってきてくれた子どもは、女の子なんかでも、パッと受けとめてくれていますね。ましてやKさんのような先生とか、あるいは担任も連携しながら、この子を受け入れていく大人のモデルがあって、Pちゃんをどう処遇することが、この園の生活の中のいい対応なのかというのを、子どもはとても敏感に察しますよね。

　しょっちゅう、ある子が叱られたり、強引に腕を引っ張られたりする、ほんのちょっとした保育者の動き、行動の1つ、2つを子どもが見届けると、恐いことに子どもの中でそれが起きてくる。しかし、このクラスではそうではないんですね。先生たちのカンファレンスによる対応の仕方で、Pちゃん自身のそのまんまで受けとめられる状況ができてくると、実は子どもの中にそれが生まれてくるのですね。

§1 保育カンファレンス ①

:::: **ビデオ視聴** ::::::::::::::::::::::::::::::::::::::
行事の練習場面 ── 子どもたちの中で参加している ②（1月）

　こうやって、この場面はまだまだ続いていきます。経過をたどってきて、飛ばしていきます。この場面の中にあるPちゃんというのは、考えてみれば、かなりなじまなければなじみにくい場面なんだけれども、とにかくこの課題のようなものを、Pちゃんなりに落としたお面をまた自分でかぶり直してみるとか、あるいは女の子に手を引かれてくるような場面とか、今まではあまりこの子は反応しなかったんだけれど、どうするのかなというようなことを感じながら体の向きを変えさせられるのに合わせていくことだとか、そういうところが随所に読み取れるわけです。このころになってカンファレンスをしたときに、Kさんがさっきのような「血の通ったやりとり」という言葉を言ったわけです。

　この園では、かなりビシバシ話し合う保育者たちが多いのですね。非常によく子どものことを語れる集団ですけれども、一斉にKさんに、今のあの子のどこに血の通ったやりとりがあると言えるのか、と言い出した。私たちがかかわっててもほとんどそれは感じないという発言がだーっと出たわけです。そうしたらKさんが、「私の思い過ごしだった、そうだよね、血の通ったやりとりというのは私の思い過ごしだったんだよ」と言って、これも笑って終わってしまった。私もそこにいたのです。いたけど、そのことについて、「いや、そうじゃないんじゃないか」というように、同じような立場でもって反論することを僕はしてないんです、その日。

　そんなにきちんと僕は仕事を整理しないし、整理は上手じゃないのだけれども、その日帰ったときに、このPちゃんのことは非常に頭にあったものですから、滅多にないのですが、帰った後にケースの整理ということで、Pちゃんについて書き出してみたのです。そして、ふっと気がついたら、Kさんの「血の通ったやりとり」という言葉を、そのカンファレンスの中で見届けてないし、確認してない。どうしてなのかというと、血の通ったやりとりというのは、4人、5人と、他の人たちがそれを認めてなくたって、これは当事者の中に起きた変化としての意味というのはあると

思うのです。つまり、5人の人が私にはそういう実感はないと言ったって、担任に近い、担任とはいえないのだけれど、つまりKさんはさっき言ったように主任で、とにかくこの体制で困ったから担当者になっていたわけで、担当者の気持ちの中に、このことを感じたということを"客観性"がないといって処理できるのでしょうか。

いろいろな意味で、この"客観性"、"主観性"という言葉は使うとややこしくなるということはわかっていても、つい"客観性"批判をしたくなるのは、すぐれて僕は客観的なことだと思う。自分の中に最初に起きた変化というのは関係が変わっていく第一歩だということが実感できれば、すぐれた客観性をもってると思うのです。Kさんの言ったことが他の人に通じないというのではなくて、得てして、こういうふうに子どもとの関係が変化するのは身近な大人の気持ちの中に起きる小さな一歩だ、それは俺もあるよ、私も経験してるよと。そういう経験の重ね合わせの中で、それは十分、客観性という生き方の中で耐えられるものになっていくのだろうと。"客観性"という言葉の中で議論し始めると、僕は正直言って自信がないです。このことに関してはあまりにも裾野が広がり過ぎてね。いや、それを"主観性"というんだとか、あるいはそれをなぜ"主観性"ということの中で捉えられないのかという議論になると、このKさんとPちゃんの関係を抜きにして議論がすっ飛んでいってしまう。

カンファレンスの問題としてずっとこだわっていくとすると、今のような当事者の中に起きた最初の変化というもので何が大事かというと、KさんがPちゃんを見る目が変わっていくことですよね。そういう形で、この中に起きたことを僕は拾っていなかった。翌日の朝、僕は園長に電話を入れて、「昨日のカンファレンスで僕はちゃんとしたことを言ってない。申し訳ない」と、まず詫びて、それから「Kさんに伝えてくれ、みんなに伝えてくれ。やっぱりKさんの中に起きた変化は、みんなや私に実感はないけれど、Kさんに変化が起きたぞというニュースであっていいんじゃないか」と。で、様子を見ようというふうに申し合わせする、その関係でいいのではないか。私に実感がないということで、それは正しくないという判断であるかのよ

うに処理されたら、それは困るから、そういうようにしないようにしようと園長に言いましてね。そして、そのことについて了解を得たのです。

　それ以後、このことは少なくとも保育におけるカンファレンスの中で、僕は非常に大事なことだなと思っています。子どもの問題の中で起きてきた自分の気持ちの変化、つまり保育者の中に起きた小さな一歩というのは当事者性と呼んでいいのか、僕は仮にそう呼んでますけれど、当事者性ということで捉えて大事にしていくことが必要だろうというように思うのですね。当事者ということでもっと考えさせられるのが、実は担任のエモーショナルな世界を誰が大事にするかという問題、これがもう1つある。問題というと、とても感情的だとか何だとかいう言い方になるから、情緒的世界と呼んだのですが、これを考えさせられた次のRさんとQちゃんのケースについては、ここで15分ぐらい休んで、後の時間でビデオで見ながら、担任の情緒的な世界ということ、そこをやはり出してみたい。それらを踏まえて最終的にカンファレンスということの意味合いを少し整理してみようかと思います。

§2　保育カンファレンス ②

カンファレンス場面から考える —— 情緒的な世界の共有とその先

それでは授業を続けます。

　巡回相談で僕がしている仕事の多くは、やはりどうしても障がいをもつ子どもたちのフォローアップということが中心になります。だけど、さっきのPちゃんのように、かならずしもそういう判定をしてなくても、保育者自身が一緒に考えていくスタッフがほしいというときに、僕らのような巡回相談という形で入っていく人を含めたカンファレンスということが始まるわけですね。

　かならずしもそれは一般的かどうかわからないけれども、かなり地域によって巡回相談というシステムをとってるところは今ありますよね。それで都立大（現：首都大学東京）のグループという言い方になるのかもしれな

いけど、藤崎春代さんや浜谷直人さんという方たちが、ある地域でずっと展開してきている巡回相談、これは保育所だと思うのだけれども、東京発達障害研究会というグループが、その後どうされてるか。5、6年前か、7、8年前に浜谷さんにわれわれの研究会に来てもらいました。みんなが読むとすると、もちろん研究会で会報を出してるのだけれども、ミネルヴァ書房というところから『保育のなかのコミュニケーション』という本になって、その巡回相談で出会った子どもたちとケースカンファレンスについて、浜谷さんと藤崎さんたちのグループが発表しているものがあります。これは読まれたらおもしろいです。どうおもしろいかというと、僕とはちょっと違う。僕はわりと保育者論に近いし、その視点で考え続けたい。浜谷さんと藤崎さんたちは、もともと発達臨床、心理臨床のスタッフとして保育現場に入り、そして保育者にアドバイスをする側の臨床家という形のスタンスをとりながら入っておられる。いろいろなあり方があっていいわけで、僕らにとっても、たとえば「われこそ保育臨床のオーソリティーだ」みたいなことを口はばったくも言えないので、みんながどうしてるのか、どんな入り方をしているのか、情報交換していきたいと思っています。そういうことで宿泊ゼミに浜谷さんに来てもらって話を聞いて、いろいろと考え、比べることがあった。ぜひ僕の話と横並びで、その『保育のなかのコミュニケーション』という本を、興味があったら読んでごらんになるといい。サブタイトルは、「園生活においてちょっと気になる子どもたち」です。

　万能選手じゃないので、何でもかんでもかき集める発想でなく、私はこういうことをやってる、ここまでやってる、あるいはここしかできないという限界を承知の上で仕事をしていかないと、何でも自分の守備範囲に抱き込んでしまうというのは無理ですし、長続きしない。浜谷さんたちも非常にそういう意味ではスタンスをとって、そして親の問題とのかかわりをもっていますね。

　僕の入り方というのは保育者論ということに関心をもって、保育者の専門性としての臨床ということに焦点を当てて考え続け、そして親の問題よ

りも保育者が悩んでいる、あるいは園生活の見直し、そこに僕は最大の関心をもっている。これは特徴でもあるし、限界でもある。今後、どうやって保育所で親の相談を受けていくようなことに一緒に参加できるかは、僕にとって大きな問題です。そのためには、それもやれます、私は昔、親の相談もやってましたみたいな、何か固守するようなものがあったら、そういう抱き込みというのはとても恐いし、それから、そういうスタッフを仕事仲間にはしたくないというのが僕の発想です。とにかく、そういう形で今、4人の仲間で巡回相談を続けてきたわけです。

　いろいろな保育者との出会いがあったけれども、Mちゃんという子とSさんとの出会いというのは、僕にとっても事例として紹介してみたい忘れられない保育者と子どものケースです。

　この子は、よくわからない。医者もよくわからない。ただはっきり言えることは、妊娠中にお母さんの胎内で育ってくる過程で、細胞がノーマルにというか、順調に体を形成させていくことをどこかで歪めてしまったのですね。そのために、言ってみれば外見上もちょっと気になる子どもの状態でした。一種の細胞の成長のもっている何か問題点ということで、お医者さんのほうでは多発性何とか細胞症候群というんです。私も何回か医学事典を引いてみたけれどよくわからない。困って、その当時の記録を書いた医者にも問い合わせたけれども、正しくは伝えられないということで、要するに発達障がいということで受けとめてくれと。言ってみれば知的な遅れがある状態に近いということですね。

　これからちょっと見てもらいますけど、その子が入所してきた当初から僕は巡回担当者として知ってるのですが、最初のうちは、汚いことがほとんど分別できない。園のコンクリートを敷いてある1間ぐらいの幅のテラスにずっと人工芝のようなシートを敷いてあるけれど、子どもたちはそこで遊んで水もまきますし、ほこりも入る。それがシートの下に入ってるわけだから、シートをめくるとかなり汚いわけね。でも、この子はめくったらそこが汚いという判断よりも先に、頭からその中に入っていってしまう、もそもそと。あーっと言ってる間に、もうそのシートの中をどろどろ

になって這いまわる。その手がぐちゃぐちゃになっても、「これは何だろう?」みたいな。そして、汚れをあまりいやがらない。それから、園の中をよく走りまわり、ときどきはトイレの中の水にとても興味をもって、トイレの中にしゃがみこんで、じっと見ている間はいいのだけれども、すくって飲んでみたりね。そういう「あっ」というようなことが起きかねない状態の入所の状況だった。

しかしすごいもので、この子はどんどん保育所の生活の中へなじんでいくんですね。そして、想像していた以上にこの子は保育者とのかかわっていく可能性をもっている。そうしているうちに、この子の状態との接点で、1人の保育者が出てきて、その保育者がかかわっていくという形をとる。

今、僕大きな間違いをしていた。ビデオを用意した事例を間違えて、今お話ししています。ごめんなさい。今日、お話としてつけ足そうと思ってたもので、そっちの話が出てしまって申し訳ありません。そのSさんとMちゃんの話というのは結局、目覚ましく変わっていくんですね。その間に起きたことというのは、さっきのKさんとPちゃんの関係と同じように、その間のかかわり方、一対一のかかわり方が強烈だったわけです。どう強烈かというと、とにかく、ひたすらこの子の遊び相手になって、何でもないようなちょっとした遊びをすることから、とにかく遊び道具を保育者として工夫していくわけです。

僕自身横並びで紹介しようとした話が混同してしまってごめんなさい。今から見てもらうビデオは、QちゃんとRさんが出てきます。Rさんは、若い保育者で、実はよその園にいたのだけれども、早い時期に公立の中で異動があった。本人の話では、それまで乳児を担当していた。せめて私は年長さんのクラスの担任になりたい、なれるかしらという期待をもって、新しい園に来たわけです。園に来てどこのクラスへ入るのかと思ったら、あなたは加配の対象で来る子どもの相手をしてくれと言われた。よくわからない。くわしく知りたい、どういうことか。そうしたら、実はQちゃんという女の子の相手をしてくださいと。クラスとしては、Qちゃんは一応4歳の部屋の子どもなんだけれども、4歳の担任とは別の動きでいいと。

とにかくかかわりがかなりもちにくいと。今まで自分が保育者として勉強してきた中に、そういう障がいをもつ子どもの勉強というのはほとんどしてない。どうしようかと悩むわけです。もともとＲさんは気持ちの細やかな人で、どちらかというと、自分で抱えて悩んでしまうほうですね。

　そして、そのことを自分の日記に克明に書いていて、Ｒさんの日記を僕が見せてもらえた中で、いろいろなことをＲさんを通して教えてもらえた。今、僕がこれからお見せするＱちゃんという子は、発達遅滞という状態で保育所で受け入れた子です。Ｒ先生がそうやって、経験がないけれど加配の保育者として、そしてＱちゃんは障がいをもってるという診断を受けて保育所に来ることになった。この子はどういう状態だったかというと、とにかく恐がるんですね。ちょっとした物音を恐がる。たとえばヘリコプターが、頼んでないのにああいうふうに来るわけです（注：偶然、ヘリコプター音が教室に鳴り響く）。ああいう音だけで、もう緊張して、あまりタイミングがいいんで僕もちょっと絶句したのですが、この程度の音でさえ、もうだめ。誰も気がついてないのに、もうハッと顔色を変えて、そして保育者を探すのだけれど、幸いというかＲさんがいつもそばに立ってますから、Ｒさんにしがみつく。

　この関係がＱちゃんはだんだんわかってくるんですね。最初は機械的にそばにいる保育者にしがみついているはずのものが、Ｒさんを探してしがみつくようになっていくわけです。これは結果的にそうなっていくんだけれども、まずヘリコプターの音がだめ、それから、４歳児クラスの男の子たちが、何とかレンジャー、青レンジャーだか知らないけれど、もう気合いが入ってね、目がすわってこんなこと（身振り）をやってますよ、あちこちで。それの勢いが恐い。それから体格のいい保育者が１人おられる。この人が豪快に笑うと、その笑い声でびっくりしちゃう。最初は、その先生も避けている。要するに、大きな声、大きな音、何か大きいという感じが恐いのですね。そういう子だったんです。その間に、このＲさんを、言ってみればベースのようにしながらつきあいがだんだん深まっていきました。今ビデオを見てみないとわからないんだけれども。

---- **ビデオ視聴** ----------------------------------
　　　　RさんとQちゃんの密着している様子 ① (密着型状態) (8月)

　8月になってますが、4月から彼女はずっとついていました。Rさんはこの Qちゃんのかかわりをどうしようかと悩みます。自分の日記に何を書いたかというと、養成校で勉強した子どもの育ちの中でいちばん大事なのは愛着の関係だと、彼女はそういうふうに自分の学んできたことをおさらいし始めて、日記に書いてある。そして、どうしたらいいかと。私は障がいをもつ子どもとのかかわりの経験はないけれども、まずかかわる最初はRさんの言葉で、"密着型"でいこうと。ひたすらついてまわる。そして、その子の必要なことは何だろうか、その子の要求しているものは何だろうかと。とくにこの子は、音が恐いということがずっと続いているので、なるべくそばにいてやろうということですね。そういう関係が4月から8月、後で記録を整理してくれて、僕らの研究会で彼女に報告してもらったことがあるけれど、このころは割合にいい関係が続いてるときなんです。いい関係というのは自分なりにQちゃんを独占しているという意味です。実はこの先生はおもしろいのです……。

---- **ビデオ視聴** ----------------------------------
　　　　RさんとQちゃんの密着している様子 ② (べったり寄り添う姿) (8月)

　とにかく、こういう場面も象徴的なんですが、Rさんのこの子への気持ちの向け方というのは、わざとらしくやってるのではなくて、本当に夢中になってQちゃんと自分の気持ちの通い合いというものを何とかしたいと。その後何年かたってから整理してくれているのですが、彼女がこのころに書いた記録というものは何かというと、何かがあると自分のほうへ寄ってきてくれる、そういうことを通して自分との関係が少しずつできてきたということがわかり始めた時期だと書いてあるね。

　この先のことを紹介したいのですが、秋になって、11月ごろだったかな、そのころのビデオが抜けてるのです。実はこの密着型ということをとても彼女が反省するんです。何かというと、あれだけ大きな音を恐がっていたQちゃんがだんだん、ヘリコプターはまだちょっと耐えられないのだ

けれど、夢中になって遊び始める。どういうわけかわからないけど、その10時前後にヘリコプターがかならず通るのです。行くとかならずヘリコプターが来るという時間帯で、さっきみたいな音がするわけです。11月ごろの記録を見ると、密着する関係をＱちゃんがいやがる。いやだ、いやだといって避けるという記録が増え始めるのです。

　そして、その記録が増えるのと同時に、この先生が朝、そばに行って迎えようとすると、Ｒさんの手の下をくぐって、何と、あの大柄な先生に向かって一直線に行く。で、その大柄な先生というのは実は僕も知ってる先生だけど、非常に子どもに人気のある先生でね、何せ豪快で、さっぱりしていて、太っ腹な先生。本当に体がそのまま性格や人柄をあらわしてるんだけど、おお、来たかみたいな、どーんと受けるみたいな感じで受けとめるんですね。そして、実はＲさんとしては、まあ、そのＡ先生のところへ飛んでいくのはいい。しかし、返してほしいわけですね。日記にそう書いてある。ところが、その豪快先生はね、そのＱちゃんが来てくれたというので、すっかりかわいがっちゃってね、あっちこっち連れて歩いていくのね。それで、Ｒさんはどうしてるかというと、Ａ先生に抱っこされたＱちゃんの顔がこっちを向いてる。後ろから、おいで、おいでと言ってみたり、それから、私のほうへ来ないかと盛んに表情をつくるというのです。それは想像できることなのだけれど。

　そういう関係をもちながら、Ａ先生のところからこの子は帰ってこない。つまり、あれだけ恐がってた先生にすっかりなついて、それから11月中は朝来ればＡ先生のそばに行って、Ａ先生も喜んで引き受けている。ちょっと配慮してくれればいいのにと書いてある。なぜかというと、実はこの先生の世界があるのだけれども、異動があってこの園に来て、4月から即座にこの子だけの担当になった。それから、この先生自身がそれほど器用に手を抜いたり、力みを抜いて他の先生とお茶飲み話でもできるような関係になれればいいのだけれど、非常にまじめなほうなものだから、ひたすらこの子にこういう感じでつきあってきたので、さて、Ｑちゃんがいなくなったら、突然自分が他の先生とコンタクトをとってないということ

に気がつく。そういうことってあるものなのですかね。11月までの間に、ちょっと、Qちゃんが他に行ってる間に、気心の合った先生のところに行って立ち話をするみたいな相手がいない。

　まあ、過不足なくつきあってはいるけれども、自分にそういう余裕がない。そこでどうなるかというと、4歳児の部屋の担任にも、急に手が空いたからといって悪いと遠慮してしまう。かといって乳児室へ行ったって、それもだめ。体の大きい先生に返してちょうだいと平気で言えるような関係にもなってない。そこで、落ち込んでいってしまうんです。このときの、Tさんという園長は、僕と巡回で長いつきあいの先生で、そういうことに関してもよくわかってる方で、R先生の状態がちょっと気になり始めて話を聞いてあげるわけです。それが事の発端です。そして、実はQちゃんがこういう状態だというのがわかる。R先生が勉強してきた愛着の関係ということが、R先生自身との間に形成された数か月があって、Qちゃんは今やっと探索的に外の世界に向かって動き始めたのかもしれないと、そこまで書いてあるんです。一般的に言えば、Qちゃんはそうなったのかもしれないと。その後に、「でも、私は担任なんです」と書いてあるのね。つまり、一般論はわかるけど、でも私が担任だという思いというのは何なのかと。実は僕はそこにこだわったのです。従来だったら僕はそれはおまえさんの思い違いだと言って一笑に付すか、無視してきたと思う。でもね、Rさんのこの手記を読んでるうちに、そのことはとても大きいことじゃないかと思った。つまり、一般論としてわかるということと、担任としてそこは納得できないということと、並立している事実というか、こういうことって起きるのではないかと。

　たとえば、親にとっても、虐待児の親と子どもの関係、かなりの親は虐待ということをすごく恥じているし、後悔しているし、あってはならないことだとわかっている。でも、一つも虐待ということから手が離れないで、ますます熾烈になっていくという関係を、虐待防止センターの会で親の手記を見せてもらったとき感じた。それはまさに当事者の世界なんです。担任ではなくて、親の情緒的世界といえるかもしれない。一般論はわ

かる。でも、私は親だ。あるいは、「私の親としての立場では……」という、自己弁解するようなものがある。Rさんもそうなんですね。そういうふうにQちゃんの姿を喜ぶことはできるけど、でも私、担任なのよという言い方がとっても印象的でした。

　そこで園長は、このことについて話そうじゃないかということで、話し合いに入ります。それからカンファレンスが始まっていくわけだけれども、まずカンファレンスに入る前に、「R先生、あなたはもう1人の先生に自分の思いをちゃんと話したらいい。そして、それをみんなに聞いてもらおう」と、園長はそういう提案をしたのです。本人も最初はちょっとためらっていたけれど、園長がいろいろと説得して、それは大事なことだから、やはりちゃんと話して聞いてもらうべきだと言ったんですね。ところがRさんは、もちろん納得したのだけれど、彼女らしい配慮で、突然ミーティングを園長主催で開いて、さあRさん話しなさいということを自分でイメージした。そして、そこで、実はA先生が子どもを抱いていたこともショックだったし、返してくれないということも自分にとってはとっても辛かったということを言わざるを得ないだろうと考えた。その場で突然言ったら、不快の念を相手に与えるだろう。どうしようか。園長に相談して、「事前にA先生と私と2人で話をする時間をください」と言いました。

　園長はオーケーして、じゃあ、そういう時間をとりなさいということで、カンファレンスの前にもう1人の豪快な先生に時間をとってもらって、2人で話したそうです。そのときのメモも彼女はもっている。そのときに、Rさんは自分の今までのこと、それから異動してきて、まったくこの子ばかりにかかわって、気がついたら誰とでも緊張抜きにかかわれないことや、クラスの中に入っていくことをためらっている自分がいるということと、それから、Qちゃんのつきあいが広がっていった証拠だというように見ることはできるけれども、同時に私が担任として、加配の対象としてしている、この子がいなくなるや、やることがない自分に気がついたというような話を細々と豪快先生に語ったわけですね。そうしたらね、Rさんのメモによると、その先生が黙って涙を浮かべて聞いてくれたと書いて

あった。そして一言、「あんた、そんなに悩んでたの」と、まさにそういう言い方で、その先生がRさんの気持ちを受けとめてくれた。Rさんは、A先生が「あんた、そんなに悩んでたの」といって涙を浮かべて聞いてくれたことでとてもホッとしたと言ってます。それで、職員会でみんなの中で話す気になって、みんなに聞いてもらい、実はこのことはすでにA先生にも聞いてもらったことだけれども、私はこうだと。

　園長もいろいろ橋渡しをしていきます。加配で来たばかりのときから、夢中になって、現にこういった状況で、ほとんど他の子どもとのかかわりどころか、あまり動きがなかった。でも、QちゃんはR先生とA先生、そしてだんだん、後で見てもらいますが、みんなの中に入っていく姿が見えてきます。そこでカンファレンスが入り、他の人たちもQちゃんとRさんの関係を全体的に話す場がなかったということを反省し合って、もっとオープンに、たとえば、Qちゃんが小さい子の部屋に行ったら、Rさんももっと気楽に入るといいんだよというようなことを話していくわけです。

　何か別にとげとげしい関係だというようなことではないのだけれど、思うように事がスムーズにいってないという現場って結構あるのですよね。そこで話をもたれたことと、僕らが入るようになって、Qちゃんのことについて話し合うということができるようになって、大分Rさんも明るさを取り戻し、いつものようにハッスルして、この子と楽しくつきあうというようなことを始めます。

　Qちゃんのおもしろがるものというのは何だろう。転がすもの、それから何かキラキラ光るものというので、彼女は家へ帰っても、たとえばサランラップの芯があったら、ふと気がついて、それに金紙と銀紙を斜めに巻いてみて転がしてみる。転がすこととキラキラするものというので、工夫してそういうものをつくってQちゃんに渡したら、これがもうお気に入りになってね、彼女はずっとそういうことをやっていた。

　それから、壁に直径4センチぐらいの透明のビニールホースを蛇行して、一番上からキラキラした鈴だとか、球をころころ転がすと、コロン、コロン、コロンと見えながら落ちてきますね。こういうのをつくってみま

す。全部自分の手製です。Ｑちゃんの遊びのおもしろさというものを、キラキラするものが好きだとか、転がすのが好きだとかいうのを即座に気がついていきます。さっきのように本当にうずくまって、Ｑちゃんの表情や動きを感じ取るという姿勢の中から出てきたものですね。恥ずかしそうに見せてくれたおもちゃが８種類くらいあった。全部、手づくりでやってました。そうやって懸命にＲさんがかかわってきた。その後の様子で、どんな場面が出てくるかまだ見てないのだけれども、あ、これはごっこ遊びが始まってますね。

ビデオ視聴
３歳未満児の部屋でのごっこ遊び場面（８月）

今、ＲさんとＱちゃんがいるのは、実は３歳未満児の部屋のコーナーなのです。ここに結構お人形さんとか、いろいろなものがある。この保育所は、言ってみれば、格好よく言えば異年齢交流というか自由、雑に言えば出入りどこでも自由な保育ですね。そういう形をとっているので、年長の子どもたちが乳児室へ来てごっこ遊びをしているわけね。接点がある。さっき言ったように、意図せずに接点があるわけで、ちょうどそのような場面で今遊びが始まっています。

ビデオ視聴
数か月後のＱちゃんとＲさん（３月）

さっきは８月でしたね。これはその翌年の３月に僕が行ったときに撮ったものですけれども、カンファレンスを何回か繰り返してＲさんもすっかり余裕を取り戻しています。11月にＱちゃんが離れていったことでカンファレンスをやって、Ｒさんも肩の荷が下りて、そして担任として子どもがいなくても、そのまま待つ態勢というものを彼女が取り続けることができていく。それからしばらくしたら、１月になってからだと思うのだけれども、記録に、「ときどき私が仕事をしていると」仕事というのは４歳児の部屋で手伝ったりしていると、「Ｑちゃんの視線を感じるときがある」という記録が出てきます。そして、「じっと私のほうを見ている視線があって、私も気がついた。『あ、あ、あ、あー』というような声で『何

してるの？』といってるのかなと思うような声をＱちゃんがかけてくる」という記録が出てくるのですね。そうやって、この子がもう一度Ｒさんとつきあう形が出てきたときには、さっきのような、怖いときにしがみつく相手ではなくて、ごっこの相手をしてくれる遊び相手としてのＲさんをＱちゃんは発見をして、つきあいがまた始まるわけですね。

・・ビデオ視聴・・・・・・・・・・・・・・・・・・・・・・・・・・・・・・・・
2人のごっこ遊びから3人のごっこ遊びへ

　ちょっと、ここに頭が見えてる子は飛び入りなんです。何も入ってこなくていいのだけれど、中には他のクラスの男の子で相手がいないものでＲさんとＱちゃんがつきあっている。この子たちも関係なくここへ来ておままごとをやっている。ここに1つの芽ができるのかな。そうすると、いつの間にか座り込んで、ごちそうをいただく役なんかを自分で決めてやっているという子が出てくるのね。こういうことっていうのは、「入れて」と言いましょうとか、仲間関係の形成とかという前にハプニングとして起きるんです。そうすると、そのことで"もてなし構造"の対象が1人できてきて、思いがけなく、こういうこともＱちゃんはやってのけられるのだ、というようなことを後追いのように気がつくわけですね。

・・ビデオ視聴・・・・・・・・・・・・・・・・・・・・・・・・・・・・・・・・
Ｑちゃんが役割をもって遊ぶ姿

　よく見るとこの子のほうがしっかりやりとりをしてて、Ｑちゃんのほうはまだお代わりだとか何だとかという、やりとり自体が形成されてないみたいなことに気がつくのです。問題は出来不出来よりもこういう時間帯で赤ちゃんを背負ったお母さんのような役割を自分でしながら、こうやって何かこうある形を生活の中にもち込み始めたというところが、すごくこの子は生活の仕方が変わってきているぞ、とみんなが非常に期待をもって見ている場面の1つですね。

　こういう形でもって、この子との関係をずっと、3月まで様子を見届けていきます。ちょうどその3月のビデオをもう少し見てみましょう。

---- **ビデオ視聴** ----------------------------
　　　他の保育者に甘えるQちゃんの姿

　これもどんな場面が出るかな。これはおもしろい場面と言えばおもしろい場面なんですが、Rさんがこっちです。この保育者はさっきの豪快な方とは別で5歳児の担任で、もうベテランの先生ですけれど、Qちゃんはいろいろな人に甘えることができるようになってきて、甘えてるのですね。まだ僕が訪問して間もないときの朝の風景ですけれど……。

　あれほど、人の中にいるときの圧力みたいなものを怖がっていたということから考えると、Qちゃんは確かにこうやってみんなの中にいていろいろな保育者とかかわっている。加配対象児担当と言われているRさんが、もう密着という形をとらずに、いわゆる複数担任の1人として自然な動きができるようになっている。Rさん自身も、もうそういうこだわりを捨てて動き始めた。もし、そういうチームワークというものがきちっとできないと、結局担当がいつまで経ってもこの子のまわりで対応するという形に、逆に規制されてしまったり閉じられたりするということが結構ありますね。だから、ちゃんとオフィシャルにみんなで話し合う中で、もっとフランクに、子どもの育ちに合わせて子どもが必要とする出会いとか、人とのかかわりが広がっていけるような経験というのは、Qちゃんにとっても大事なのじゃないかと確認し合う。それって、放っておいてできるかというと、結構そうでもなくて、やはり意図的に申し合わせをしながら、園の中で話し合いを重ねていくことによって、やっぱり子どもの世界というものをちゃんと見届けていく。ときには見通しをきちっともつということが必要になってくると思うのです。
　このあたりになると、Rさん自身は一応Qちゃんの担当者ではあるけれども、見てなければならないということを、むしろ自分の枠から外して動いてます。だから本当に画面の中になかなか登場しない時間帯があったりして、どこにいるのかなと思ってカメラを引きながら見てると、他の女の子の要望に応じて動いている。担任がむしろ逆に、今朝は担任と2人だけ

の時間帯みたいに決めないで、朝来た出会いでもって動いていくということを、実に巧みにやっていけてますね。そういうことが実践の中で当たり前になるということはとても大事なことです。自然になるというのは大事なことだけれども、なかなか自然にいかないという現状をいくつも見ると、やっぱりこういうことが申し合わせの中で求められるのかなと思います。Qちゃん自身はまだまだ言葉も十分出ない。だけど、人と一緒にいる楽しさみたいなものを十分に発揮できるようになったし、大勢の子どもの中にいて生活するということで、接点を随分もてるようになってきている。そして自分の遊びというものを少しずつできるようになってきていて、それにつきそっている保育者がいて、それから出会い頭の遊びができる仲間がいて、という関係がここにあるということですね。大事なことは、こういうQちゃんの育ちのようなものをどのように意識的に捉えて、自分たちの中で受け止めていく形を取ったらいいか、ということになるのだろうと思うのです。

　こうやってほんの一部だけれども見てもらいました。これらの子どものビデオは、実は僕たちはこちらで使うために撮っているのではないです。これは全部、園の中でカンファレンスをするときに、もう一度ビデオを見ながら話をするために撮っていました。それも、どうしますか、ビデオを使いましょうかとか、いや、今日は使わないで話そうよとか、撮ったら見なければならないというようには考えず、必要に応じて、このビデオを補助的資料に使いながらカンファレンスを続けていくという形をとってます。

カンファレンスとは

　僕自身の経験的な形で言わざるを得ないのですが、カンファレンスということについて今僕が言えることとして、どの程度のことが発言できるのかというと、「保育研究」という雑誌の16巻3号が特集で『保育カンファレンスとは』というものを出しました。残念ながら、僕自身、十分にここで整理されてるとは思わない。だけど、多くの保育雑誌の保育の領域の中

§2 保育カンファレンス ②　231

で保育カンファレンスということを、大きな企画として扱う数少ないものだったものですから、今日紹介してみたのです。

　前からカンファレンスについて一つまとめて仕事をしようということを考え続けていた日本女子大学の森上史朗さんと、それから僕と、それから渡辺英則さんという横浜の港北幼稚園の園長と3人の座談会をしました。鼎談（ていだん）といってもいい。「保育カンファレンスのすすめ」ということで行いました。私たちが座談会の中で取り上げた話の要点がいくつかあります。カンファレンスということをしていく、ある意味では中間地点での確認事項として言えるのかなと思うことです。その1つはいろいろなことを保育者同士で話し合っていくときに、どうやったら多様な視点に気がつくことができるか。これが必要だという言い方よりも、僕自身は問いにしてきたんです。どうしたら多様な視点が大事だということに気がつくのだろうかと。これは、カンファレンスがこういうものだということじゃなくて、カンファレンスの中で気がついていくのだと思うのですね。

　2つ目、言ってしまうとどうってことないなと今はしみじみ思うのだけれど、僕らは随分と「本音で話し合う」これを考えて話し合ったんです。これは案外、ふだん一緒に生活している人間同士というのは、本音で話し合ってないですよね。職場でどうかな。あるいは仕事の仲間、つまり職場を超えて同じようなある形でつきあっている仲間なんかでどうか、あるいは意図的に集まった研究会のような場ではどうかなと。そういうことをいろいろ重ねると、なかなか話し合ってないです。ましてや、1つの子どもの生活というものを支えていく保育者集団の中で、本音で話し合うということが本当に可能かというと、狭く小さい集団であればこそ話しやすいか話しにくいかどっちかになりますね。割合そういう傾向が強いですね。本当に話し合いで、もうたまには本音のところで語り合おうかみたいなことを冗談で言えるほど、何を話してもスパスパッと言えてしまう、そういうグループができるということもあり得るのだけれど、実際にはなかなか本音で話し合えない。しょっちゅう冗談を言って、お茶を飲みながら楽しくやってますという集団が本音で話し合っているかというと、実は本

音を避けて楽しんでいるみたいな、そういうことに気がつくこともあるのです。だから、このRさんのケースのように、園長がRさんの落ち込みに気がついて、園長自身が一般的な子どもの育ちはわかってても、その担任の世界観、情緒的世界ということを、やっぱりまず大事に認めていくところから、保育者の集団づくりというものをしなくてはいけない。園長自身が気がついて、そこのところが始まったのですが、そういうことも基本は本音で話し合うということだと思うんです。

それから3つ目は問題に気づくということで、「どうやって?」というクエスチョンが全部くっつくのですけれども、カンファレンスをやると問題に気づくようになる、それは嘘だなと僕は思う。そうではなくてどうやったら問題に気づけるか、というまだ手続き論やプロセスがあるような気がします。問題に気がつくということは、やはりとても大事だし、子どもの生活を豊かなものにしていくためには保育者がややマンネリ化する生活の中で、問題に気がついていくということをやはり重視しなくてはならない。

それから、4つ目ですけども、ゆらぐとき、これは主に保育者自身がゆらいでいいんだということではないかと思うのです。当事者だからこそゆれる、当然のことですが萎縮しちゃってるなと。もっと具体的に言うと、私の学校の卒業生が入った公立の幼稚園に見にいったのだけれど、もう昔の面影がないみたいな、あれほど明るくて伸び伸びしていたその学生が、現場に入ったら、すっかりぴりぴりしてしまっている。困ったなと感じたことがあります。何か、やたらに涙もろくなっていたりして、保育室に入っていった途端に「先生」なんて言われて涙ぐまれたりすると、何か妙なドラマチックなことになって、僕も「おいおい」と、「そんな学生じゃなかったはずだぜ」というように感じてしまう。何か職場の中で、カーッと変わってくる、それは何だろう。あれほど、ゼミの中でいろいろなことを言ってゆれていた、だからおおらかなものがあったのだけれども、ゆらぎが許されてないのです。だから迷いがない。新人というのは間違いだらけなんだというようなことで、そこからスパッと切り下ろされてくるか

ら。

　その園内研は辛かったですよ、みんなでディスカッションをした。それで、「最後に園長先生一言」と言ったら、「今日は私は悲しい」なんて言うんですね。僕まで怒られているみたいな気がして、本当に頭を下げて、申しわけないみたいな感じでいたのです。そうすると、園長の目から見た保育のあり方というのは、基本的にもうみんなおかしいと。それは、そうかもしれないけども、１年生の保育者なりに子どもとどうつきあっているのか。新人だからこそ、結構、子どもとうまくいってる面はないのか。そういう掘り起こしをしてくれなくては、早く２年経て、早く３年経てで、暦をめくっているのが楽しみみたいな人生になってしまう。そうじゃないだろうと思うのですね。むしろ、まさに初心者であると思えるような保育者だからこそ、子どもが喜んで登園してきて、お姉さん先生とつきあう楽しさみたいなものを感じ取ってるはずなのだけれど。そういうものが、失敗も含めてゆらぎということをマイナスと見ずに、ポジティブに考えられていかなくては。カンファレンスの中でゆらぐことも必要だし、カンファレンスでこのことを肯定していく必要があるだろうと思うのですね。

　それから、これは僕の物言いなのですが、「カンファレンスとは何か」と言ったときに、カンファレンスは答えを出すことだとは僕は思わないんですね。そうではなくて、問いを投げてると思うのです。何か、そういう言い方すると非常に偏った形の印象をもたれるかもしれないけれど、今、保育カンファレンスの中で僕が大事だと思うことの中でとくに重視してるのは、問いを立てようじゃないかということですね。そこで話し合って問題を見つけようじゃないかと。そして、それをみんなで共有してその中でこそいろいろなことをみんなで一緒に考えていく。つまり、最初に共通の問いを立ててみるということができないかなと思うのです。

　それから、これは記録に関してですけれども、カンファレンスの中でただおしゃべりだけではなく記録を取ってみる。何の意味があるか。記録というのは、ある意味では自分の行動を対象にして見ることだったり、自分と子どものかかわりを対象として見ることだったりしますね。ということ

は、それはすごく客観的な作業だと思うのです。自分を対象化するという意味において。だから、その意味において、記録というのはそれ自体が客観的な作業だとすれば、記録を一度そこへ置いてみたときに1つの資料になる。その記録でもって、どんなことを膨大な日常の中から拾い取ったか、すくい取ったか。手のひらにすくい取った、言ってみればその記録というものをもっと開いていこうと。書かれたことの中身の事実、あるいは顛末をもっと聞いてみたり開いて見ていこうと。ちょっと抽象的な言い方かもしれないけど、記録というのはだから閉じる作業ではなくて1つ小さくまとめることによって、非常に妙な言い方だけど、いったんまとめることが開く可能性をもっているということだと僕は思うのですね。経験として、私の中にいっぱいあるよという間は、非常にオープンシステムのように見えるけど、その人が口を開かない限りは閉ざされたものでしかない。でも、文字化する、言葉化することによって、制限はされるけど、同時にそれは開く可能性をもってくるものですよね。

　私の言ったことは間違いがないとか、私の言ったことに批判されると、もう私が攻め込まれたと思うような関係でこの記録を位置づけたら、いつまでたっても記録の中から開かれていくものがない。もっと言えば、共有もできないし、それから問いもそこから立てられないですね。ですから、カンファレンスで記録を重視する、その意味は何かというとき、僕自身、今思っていることは開いていくということ、そこから開いていくことが可能だということです。学生の卒論でも、そうだと思う。記録にしてみるということは閉じることではなくて、そこからいろいろな討議で開いていくことを意味するということにおいては同質だと思うのですね。このようにして、今僕が考えつくカンファレンスというものの実践の中における意味というのは、まだいくつも出てくるかもしれないけれど、差し当たり、森上さんたちと話し合っている中で出てきた事柄を、これは雑誌の中で実際にそのことに触れていますけれども、こんなことを拾い出してきたという状況だと思ってください。

保育臨床論特講
3日目 今日の講義を振り返って

　それやこれやで、まだお話ししてみなければならない、補充しなければならないこともいろいろあるような気がしますが、以上のようなことで集中講義の中で保育という問題を自分なりに取り上げて、アッという間に3日間話してきて、もういよいよ時間もなくなってしまいました。みんながこの授業の中で保育学ということに関して考えていたイメージと違ってきてるということがあったら、それは僕の責任なのでお詫びしなければいけない。ただ、みんなのイメージの中にある保育学ということに異質なことを僕はお話ししてるのではなくて重ねてほしいですね。そして、もう一度、子どもたちが生活をしているという現実に戻って、教育学の中で、学校教育の中で今問い直しが始まっているように、教育カンファレンスを軸にして授業というものの意味を探り始めているように、保育実践というものの中にある、何かあいまいなことをしているような、どろどろとしているような現実をやっぱり保育カンファレンスということの中で作業をしてみるということです。そしてそういう作業をすることを通して、いかに日常的なところで身近なところにいる保育者の役割というものは大きいものなのかということと、すぐれて臨床的な性格を帯びた専門性を、実は保育者という存在自体がすでにもっているのだということを了解していただけたか、あるいは少し理解していただけたのであれば大変ありがたい。

　みなさんの、これから専門としていく領域の中では保育者との接点というのはないかもしれないけれども、臨床という言葉の裾野の広がりで、実践の側にある人間自体のすぐれて臨床的な営みというもの、それをどこか視野に入れておきながら連携していただけるとありがたい。僕のここでの授業の、言ってみれば骨格はそこにあったというように理解してもらえるとありがたい。僕はそういう意味で保育臨床、あるいは保育カンファレンスという立場で保育者自身の専門性というのを自分で追い続けていきたいなと思っているものですから、多分にそっちの偏り方というのをしていた

ことは、特色でもあるし限界でもあるということも了解してほしいんですね。

　そこで、レポートでみなさんに表現していただきたい、考えていただきたいということを伝達しておきたいのですが、レポートのテーマは「保育実践における臨床の視点について」というタイトルにしておきます。今日の保育臨床という僕自身の限定した概念というように考えなくて結構です。この３日間の話題提供したものも参考にしていただきながら、教育実践でもそうだと思うのですが、保育実践の中に臨床という視点を１つの問題として理解するなり、そういう領域を理解していくものとしてもち始めるということは、何も私が言ったという意味ではなく、すでに教育の中に教育臨床という視点があるように、保育においても臨床という視点ということが注目されていいのではないかと。それは、多少、僕のほうで考えたり話題にしたこともあるけれども、おそらくみんなが学習してきたこととの間にいろいろとずれがあったり、重なったりするでしょう。ぜひ各々なりに保育実践における臨床の視点ということを、私だったらこういうところを考えてみたいとか、あるいは私の資料の中からこういうことを言ってみたいとか、あまりそこのところを固く考えずに、むしろみんながどういうふうにこの問題を解いてもらってくれるのかというのを楽しみに読めるような、そういうレポートだったらありがたい。よく、何枚書いたらいいかとか、原稿用紙かレポート用紙かなんて、そういう質問はやめてください。要するに、読めればいいと、簡単に言えば。どの程度書くか、これも納得のいく書き方をしてくだされればいい。敢えて言えば、できるだけ簡潔にしてほしいというのがこっちの要望です。

　お願いなのですが、あと15分ほどで予告してたように、みんなの授業の感想などをおずおずと聞いて帰りたい。何かこのへんに所属学科というのか番号と名前ぐらいちょっと書いておいてくださって、無記名で、あと白紙ですのでぎっしり埋めなくてはならないとか考えないで、感じたことを一言ずつ15分の中に納まる程度に書いてください。お願いします。

（完）

── あとがき ──────────────────

　本著は、久富陽子氏、梅田優子氏、金瑛珠氏からのご要望を受けられた萌文書林の服部雅生氏が企画を快く引き受けてくださったことによって日の目を見るにいたりました。1996（平成8）年2月27日より3日間にわたりお茶の水女子大学において、今は亡き夫・大場幸夫による集中講義がなされました。幸いにも講義がテープに収められていたことで、このように遺稿として姿を現し、生き続けられる機会を与えられたことに、言葉では言い尽くせない感謝の意を届けたいと思います。

　この講義録を読み進めて行くうちに、大場の勢いのある力強い語り口が呼び起こされました。大場の仕事の底流にある、大場が一貫して追い求め、探ろうとしてきたこと、そして何よりも現場を大事にしてきた大場の思索の展開の足跡が、具体的な事柄を通した言葉の連なりにこめられているのを感じました。

　子どもとかかわる者にとって、この講義録はたくさんの示唆に富んでいるように私には思えます。今、現在においても、なおいっそう新鮮に「……ではないか？」「……はどうだろう？」と問われ、考えさせられます。唯一無二である人と人の出会う場、身も心も絶えず動いている人と人が出会っていく場は、目を凝らせば凝らすほどゆらいでいかざるを得ない"不確実さ"に満ちた"かかわりの場"だからかもしれません。大場の言う"子どもの生きる現場"で悩み、漂っている者に、大場の問いかけや投げかけは、「それはどうだろう」「こっちのほうではないか」と、しかるべき方向へ導いていってくれる力を感じてしまいます。大場が『こどもの傍らに在ることの意味』でくくった"澪標"（ミオ・ツ・クシ）、つまり小舟の行く手を指し示す"竿"が本著のあちこちに立てられているような気がします。

　子どものころの大場は、大場の父親（大場千秋）とよく釣りに出かけたそうです。大場の父が彫った版画の風景の一つに、川に漂う小舟といくつかの竿が立てられているものがあり、私には"澪標"がこの版画と結びつい

てしまいます。"澪標"には「身を尽くす」という意味もかけられているそうです。大場に版画の心得があったことを聞き、記憶されていた久富氏から、版画を載せたいというお話があり、この版画が浮かびあがった次第です。大場は時間ができたらまた版画彫りもしたいと言っておりました。私の目には、大場は何事にも意欲的、多趣味でそして実際、器用でした。残念ながら仕事に追われ、したいことは後まわしになったまま、逝ってしまった感があります。いいえ、仕事こそ大場にとってはその一つであり、本当に身を入れて尽くしていたと言えるのかもしれません。大場が子どものころ、家族各々の彫った版画を冊子にしたのが今に残っています。その中から子ども時代の大場の手による版画絵もいくつか本著に再現させていただきました。

　本著の出版に際し、ご多忙にもかかわらず編集にご尽力くださった、久富氏、梅田氏、金氏には心よりお礼を申し上げます。また、萌文書林の服部雅生社長、田中直子氏にはずいぶんお世話になりました。本著の企画にかかわらせていただけたことが、私にとって、大場亡き後の空虚さを埋めていく大きな助けとなりました。そういう意味でとても感謝しております。

　　2012年3月

　　　　　　　　　　　　　　　　　　　　　　　　　　大場　富子

本書紹介書籍一覧

◯ 序章 ◯

- 佐治守夫、大場幸夫（編集）『子どもにとって園生活とはなにか──問題行動をめぐって』フレーベル館、1974
- 山下恒男『反発達論』現代書館、1977（新装版、2002）
- 津守真『子ども学のはじまり』フレーベル館、1979
- 稲垣忠彦『授業を変えるために──カンファレンスのすすめ』国土社、1986

◯ 第1章 ◯

- 大宮緑郎『浮浪児の保護と指導』中和書院、1948
- 大宮緑郎『入門社会心理学──社会に生きる人間』大日本図書、1964
- John Bowlby, Mary D. Salter Ainsworth, World Health Organization, Maternal care and mental health, Schocken Books, 1966
- ジョン・ボウルビィ／黒田実郎（訳）『乳幼児の精神衛生』岩崎学術出版社、1967
- マイケル・ポランニー／高橋勇夫（訳）『暗黙知の次元』筑摩書房、2003
- マイケル・ポランニー／佐藤敬三（訳）『暗黙知の次元』紀伊国屋書店、1980
- 神田橋條治『発想の航跡』岩崎学術出版社、1988
- 神田橋條治『精神療法面接のコツ』岩崎学術出版社、1990（追補、2011）

◯ 第2章 ◯

- 波多野誼余夫、稲垣佳世子『無気力の心理学──やりがいの条件』中公新書、1981
- John Bowlby, Attachment and Loss: Loss: sadness and depression, Basic Books, 1980

- J. ボウルビィ／黒田実郎、大羽蓁、岡田洋子、黒田聖一（訳）『母子関係の理論・1——愛着行動』（新版）、岩崎学術出版社、1991
- J. ボウルビィ／黒田実郎、岡田洋子、吉田恒子（訳）『母子関係の理論・2——分離不安』（新版）、岩崎学術出版社、1991
- J. ボウルビィ／黒田実郎、吉田恒子、横浜恵三子（訳）『母子関係の理論・3——対象喪失』（新装版）、岩崎学術出版社、1991
- 内山道明、H.バックウィン、R.M.バックウィン『問題児治療大系』黎明書房、1966
- Bakwin-Bakwin, Clinical Management of Behavior Disorders in Children, second ed., Sanders, 1960
- 大場幸夫、前原寛（編著）『保育心理学Ⅰ』東京書籍、1995
- 大場幸夫、前原寛（編著）『保育心理学Ⅱ』東京書籍、1995
- 藤永保、斎賀久敬、春日喬、内田伸子『人間発達と初期環境——初期環境の貧困に基づく発達遅滞児の長期追跡研究』（改訂版）、有斐閣、1987
- 河邉貴子「保育に生きる記録の在り方」、『保育研究』（VOL.13、NO.3）、建帛社、1992

○ 第3章 ○

- 佐伯胖『「学ぶ」ということの意味』岩波書店、1995
- 北山修『自分の居場所』岩崎学術出版社、1993
- 石川憲彦『子どもたちが語る登校拒否——402人のメッセージ』世織書房、1993
- 大場幸夫、山崖俊子（編）『保育臨床心理学』ミネルヴァ書房、1993

○ 第4章 ○

- 河合隼雄『臨床教育学入門』岩波書店、1995
- 山下俊郎古稀記念論文編纂会編『子ども その発達・保育と福祉』玉川大学出版部、1973

○ 第5章 ○

- Gordon W. Allport, Personality: A Psychological Interpretation, Henry Holt and Company, 1937

- G．W．オールポート／詫摩 武俊、青木 孝悦、近藤 由紀子、堀正（訳）『パーソナリティ──心理学的解釈』新曜社、1982
- 青木孝悦『個性表現辞典──人柄をとらえる技術と言葉』ダイヤモンド社、1974
- グレン・ドーマン、ジャネット・ドーマン／久富節子（訳）『幼児は算数を学びたがっている──親こそ最高の教師』（改訂新版版）サイマル出版会、1993
- 浜田寿美男『「私」というもののなりたち──自我形成論のこころみ』ミネルヴァ書房、1992
- 浜田寿美男、山口俊郎『子どもの生活世界のはじまり』ミネルヴァ書房、1984
- 浜田寿美男『発達心理学再考のための序説──人間発達の全体像をどうとらえるか』ミネルヴァ書房、1993
- 浜田寿美男『個立の風景──子どもたちの発達のゆくえ』ミネルヴァ書房、1993
- 浜田寿美男『ほんとうは僕殺したんじゃねえもの──野田事件・青山正の真実』筑摩書房、1991
- 平山直子「幼児教育産業にふれる」、『保育の実践と研究』（VOL.1、NO.1）、相川書房、1996

◯ 第6章 ◯
- 津守真『子ども学のはじまり』フレーベル館、1979
- デイヴィッド・エルキンド／幾島幸子（訳）『ミスエデュケーション──子どもをむしばむ早期教育』大日本図書、1991
- デイヴィッド・エルキンド／戸根由紀恵（訳）『急かされる子どもたち；現代社会がもたらす発達の歪み』家政教育社、1983

◯ 第7章 ◯
- 中村雄二郎『術語集──気になることば』岩波書店、1984
- 中村雄二郎『術語集〈2〉』岩波書店、1997
- 中村雄二郎『臨床の知とは何か』岩波新書、1992

- フェリクス・ホフマン絵／瀬田貞二訳『おおかみと七ひきのこやぎ』（グリム童話）福音館書店、1967
- 河合隼雄『臨床教育学入門』岩波書店、1995

○ 第8章 ○

- 稲垣忠彦『授業を変える――実践者に学んだこと』小学館、1988
- 稲垣忠彦『授業を変えるために――カンファレンスのすすめ』国土社、1986
- 藤崎春代、浜谷直人、西本絹子、常田秀子『保育のなかのコミュニケーション――園生活においてちょっと気になる子どもたち』ミネルヴァ書房、1992
- 大場幸夫、森上史朗、渡辺英則「保育カンファレンスのすすめ」（座談会）、『保育研究』（VOL.16、NO.3）、建帛社、1995

大場 幸夫（おおば さちお）プロフィール

〈出身〉 1936年、水戸市生まれ　2011年、胃がんのため他界　享年74歳

〈学歴・職歴〉
　東京都立大学大学院人文学研究科修士課程（心理学専攻）修了（文学修士）、東京都立伊豆長岡児童福祉園（虚弱児幼児入所型児童福祉施設）心理判定員、栃木県立保育専門学院専任講師、東京家政大学家政学部児童学科助教授、大妻女子大学家政学部児童学科教授、大妻女子大学副学長、大妻女子大学学長

〈専門領域〉
　保育心理学、保育臨床心理学、保育臨床論、保育者論、保育相談・研究

〈所属学会〉
　日本保育学会、日本発達心理学会、日本社会臨床学会、日本発達障害学会、こども環境学会

〈海外研修〉
　オーストリア、西ドイツ8か月研修。主題「オーストリア・西ドイツの療育・保育における協同体制について」。

〈保育臨床に関する相談活動〉
　大宮市・さいたま市の巡回保育相談員、新宿区巡回保育相談員、千代田区巡回保育相談員

〈「保育臨床論」に関する主な授業（担当）〉
　大妻女子大学家政学部児童学科、同大学院修士課程・博士課程、お茶の水女子大学家政学部、東京大学教育学部、岡山大学教育学部、富山大学教育学部、青山学院大学文学部、日本女子大学大学院家政学研究科

〈主な著書〉
　『ジャーシルドの児童心理学』（共訳、家政教育社、1972）、『子どもにとって園生活とは何か』（共編者、フレーベル館、1974）、『障害児保育実践シリーズ　全6巻』（共編著、フレーベル館、1985）、『見る目を育てる実践シリーズ』全5巻（共編者、フレーベル館、1988）、『保育臨床心理学』（共著、ミネルヴァ書房、1993）、『保育心理学Ⅰ』（共著、東京書籍、1995）、『保育心理学Ⅱ』（共著、東京書籍、1995）、『保育原理の探求』（編著、相川書房、1997）、『外国人の子どもの保育』（共編著、萌文書林、1998）、『保育者が出会う発達問題』（共著、フレーベル館、2001）、『育つ・ひろがる子育て支援』（共著、生活ジャーナル社、2003）、『こどもの傍らに在ることの意味』（単著、萌文書林、2007）、『保育学入門』（共訳、ミネルヴァ書房、2010）

本書編集委員

代表 久富陽子 浦和大学 こども学部 こども学科 教授
（編集担当箇所）序章、第1章、第2章、第3章

梅田優子 新潟県立大学 人間生活学部 子ども学科 准教授
（編集担当箇所）第4章、第5章、第6章

金 瑛珠 千葉明徳短期大学 保育創造学科 准教授
（編集担当箇所）第7章、第8章

装　丁
　　大路 浩実

装丁版画
　　大場 千秋

本文版画
　　大場 幸夫

大場幸夫遺稿講義録　保育臨床論特講

2012年5月5日　初版発行 ©

講　　義	大場 幸夫
編集委員代表	久富 陽子
発 行 者	服部 雅生
発 行 所	㈱萌文書林

〒113-0021 東京都文京区本駒込 6-25-6
tel (03)3943-0576　fax (03)3943-0567
(URL) http://www.houbun.com
(e-mail) info@houbun.com

〈検印省略〉　　印刷・製本　シナノ印刷（株）

ISBN 978-4-89347-167-3　C3037